utb 5997

Eine Arbeitsgemeinschaft der Verlage

Brill | Schöningh – Fink · Paderborn
Brill | Vandenhoeck & Ruprecht · Göttingen – Böhlau · Wien · Köln
Verlag Barbara Budrich · Opladen · Toronto
facultas · Wien
Haupt Verlag · Bern
Verlag Julius Klinkhardt · Bad Heilbrunn
Mohr Siebeck · Tübingen
Narr Francke Attempto Verlag – expert verlag · Tübingen
Psychiatrie Verlag · Köln
Ernst Reinhardt Verlag · München
transcript Verlag · Bielefeld
Verlag Eugen Ulmer · Stuttgart
UVK Verlag · München
Waxmann · Münster · New York
wbv Publikation · Bielefeld
Wochenschau Verlag · Frankfurt am Main

Grundwissen Theologie

Herausgegeben von Klaus von Stosch

Kathrin Gies

Anthropologie des Alten Testaments

BRILL | SCHÖNINGH

Die Autorin:
Kathrin Gies, Dr. theol. habil., geb. 1979, ist Universitätsprofessorin am Lehrstuhl für Alttestamentliche Wissenschaften am Institut für Katholische Theologie der Otto-Friedrich-Universität in Bamberg. Studium der Theologie und Germanistik sowie Promotion in Würzburg (2009); Zweites Staatsexamen; Oberstudienrätin im Hochschuldienst an der Universität Duisburg-Essen; Habilitation in Münster (2020). Veröffentlichungen im Bereich Anthropologie und Ethik des Alten Testaments, Bibeldidaktik und Judentumsstudien.

Bibliografische Information der Deutschen Nationalbibliothek

Die Deutsche Nationalbibliothek verzeichnet diese Publikation in der Deutschen National-bibliografie; detaillierte bibliografische Daten sind im Internet über http://www.dnb.de abrufbar.

Internet: www.schoeningh.de

Printed in Germany.
Herstellung: Brill Deutschland GmbH, Paderborn
Einbandgestaltung: siegel konzeption | gestaltung

UTB-Band-Nr: 5997
ISBN 978-3-8252-5997-6
eISBN 978-3-8385-5997-1

Inhaltsverzeichnis

Einführung

Der Titel „Anthropologie des Alten Testaments" weckt die Erwartung, dass ein umfassender anthropologischer Entwurf geboten wird. Das Alte Testament bietet jedoch keine systematische Darstellung einer Anthropologie. Wenn es überhaupt einen Konsens im Hinblick auf eine Anthropologie des Alten Testaments gibt, dann den, dass es Menschenbilder – so die oft gewählte, vom Anspruch her etwas bescheidenere Umschreibung für Anthropologie – im Alten Testament nur im Plural gibt. Die alttestamentlichen Texte bieten kein geschlossenes System einer Reflexion über den Menschen. Die Frage „Was ist der Mensch?" wird zwar auch explizit gestellt (Ps 8,5; 144,3; Ijob 7,17; 15,14; Sir 18,8), steht aber auch dort nicht absolut und wird nicht mit einer umfassenden Darstellung beantwortet. Vielmehr ergeben sich die Menschenbilder des Alten Testaments in vielfältiger Form in narrativen, poetischen und auch legislativen Texten, die nie beanspruchen, alles über den Menschen gesagt zu haben, sondern bestimmte Aspekte des Menschseins zur Sprache bringen. Oft wird auch nicht explizit über den Menschen reflektiert, sondern die Texte machen das Menschsein implizit zum Thema. Die alttestamentlichen Texte sind über einen langen Zeitraum und im Kontext verschiedener religiöser und kultureller Symbolsysteme entstanden. Auch aus diesem Grund ist offensichtlich, dass es in den Texten mehr als nur eine Perspektive auf den Menschen und das Menschsein geben muss.

Wenn von „Anthropologie des Alten Testaments" die Rede ist, dann kann deren Gegenstand nicht der Mensch sein, sondern die vielfältigen Bilder, die in den alttestamentlichen Texten vom Menschen entworfen werden. Insofern geht es auch nicht um eine religionsgeschichtliche Rekonstruktion oder Darstellung einer Entwicklung von Menschenbildern, sondern um Bilder vom Menschsein in der Pluralität, die sich in den Texten zeigt. Der Rekurs auf das Alte Testament bezieht sich dabei sowohl auf die Hebräische Bibel als auch die griechischen Schriften der Septuaginta, die zum Kanon der katholischen Kirche gezählt werden.

In der vorliegenden „Anthropologie des Alten Testaments" soll also keine Anthropologie des Alten Testaments mit umfassendem Anspruch entwickelt werden, sondern es sollen exemplarisch Texte vorgestellt und ausgelegt werden, die von Interesse für die Frage nach dem Menschen sind. Die Auswahl der Texte ist zum einen notwendig selektiv, zum anderen geht mit ihr ein gewisses Maß an Systematisierung einher, das die Texte selbst nicht bieten. Die Strukturierung erfolgt anhand von Perspektiven auf das Menschensein bzw. von Themenfeldern (*Kapitel 2.–7. Geschöpflichkeit, Fehlbarkeit, Produktivität, Geschlechtlichkeit, Vergänglichkeit des Menschen, der Mensch vor Gott*), die zwar auf das Alte Testament und seine Rede vom Menschen bezogen sind, die aber auch erkennen lassen, dass es ein gegenwärtiges Erkenntnisinteresse ist, das die Auswahl bestimmt. Die Frage nach dem Menschen ist aber nie nur eine rein abstrakte, sondern eine, die auch von der Erfahrung der eigenen Lebenswelt und einem gegenwärtigen Erkenntnisinteresse bestimmt ist.

Den Auftakt bildet das Kapitel *1. Die alttestamentliche Rede vom Menschen*. Es führt in die Forschungsgeschichte einer Anthropologie des Alten Testaments ein. Als eines von deren Grundanliegen erweist sich, die Distanz und Andersartigkeit alttestamentlicher Menschenbilder im Vergleich zu modernen Vorstellungen vom Menschen zu betonen. Auch wenn einige der dargestellten Positionen mittlerweile weiterentwickelt wurden, ist die Grundannahme richtig und wichtig, sich die Andersartigkeit von Wirklichkeitsdeutung, sprachlicher Repräsentation und damit auch der Selbstdeutung des Menschen vor Augen zu führen. Grundlegende hermeneutische Überlegungen zu einer Anthropologie des Alten Testaments finden sich in *Einblick 1: Im Spannungsfeld von historischer und theologischer Anthropologie*.

Die weiteren Kapitel führen in klassische Referenztexte der alttestamentlichen und auch theologischen Anthropologie ein, die den Menschen als Geschöpf Gottes versteht (Kap. 2). Sie zeigen den alttestamentlichen Blick auf die menschliche Fehlbarkeit einerseits (Kap. 3) und auf die Kulturfähigkeit des Menschen und den Anspruch von Gerechtigkeit andererseits (Kap. 4). Sie thematisieren mit den biblischen Texten die menschlichen Grunderfahrungen von Geschlechtlichkeit und die Verbindung von Sexualität und Gewalt (Kap. 5) sowie Vergänglichkeit und Endlichkeit des Menschen (Kap. 6). Dabei kann als Spezifikum der alttestamentlichen anthropologischen Aussagen gelten, dass sich der Mensch von Gott her versteht (Kap. 7). Das abschließende achte Kapitel greift schließlich die Frage nach der Relevanz alttestamentlicher Aussagen für eine theologische Anthropologie auf. Am Ende der Kapitel stehen kleine Zusammenfassungen.

Als Lehrbuch trägt dieses Buch der Tatsache Rechnung, dass modularisierte Studienordnungen nur wenige Veranstaltungen eines theologischen Faches wie der alttestamentlichen Exegese vorsehen. Daher verbindet es thematische Zugänge mit bibelkundlichen Einsichten und einer Einführung in methodisch angeleitete Textauslegung. Auf diese Weise wird exemplarisch deutlich, wie alttestamentliche Texte im Hinblick auf übergreifende anthropologisch-theologische Fragestellungen ausgelegt werden können. Gewählt werden Texte aus der Urgeschichte, Ijob, Ps und Koh, die schwerpunktmäßig und z.T. explizit anthropologische Aussagen machen, aber auch narrative, prophetische und legislative Texte, um zu verdeutlichen, dass auch andere Textgattungen implizit von anthropologischen Fragen sprechen. Da einige Texte wie die Erzählungen der Urgeschichte bekannter als andere sein dürften, aber Texte wie die Kultvorschriften des Buches Levitikus voraussetzungsreicher in Bezug auf die zugrunde gelegten Konzepte sind, fallen einführende Erläuterungen unterschiedlich lang aus.

Die „Anthropologie des Alten Testaments“ zielt auf (einige) Bilder vom Menschsein, die sich in alttestamentlichen Texten zeigen. Sie ist daher so konzipiert, dass mit den ausgewählten Texten gearbeitet werden muss. Um die Ausführungen zu verstehen, sollten die Texte des Alten Testaments immer mitgelesen werden. In vielen Fällen erfolgt die Auslegung linear mit Verweis auf die entsprechenden Textabschnitte (in Versen), um so die Auslegung nachvollziehbarer zu machen. Insbesondere die poetischen Texte des Psalmenbuches, aber auch prophetische Texte sind schwer zu übersetzen. Im Deutschen ist eine Auslegung aufgrund der unterschiedlichen Übersetzungen nur schwer nachvollziehbar. Daher ist in diesen Fällen eine Arbeitsübersetzung eingefügt. Hebräischkenntnisse werden nicht vorausgesetzt. Da die Wiedergabe hebräischer Lexeme im Deutschen jedoch nicht eineindeutig möglich ist, werden bei der Auslegung hebräische oder in einigen Fällen auch griechische Wörter in hebräischer bzw. griechischer Schrift und Transliteration angeführt. Es handelt sich bei ihnen um Spezialtermini, die für die Auslegung der Texte und die alttestamentliche Rede vom Menschen unverzichtbar sind. Erläuterungen zur Transliteration befinden sich im Anhang.

Angeregt werden soll auch eine weiterführende Auseinandersetzung mit der alttestamentlichen anthropologischen Exegese. Deshalb sind mitunter längere Passagen von Sekundärtexten (in *petit*) eingefügt, die die Arbeit mit Forschungsliteratur schulen sollen. Die gegenwärtige Forschung zeichnet sich durch eine Vielfalt an hermeneutisch-methodischen Zugängen und Forschungstrends aus. Daher werden *Einblicke* in Fragen des Selbstverständnisses der alttestamentlichen Anthropologie (zwischen historischer und theologischer Anthropologie), in Aspekte der kulturgeschichtlichen Verortung biblischer Texte (altorientalische Ikonographie und Literatur) und in Anfragen der feministischen Exegese (Anthropologie in Gender-Perspektive) gegeben, und die Rede vom christlich-jüdischen Menschenbild (jüdische im Unterschied zur christlichen Rezeptionsgeschichte von Gen 2–3) wird problematisiert. Am Ende der Einblicke stehen ebenfalls kleine Zusammenfassungen.

Aufzeigen zu wollen, welchen Beitrag eine Anthropologie des Alten Testaments inhaltlich in gegenwärtigen Diskursen leisten kann, wäre ein zu hoher Anspruch. Wer sich auf die alttestamentlichen Texte einlässt, wird trotz oder wegen ihrer Fremdheit jedoch in die Frage nach dem Menschen und dem Menschsein hineingezogen. Sie zeigen vielfältige Deutungsmöglichkeiten des Lebens auf, zu denen sich die Leser:innen bei ihrer Lektüre positionieren müssen und die daher Einfluss auf ihr Leben nehmen können.

Am Anfang und am Ende dieses Buches steht die Frage „Was ist der Mensch?“ Diese Frage war Ausgangspunkt vieler Seminare an der Universität Duisburg-Essen und der Otto-Friedrich-Universität in Bamberg. Ich danke allen Student:innen, vor allem den beiden ehemaligen Essener Studentinnen Katharine Pilgrim und Katharina Sternberg, mit denen ich auf der Suche nach dem Menschen Texte des Alten Testaments gelesen habe. Auf diese gemeinsamen Lektüren geht vorliegendes Buch zurück. Ich danke Herrn Prof. Dr. Klaus von Stosch für die Aufnahme des Bandes in die Reihe Grundwissen

Theologie und meiner Mitarbeiterin Lena Janneck sowie den Hilfskräften Deborah Diethelm und Andreas Saffer für ihre Korrekturen und die Unterstützung bei der Erstellung des Manuskripts. Ganz besonderer Dank gilt meiner Mitarbeiterin Jana Hock für weiterführende inhaltliche Gespräche und Anregungen. Frau Dr. Nadine Klassen danke ich für die Unterstützung von Verlagsseite. Gewidmet sei das Buch meinen Kindern Hulda und Malka und meinem Mann Daniel May, die mir immer wieder neue Perspektiven auf den Menschen und das Leben ermöglichen. Ich hoffe, allen Leser:innen mit dem Buch Gespräche mit dem Alten Testament zu eröffnen!

Literaturhinweise

An dieser Stelle sei auf einführende und umfangreichere Literatur zum Thema hingewiesen, insbesondere auf Sammelbände, die die intensive Forschung des letzten Jahrzehnts in ihrer methodischen Vielfalt zeigen.

Am Ende der einzelnen Kapitel finden sich jeweils Literaturhinweise zum Kapitelthema. Neben der Lektüre von Spezialliteratur zu anthropologischen Fragestellungen sei die von Kommentaren zu dem alttestamentlichen Text, der ausgelegt wird, angeraten.

Um den Endnotenapparat schlank zu halten, wird in den Endnoten zu Beginn der einzelnen Auslegungen summarisch auf Sekundärliteratur verwiesen, die für die Analyse konsultiert wurde. Verweise stehen sonst nur, um einzelne Forschungspositionen zu markieren, oder bei direkten Zitaten.

Monographien (in der Reihenfolge des Erscheinens)

H. W. Wolff, Anthropologie des Alten Testaments. Mit zwei Anhängen neu herausgegeben von B. Janowski, Darmstadt 2010 (Erstauflage 1973). (Der Klassiker)

C. Frevel/O. Wischmeyer (Hg.), Menschsein. Perspektiven des Alten und Neuen Testaments (NEB 11), Würzburg 2003. (Als Einführung)

B. Janowski, Anthropologie des Alten Testaments. Grundfragen – Kontexte – Themenbereiche, Tübingen 2019. (Neuestes, umfangreiches Werk mit einer Fülle von Textauslegungen)

Sammelbände (in der Reihenfolge des Erscheinens)

M. Bauks/K. Liess/P. Riede (Hg.), Was ist der Mensch, dass du seiner gedenkst? (Psalm 8,5). Aspekte einer theologischen Anthropologie. Festschrift für Bernd Janowski zum 65. Geburtstag, Neukirchen 2008.

A. Wagner (Hg.), Anthropologische Aufbrüche. Alttestamentliche und interdisziplinäre Zugänge zur historischen Anthropologie (FRLANT 232), Göttingen 2009.

B. Janowski/K. Liess (Hg.), Der Mensch im Alten Israel. Neue Forschungen zur alttestamentlichen Anthropologie (HBS 59), Freiburg u.a. 2009.

C. Frevel (Hg.), Biblische Anthropologie. Neue Einsichten aus dem Alten Testament (QD 237), Freiburg 2010.

J. van Oorschot/M. Iff (Hg.), Der Mensch als Thema theologischer Anthropologie. Beiträge in interdisziplinärer Perspektive (BThS 111), Neukirchen-Vluyn 2010.

A. Berlejung/J. Dietrich/J. F. Quack (Hg.): Menschenbilder und Körperkonzepte im Alten Israel, in Ägypten und im Alten Orient (ORA 9), Tübingen 2012.

B. Janowski (Hg.), Der ganze Mensch. Zur Anthropologie der Antike und ihrer europäischen Nachgeschichte, Berlin 2012.

K. Müller/A. Wagner (Hg.), Synthetische Körperauffassungen im Hebräischen und den Sprachen der Nachbarkulturen (AOAT 416), Münster 2014.

J. van Oorschot/A. Wagner (Hg.), Anthropologie(n) des Alten Testaments (VWGTh 42), Leipzig 2015.

J. v. Oorschot/A. Wagner/ (Hg.), Individualität und Selbstreflexion in den Literaturen des Alten Testaments (VWGTh 48), Leipzig 2017.

J. von Oorschot/A. Wagner (Hg.), Gott und Mensch im Alten Testament. Zum Verhältnis von Gottes- und Menschenbild (VWGTh 52), Leipzig 2018.

1. Die alttestamentliche Rede vom Menschen

Im Bereich einer Anthropologie des Alten Testaments hat sich in den letzten Jahrzehnten eine Vielzahl verschiedener Fragestellungen ergeben, deren hermeneutische Grundnahmen sich ebenso wie die methodischen Zugänge mitunter erheblich voneinander unterscheiden. Frühe Arbeiten, die im Bereich der Anthropologie rezipiert wurden, betonen die Räumlichkeit des hebräischen Denkens. Als Klassiker der alttestamentlichen Exegese kann die 1973 erstmals erschienene *Anthropologie des Alten Testaments* von H. W. Wolff gelten. Große Beachtung hat insbesondere die darin entwickelte anthropologische Sprachlehre von H. W. Wolff gefunden. 2019 erschien die umfassende *Anthropologie des Alten Testaments. Grundfragen – Kontexte – Themenfelder* von B. Janowski. Breit rezipiert wurde die Vorstellung eines konstellativen Personbegriffs von B. Janowski, die er bereits in früheren Arbeiten entfaltet hatte. Beide, anthropologische Sprachlehre von H. W. Wolff und konstellativer Personbegriff von B. Janowski, blieben nicht unwidersprochen, stellen aber den Ausgangspunkt für weitere Arbeiten dar. Daher sollen beide Ansätze mit ihren Vorläufern, die die Räumlichkeit des Denkens betonen, vorgestellt werden.

Die alttestamentliche Rede vom Menschen steht im Bezugsrahmen eines charakteristisch hebräischen Denkens. Dieses wird als *räumlich* charakterisiert: Das Ganze bestehe aus der Vielheit seiner Teile, wodurch gleichsam ein Raum des Verstehens gebildet werde (Kap. 1.1). Die Vorstellung eines räumlichen Denkens, das verschiedene Aspekte einschließt, stellt wiederum die Grundlage dafür dar, das alttestamentliche Bild des Menschen als *ganzheitlich* zu beschreiben: Von den hebräischen Körperbegriffen her zeige sich, dass Körper und Fähigkeiten zusammengedacht werden und sich Fleisch und Geist, Fühlen und Denken komplementär entsprechen, so die anthropologische Sprachlehre (Kap. 1.2). Dabei könne das alttestamentliche Verständnis dessen, was eine Person ausmacht, am besten als *konstellativ* bezeichnet werden: Der Mensch ist wesentlich in seine sozialen Beziehungen eingebunden (Kap. 1.3).

1.1 Die Räumlichkeit des Denkens – Stereometrie (B. Landsberger) und Aspektive (E. Brunner-Traut)

Der Zugang zu den Menschenbildern ist in den alttestamentlichen Texten sprachlich vermittelt. In der Sprache wiederum spiegelt sich das Denken. Das Denken bzw. die Weltsicht einer bestimmten Kultur unterscheidet sich von der einer anderen Kultur. Man hat daher vom „hebräischen Denken" gesprochen, das sich von unserem unterscheide. Einen Einblick in die Eigenart des „hebräischen Denkens" bieten sprachliche Phänomene, der sog. *Parallelismus membrorum* und die „Stereometrie des Gedankenausdrucks" (B. Landsberger), sowie die Kunst mit ihrer aspektiven Darstellung (E. Brunner-Traut).

1. Der *Parallelismus membrorum* gilt zunächst als poetisches Merkmal altorientalischer Sprachen, hat aber auch eine noetische, also die Erkenntnis betreffende Funktion. Im Alten Testament wird er in den Psalmen, in weisheitlichen Texten und in einigen weiteren poetischen Texten verwendet. Für den Parallelismus membrorum ist charakteristisch, dass zwei oder mehr Versteile eine Sinneinheit bilden. Klassisch unterscheidet man im Hinblick auf die Anzahl dieser Versteile das *Monokolon* (von griech. *κῶλον kōlon* „Glied eines Körpers"), das *Bikolon* und das *Trikolon*, die aus einem, zwei bzw. drei Versteilen bestehen. In Bezug auf die inhaltliche Aussage differenziert man zwischen einem antithetischen, einem synthetischen und einem synonymen Parallelismus.

Im *antithetischen Parallelismus* entsprechen sich die grammatisch parallelen Satzglieder der beiden Vershälften, wie im Beispiel von Ps 27,10: das Subjekt „mein Vater und meine Mutter" im ersten Kolon entspricht „JHWH" im zweiten Kolon; die verbale Aussage „verlassen" im ersten Kolon entspricht „aufnehmen" im zweiten Kolon. Beide Kola bilden zusammen ein Bikolon. Syntaktisch sind beide Vershälften vollkommen parallel konstruiert; inhaltlich stehen sie sich antithetisch gegenüber.

Denn	mein Vater und meine Mutter	haben mich verlassen,	**Kolon A**
aber	JHWH	wird mich aufnehmen.	**Kolon B**

(Ps 27,10)

Im *synthetischen Parallelismus* wird das erste Kolon vom zweiten weitergeführt, beispielsweise in Ps 143,2.

Gehe nicht ins Gericht mit deinem Knecht,	**Kolon A**
denn nicht ist gerecht vor dir alles Lebende.	**Kolon B**

(Ps 143,2)

Hier ist es schwierig, parallele Elemente zu bestimmen. Kolon B liefert die Begründung für die Bitte von Kolon A. Insofern ist es eine Fortführung des ersten Gedankens, und das Bikolon setzt sich synthetisch aus zwei Elementen zusammen.

Der *synonyme Parallelismus* erhält seinen Namen daher, dass Kolon A und Kolon B (auf den ersten Blick) inhaltlich synonym sind:

Meine „Seele" (hebr. נֶפֶשׁ *næfæš*)	dürstet nach dir,	**Kolon A**
mein Fleisch (hebr. בָּשָׂר *bāśār*)	schmachtet nach dir.	**Kolon B**

(Ps 63,2)

Das Subjekt „Seele" ist syntaktisch parallel zu „Fleisch", die verbale Aussage „dürsten" zu „schmachten". Inhaltlich könnte man sagen, dass Kolon B Kolon A mit anderen Worten wiederholt, beide Teile also synonym zueinander stehen. Bei genauerer Betrachtung fällt jedoch auf, dass beide Glieder des Parallelismus sich nicht vollständig entsprechen. Das hebräische Lexem נֶפֶשׁ *næfæš*, das über den Umweg der Septuaginta, der griechischen Bibelübersetzung, in deutschen Übersetzungen oft mit „Seele" als Entsprechung zum Griechischen (griech. ψυχή *psychē*) wiedergegeben wird, bezeichnet das Begehren des Menschen, sein willentliches Streben nach etwas. בָּשָׂר *bāśār* „Fleisch" betont den körperlichen Aspekt des Menschseins (vgl. *Kap 1.2*). Das Verhältnis vom Menschen zu JHWH wird hier also von zwei Seiten des Menschlichen her beschrieben, seinem innerlichen Streben und seiner körperlichen Existenz. Es werden einzelne Aspekte genannt, so dass der Mensch in seiner Ganzheit in den Blick kommt. Entscheidend ist, dass sich trotz der Bezeichnung als *synonymer Parallelismus* die beiden Lexeme in ihrer Bedeutung unterscheiden und ergänzen. Und genau daran kann man entscheidende Charakteristika des „hebräischen Denkens" erkennen.

In diesem Zusammenhang spielt der Begriff der „Stereometrie des Gedankenausdrucks“, der 1926 von B. Landsberger geprägt wurde, eine große Rolle. Er wurde 1970 von G. von Rad in seine *Weisheit in Israel*[1] aufgenommen und wird seitdem in Bezug auf den Parallelismus membrorum bzw. zur Charakterisierung des „hebräischen Denkens“ verwendet.

B. Landsberger bezog sich gar nicht explizit auf die biblisch-hebräischen Texte, sondern die akkadische Literatur, also die Literatur des Zwei-Strom-Landes:

> „Für den Akkader […], wie für die übrigen Semiten, ist der Parallelismus gleichsam die Stereometrie des Gedankenausdrucks, der stets aufs schärfste geschnitten und auf höchste Prägnanz bedacht ist. Alle Rhetorik ist dem Akkader fremd. […] Nur durch gesteigerte Kraft lebenswahrer Darstellung, durch einfaches Anreihen von Bildern von nicht zu übertreffender Plastik wirkt der Dichter.“[2] (B. Landsberger)

Den Begriff der Stereometrie erläutert B. Landsberger weiter nicht. Vermutlich bezieht er sich damit auf das durch ein Stereoskop, ein ab dem 19. Jh. weitverbreitetes Instrument, ermöglichte räumliche Sehen.[3] Mit seiner Formulierung „Stereometrie des Gedankenausdrucks“ verweist er auf die Plastizität, den quasi räumlichen Eindruck, der durch die Kombination verschiedener Aussagen erreicht wird.

G. von Rad greift diese Überlegungen auf:

> „Die elementarste dichterische Aussageform war für Israel, aber auch für andere altorientalische Völker, die des ‚parallelismus membrorum‘, durch den der Dichter genötigt wird, die Sache unter zwei Aspekten, also in zwei Versstichen [= einem Bikolon K.G.] zum Ausdruck zu bringen. […] Aber ist dieser Parallelismus denn auch zur Bindung eingebrachter Erkenntnisse geeignet? Mußte nicht die unerläßliche Doppelheit der Aussage zu einem gewissen Verschwimmen, also zu einem Verlust an Präzision führen? Er müßte es, wenn es bei diesen Erkenntnisaussagen um die Gewinnung einer größtmöglichen begrifflichen Präzision ginge. Davon kann aber unmöglich die Rede sein. Nicht die Schärfe des Begriffs wird hier angestrebt, sondern die Schärfe der Nachzeichnung der gemeinten Sache, und zwar möglichst in ihrer ganzen Breite.“[4] (G. v. Rad)

Der *Parallelismus membrorum* bringt eine Sache also gerade nicht auf den Punkt, sondern eröffnet einen Raum. Mit ihm wird etwas in großer Plastizität und Lebendigkeit geschildert. Beide Aussagen können in ein komplementäres, antithetisches oder additives Verhältnis gebracht werden. Der *Parallelismus membrorum* hat somit welterschließende Funktion. Dies ist ein Hinweis darauf, dass sich das „hebräische Denken" von einem heutigen analytischen Denken unterscheidet, das stark definitorisch und auf präzise Begrifflichkeiten ausgerichtet ist. Dem „hebräischen Denken" zufolge besteht das Ganze aus der Vielheit seiner verschiedenen Teile. Diese können einander entsprechen, sich widersprechen oder ergänzen.

H. W. Wolff wiederum hat diese Erkenntnisse in die alttestamentlich-anthropologische Forschung eingebracht und eine biblisch-anthropologische Sprachlehre erarbeitet (vgl. *Kap. 1.2*).

2. In Bezug auf nicht-sprachliche Phänomene, die ein bestimmtes Weltverständnis und eine bestimmte Form der Welterkenntnis zeigen, ist es die altorientalische Kunst, die ebenfalls die additive Erschließung der sichtbaren Welt und des Menschen zeigt. Für die ägyptische Kunst hat Emma Brunner-Traut den Begriff der *Aspektive* im Unterschied zur Perspektive geprägt.[5] Die perspektivische Darstellung ist eine tiefenräumliche Darstellung, die versucht, die Sehbild-Wirklichkeit nachzuahmen, und daher das einzelne Teil dem Ganzen unterordnet. Die Perspektive verkürzt z.B. einen Gegenstand mit zunehmender Entfernung. Dies geschieht zugunsten der Darstellung des Ganzen. Die Perspektive ist damit ein Scheinbild, das simultan gesehen wird. Die Aspektive zeigt Objekte in Frontalansicht und legt keinen Wert auf Körperlichkeit und Raumtiefe. Sie gibt vielmehr die einzelnen Aspekte, also Teile eines Gegenstandes möglichst unverkürzt wieder. Diese Teile werden schrittweise und nacheinander erfasst und zu einem Bildganzen addiert. Damit wird die Aspektive dem einzelnen Aspekt des Ganzen gerecht.

E. Brunner-Traut erkennt das Nach- und Nebeneinander, wie es sich in der Kunst zeigt, auch in der Gesellschaftsordnung, der Wissenschaft, der Religion, im Rechtswissen, in Sprache und Literatur, also „in den Vorstellungs- und Denkformen aller kulturellen Sparten".[6] Die Andersartigkeit der aspektivischen Kulturen gegenüber unserer eigenen, perspektivischen Kultur erklärt sie als eine andersartige Apperzeption, eine andersartige kognitive Leistung.

Speziell für den menschlichen Körper verweist sie darauf, dass dieser nicht als Organismus, sondern als ein Kompositum seiner Glieder verstanden wurde. Dies zeigt sich in seiner bildlichen Darstellung (Abb. 1): Trotz grundsätzlicher Seitenansicht sind Auge und Schultern nach vorn dargestellt, da sie so am deutlichsten zu erkennen sind. Es werden also mehrere Ansichten kombiniert, um jedes Teil des Ganzen möglichst charakteristisch darzustellen. Das Auge ermöglicht dem Menschen unmittelbare Kommunikation, ist also von höchster Bedeutung. Daher wird es möglichst groß dargestellt.

Der Ägyptologe J. Assmann ergänzt gegenüber E. Brunner-Traut, dass dem Prinzip der *Aspektive* ein *konnektives Denken* entspricht, das nach verbindenden Elementen fragt.[7] Dieses zeigt sich besonders im Zusammenhang mit dem Thema Tod: In Bezug auf den Körper geht es dort um Zergliederung und Zusammenfügung. So gilt das Herz als Generator von Konnektivität. Im Tod wird das Herz matt; um die Glieder neu vereinen zu können, muss es gefestigt werden. Riten und Rezitationen zielen dann darauf, die im Tod zerfallene körperliche Einheit wiederherzustellen. Der Tod zeigt auch, dass es in Bezug auf

Abb 1. Ägyptische Darstellung des Menschen in Aspektive

die Sozialstruktur um Isolation und Einbindung geht. Leben ist Zusammenhang, der Tod hingegen Zerfall und Isolierung. Überwunden wird der Tod durch die Resozialisierung mit Ritualtexten. Diese Überlegungen zur Konnektivität wurden dann von B. Janowski für die alttestamentliche anthropologische Forschung rezipiert (vgl. *Kap. 1.3*).

1.2 Ganzheitlichkeit des Menschen – anthropologische Sprachlehre (H. W. Wolff)

Die 1973 erstmals erschienene *Anthropologie des Alten Testaments* von H. W. Wolff ist ein Klassiker der alttestamentlichen Exegese und war bis zum Erscheinen des monumentalen Bandes *Anthropologie des Alten Testaments* von B. Janowski die letzte große Monographie der deutschsprachigen Exegese auf diesem Gebiet. Am Ansatz von H. W. Wolff wurde auch Kritik geübt, trotzdem ist er wegweisend und von bleibender Bedeutung für eine Annäherung an die alttestamentliche Rede vom Menschen.

Die Ausgangsfrage von H. W. Wolff ist die, wie der Mensch denn überhaupt etwas über den Menschen wissen kann. Denn schließlich steht der Mensch vor dem nicht zu lösenden „Problem der Nichtobjektivierbarkeit“:[8] Der Mensch kann sich nicht selbst gegenübertreten, er kann sich nicht objektiv betrachten, weil er sich nicht von sich selbst distanzieren kann. Der Mensch kann keinen anderen Menschen fragen „Wer bin ich?“, denn sofort wäre dieser andere vor das Problem gestellt, dass er gleichzeitig Auskunft darüber geben müsste, wer er selbst ist. Wenn biblische Texte den Menschen zur Erkenntnis seiner selbst führen wollen, dann kann dies daher nur in seiner Beziehung zu Gott geschehen, der zum Menschen als Gegenüber hinzutritt:

> „Biblische Anthropologie als wissenschaftliche Aufgabe wird ihren Einsatz dort suchen, wo innerhalb der Texte selbst erkennbar nach dem Menschen gefragt wird. Die ganze Weite der Kontexte ist heranzuziehen, um die spezifischen Antworten zu erarbeiten. Es wird sich zeigen, dass die wesentlichen Beiträge Dialog-Charakter tragen […]. Vor allem im Gespräch mit Gott sieht der Mensch sich in Frage gestellt, erforscht und damit viel weniger festgestellt als vielmehr zu Neuem berufen.“[9] (H. W. Wolff)

Wie der Mensch sich selbst von Gott her versteht, schließt H. W. Wolff in Bezug auf das Alte Testament in drei Teilen auf: Der erste Teil erläutert als *Anthropologische Sprachlehre*, wie sich in der Sprache das Selbst-Verstehen des Menschen spiegelt. Der zweite Teil erschließt das Menschsein als *Biographische Anthropologie*, von der Schöpfung und Geburt des Menschen, über Jungsein und Altern bis zum Tod. Der dritte Teil zeigt als *Soziologische Anthropologie*, dass der Mensch nur in den Beziehungen, in denen er steht, den Beziehungen zu Gott, als Mann und Frau, als Einzelner und der Gemeinschaft, verstanden werden kann.

Besonders die *Sprachlehre*, die H. W. Wolff im ersten Kapitel entwickelt, zeigt auf, wie die alttestamentliche Rede vom Menschen von der spezifischen Art des „hebräischen Denkens" her erschlossen werden muss. Vom synthetisch-stereometrischen Denken und von Grundwörtern hebräischer Anthropologie her kann die Frage nach der Selbsterschließung des Menschen in den alttestamentlichen Texten gestellt werden.

Methodisch geht H. W. Wolff so vor, dass er die Bedeutung der anthropologischen Grundwörter nicht von außen an sie heranträgt, sondern sie von ihrem Gebrauch in den biblischen Texten her erschließt. Er versteht also den hebräischen Begriff נֶפֶשׁ *næfæš* nicht von der Bedeutung her, die wir mit dem Begriff „Seele" verbinden, sondern fragt, wie das Lexem gebraucht wird und in welchen Kontexten es steht. Viele unserer gängigen Übersetzungen tragen mit der Wiedergabe der hebräischen Begriffe als „Seele", „Herz", „Fleisch" oder „Geist" Auffassungen in den biblischen Text ein, die dieser nicht kennt. Es sind die Vorstellungen der griechisch-hellenistischen Anthropologie und Philosophie, die dichotomisch oder trichotomisch ausgerichtet ist. So kennt die griechische Anthropologie einen Leib-Seele Dualismus, demzufolge Leib und Seele im Gegensatz zueinanderstehen, bzw. die Trichotomie von Leib-Seele-Geist.

Im Hebräischen jedoch stehen Begriffe wie „Herz", „Seele", „Fleisch" und „Geist" zum Teil wie Pronomina für den ganzen Menschen. Sie verweisen im *Parallelismus membrorum* auf verschiedene Aspekte des Menschseins, die eine Einheit bilden. Das hebräische Denken ist also stereometrisch und – nach H. W. Wolff – zugleich *synthetisch*. Mit der Nennung eines Körperteils wird Bezug auf dessen Funktion genommen. Während die deutsche Sprache analytisch-differenzierend ist, also zwischen Gegenstand und Funktion unterscheidet, benennt das Hebräische die Sache, also das Körperteil, und das wirksame Handeln – das, was das Körperteil macht – mit einem Wort. Eine Aussage wie „Meine Hand hat mir geholfen." (Ri 7,2) bezieht sich also darauf, dass es die eigene Kraft ist, auf die die Rettung zurückzuführen ist.

Einige dieser anthropologischen Grundbegriffe sollen nun vorgestellt werden.[10] Über deren semantische Weiträumigkeit – so die Formulierung von H. W. Wolff – ist es möglich, einen ersten Zugang zum biblischen Menschenbild zu finden. Mit den genannten Körperteilen werden zugleich auch Fähigkeiten und Eigenarten des Menschen bezeichnet. So wird deutlich, wie Menschsein verstanden wird.

1. Während unserem Verständnis nach der Mensch eine Seele hat, *ist* der Mensch in biblischer Konzeption נֶפֶשׁ *næfæš*. So formuliert die zweite Schöpfungserzählung: „JHWH Elohim (hebr. אֱלֹהִים *'ᵆlohim* „*Gott*") gestaltete den Menschen aus Staub vom Erdboden und blies in seine Nase Lebensatem. So *wurde* der Mensch eine lebendige נֶפֶשׁ *næfæš*." (Gen 2,7).

In seiner konkreten Bedeutung bezeichnet das Wort die Kehle des Menschen. Die Kehle braucht der Mensch für Vielerlei: atmen, essen, trinken, sprechen. Sie ermöglicht ihm zu leben, seine Bedürfnisse zu befriedigen, sich zu artikulieren, zu kommunizieren und in Beziehung zu treten. נֶפֶשׁ *næfæš* bezeichnet daher nicht nur einen Teil des Körpers oder den Atem des Menschen, sondern vielmehr den einzelnen Menschen in seiner Lebendigkeit, seine Bedürftigkeit, seine Existenz. Die folgenden Textbeispiele zeigen die unterschiedlichen Bedeutungen von נֶפֶשׁ *næfæš*.

Wenn das betende Ich von Ps 103 und 104 dazu auffordert: „Preise JHWH, meine נֶפֶשׁ *næfæš*!" (Ps 103,1.2.22; 104,1.35), dann wird damit eben nicht einseitig auf eine abstrakte Seelenvorstellung rekurriert. Ganz konkret ist die נֶפֶשׁ *næfæš* als Kehle das Organ, mit dem der Lobpreis JHWHs artikuliert wird. Mit ihr wird gesprochen, gesungen und gejubelt. Darüber hinaus wird mit נֶפֶשׁ *næfæš* bedeutet, dass das betende Ich mit seiner Lebendigkeit, seiner Vitalität als ganze Person vor Gott tritt. Das Ich bringt im Lobpreis seine gesamte Existenz vor Gott.

Die Bedürftigkeit des Menschen, sein Begehren treibt diesen auch zu gewaltsamem Handeln. Sichem vergewaltigt Dina, die Tochter Jakobs: „Er nahm sie, legte sich zu ihr und tat ihr Gewalt an. Und seine נֶפֶשׁ *næfæš* klebte an Dina.“ (Gen 34,2–3). נֶפֶשׁ *næfæš* repräsentiert hier Sichem und verweist auf seine triebhafte Gier.

Im ersten Königsbuch wird von der Totenerweckung des Sohnes der Witwe von Sarepta durch den Propheten Elija erzählt. Das Kind ist bereits tot. In ihm ist kein Lebensatmen mehr. Elija fleht darauf JHWH an: „Die נֶפֶשׁ *næfæš* dieses Kindes soll doch in sein Inneres zurückkehren!“ (1 Kön 17,21). Elija bittet um die Rückkehr des Atems und damit der Lebenskraft in den Jungen. נֶפֶשׁ *næfæš* steht also auch grundsätzlich für das Leben und Lebendigsein.

In der juristischen Sprache meint נֶפֶשׁ *næfæš* schließlich das Individuum, die Person: „Und wenn eine einzelne נֶפֶשׁ *næfæš* aus Versehen sündigt, dann soll sie eine einjährige Ziege als Sündopfer darbringen.“ (Num 15,27). נֶפֶשׁ *næfæš* bezeichnet hier den Einzelnen im Unterschied zur Gemeinschaft.

Von daher ist nicht weiter erstaunlich, dass נֶפֶשׁ *næfæš* an vielen Stellen als Stellvertreterausdruck für die Person steht, wo wir einfach ein Personalpronomen setzen würden. So fordert der lebenssatte Isaak seinen Sohn Jakob, den er für Esau hält, auf, ihm das Wildpret zu bringen, „so dass ich esse, damit ich (= meine נֶפֶשׁ *næfæš*) dich segne, bevor ich sterbe!“ (Gen 27,4).

2. Ein gutes Beispiel für das Denken und auch die Körpersymbolik des Hebräischen ist das Lexem לֵב *lew* „Herz“ (auch לֵבָב *lewāw*). Unseren Körperkonzepten entsprechend steht das Herz für Liebe und Emotionen, der Kopf für Verstand und Rationalität. Das Bedeutungsspektrum der Verwendung des Wortes ist in der Hebräischen Bibel anders und größer.

Im Hinblick auf die Anatomie des Körpers wird aus den biblischen Texten nicht deutlich, ob man den Zusammenhang von Pulsschlag und Herz kannte. Auch scheint man um das Gehirn, Nerven oder die Lunge nicht gewusst zu haben. Mit לֵב *lew* „Herz“ wird selbst dann, wenn das Lexem konkret gebraucht wird, nicht eingeschränkt auf das Herz als Organ verwiesen. Es kann für den gesamten Brustkorb stehen oder für Funktionen, die unserem Wissen nach bestimmte Gehirnregionen wahrnehmen. Das Herz ist ganz allgemein ein Organ im verborgenen und nicht-zugänglichen Inneren des Menschen. So spricht JHWH zu Samuel, als dieser einen der Söhne Isais zum neuen König über Israel salben soll: „Sieh nicht auf sein Aussehen und seine stattliche Gestalt, denn ich habe ihn verworfen. Gott sieht nämlich nicht auf das, worauf der Mensch sieht. Der Mensch sieht, was vor den Augen ist, aber JHWH sieht das לֵב *lew*." (1 Sam 16,7). Das Herz ist den menschlichen Blicken entzogen, es gilt aber als innere Mitte der Person.

Als Mitte der Person werden dem Herzen unterschiedliche Tätigkeiten und Zustände zugeschrieben: Fühlen, Wollen und Denken werden dort verortet. Dem Herz werden auch, so wie wir es kennen, Emotionen zugeschrieben: „Mein Herz frohlockt über JHWH!" (1 Sam 2,1). Meistens jedoch ist es das Herz und nicht der Kopf, der denkt. Im altorientalischen Denken ist das Herz der Ort des Nachdenkens und Überlegens. Dtn 29,3 ordnet Herz, Augen und Ohren dem Erkennen, Sehen und Hören zu.

Ganz deutlich wird in der Bitte Salomos, dass das Herz der Sitz des Verstandes ist. Im Traum erscheint ihm Gott und gewährt ihm einen Wunsch. Salomo bittet um „ein hörendes Herz, dein Volk zu richten, zu unterscheiden zwischen Gut und Böse." (1 Kön 3,9). Gott gewährt ihm die Bitte: „Ich gebe dir ein weises und verständiges Herz." (1 Kön 3,12). Mit dem Herz denkt und versteht der Mensch. Dabei berühren sich Verstehen und Weisheit im lebenspraktischen Sinn. Ein Verstehen im ethischen Sinn ist gemeint, nämlich zwischen Gut und Böse zu unterscheiden, um für Recht und Gerechtigkeit zu sorgen.

So liegt es dann fast schon nahe, dass das Herz auch die Funktion dessen übernimmt, was wir Gewissen nennen. König David versucht, mit einer Zählung der Krieger die eigene Macht zu sichern. Dies gilt als Verfehlung JHWH gegenüber, da allein ihm solche Zählungen vorbehalten sind. Über David heißt es: „Dann aber schlug David das לֵב *lew*, nachdem er das Volk gezählt hatte, und er sagte zu JHWH: Ich habe schwer gesündigt." (2 Sam 24,10). Das Herz ist Zentrum des willentlichen Handelns und damit auch Instanz, die zur Rechenschaft zieht. So sollen die Worte der Weisung auf das Herz geschrieben sein (Dtn 6,6), d.h. der Mensch soll in Entsprechung zur göttlichen Weisung handeln. So ist dann auch die Verheißung des neuen Bundes, dass JHWH selbst die Worte der Weisung auf das Herz der Israeliten schreibt (Jer 31,33), so dass der Mensch ethisch handelt.

3. בָּשָׂר *bāśār* „Fleisch" verbindet den Menschen mit dem Tier. Ein gutes Drittel aller Belegstellen in der Hebräischen Bibel beziehen sich auf Tiere, knapp zwei Drittel auf den Menschen. Während ganz selbstverständlich vom Auge, Ohr, Mund, Angesicht, der Hand, dem Arm, Fuß, Herz und auch der נֶפֶשׁ *næfæš* Gottes gesprochen wird, ist nie vom בָּשָׂר *bāśār* (und auch nie von Geschlechtsteilen) JHWHs die Rede. Die Vergänglichkeit und Hinfälligkeit des בָּשָׂר *bāśār* kann daher ganz im Gegensatz zu JHWH stehen:

> Verflucht ist der Mann, der auf Menschen vertraut und בָּשָׂר *bāśār* zu seinem Arme [zur Grundlage seines Handelns] macht [...],
> gesegnet ist der Mann, der auf JHWH vertraut
> und dessen Vertrauen JHWH ist. (Jer 17,5.7)

In seiner Grundbedeutung meint בָּשָׂר *bāśār* das Fleisch, die Weichteile des tierischen und menschlichen Körpers. Es bezeichnet das Fleisch lebender und geschlachteter Tiere, das als Braten gegessen wird (Jes 22,13; 44,16), und sehr häufig in den Ritualvorschriften des Buches Levitikus das Opferfleisch.

In Bezug auf den Menschen steht בָּשָׂר *bāśār* „Fleisch" zusammen mit עֶצֶם *'æṣæm* „Knochen" in einem komplementären, nicht antithetischen Verhältnis zur רוּחַ *ruaḥ*, dem „Geist". Mit Haut und Sehnen bilden sie nach Ez 37,5–6 den lebendigen Menschen. Die körperliche Bedeutung von בָּשָׂר *bāśār* kann eingeengt sein auf den männlichen Penis (Lev 15,2–3.7) bzw. die weibliche Vulva (Lev 15,19) oder den ganzen Körper des Menschen meinen (vgl. *Kap. 5.1*). So klagt das Ich: „Nichts Heiles ist an meinem בָּשָׂר *bāśār* wegen deines Zorns." (Ps 38,4). Im *Parallelismus membrorum* steht בָּשָׂר *bāśār* wie נֶפֶשׁ *næfæš* analog zum Personalpronomen für den Menschen in seiner Körperlichkeit:

> In Furcht vor dir erschaudert mein בָּשָׂר *bāśār*,
> ich fürchte deine Rechtssprüche. (Ps 119,120)

Neben der körperlichen Bedeutung ist בָּשָׂר *bāśār* Ausdruck für die Verwandtschaft der Familienangehörigen im engeren und aller Lebewesen im weiteren Sinn. Die wesensgemäße Verwandtschaft von Mann und Frau beschreibt der Mensch in der zweiten Schöpfungserzählung mit dem Jubelruf: „Dieses Mal ist es עֶצֶם *'æṣæm* von meinem Gebein und בָּשָׂר *bāśār* von meinem Fleisch!" (Gen 2,23). Frau und Mann „werden zu einem בָּשָׂר *bāśār*" (Gen 2,24), womit die enge Verbindung der Lebensgemeinschaft ausgesagt wird. In den legislativen Texten des Buches Levitikus ist es quasi Rechtsterminus für die leibliche Verwandtschaft, z.B. im Verbot von Geschlechtsverkehr zwischen Blutverwandten (Lev 18,6). Die Sintflut dient der Vernichtung allen Fleisches unter dem Himmel, in dem רוּחַ חַיִּים *ruaḥ ḥajjim* „Lebensatem" (Gen 6,17) ist, also Mensch und Tier.

בָּשָׂר *bāśār* steht schließlich für die Hinfälligkeit und Vergänglichkeit des Menschen, für Krankheit und Tod, aber auch Fehlerhaftigkeit. Besonders deutlich tritt dies im Vergleich zur göttlichen Ewigkeit und Verlässlichkeit hervor:

> Alles בָּשָׂר *bāśār* ist Gras und seine ganze Treue wie eine Blume des Feldes.
> Das Gras ist verdorrt, die Blume verwelkt,
> denn Gottes Atem hat sie angeweht.
> Das Gras ist verdorrt, die Blume verwelkt,
> das Wort Gottes aber bleibt ewig. (Jes 40,6–8)

Die Treue des Menschen, seine ethische Integrität und Beständigkeit, ist kurzlebig.

4. Während das Herz in der hebräischen Körpersymbolik primär für den Verstand steht, werden Emotionen durch die Organe des Körperinneren im Bauchraum, z.B. die Nieren oder die Leber, dargestellt. Die Aufforderung „Prüfe mich JHWH und erprobe mich, prüfe meine Nieren und mein Herz!" (Ps 26,2) bezieht sich auf die Ergründung der emotionalen und rationalen Motive des menschlichen Handelns. Die Integrität des Menschen umfasst demzufolge Fühlen und Denken. Trauer und Verzweiflung über die Eroberung der Stadt Jerusalem, die als „Tochter meines Volkes" bezeichnet wird, werden mit der Leber verbunden: „Zu Boden geschüttet ist meine Leber über den Sturz der Tochter meines Volkes." (Klgl 2,11). Neben den Organen des Inneren werden Emotionen auch durch die Nase angezeigt. Sie

steht für Wut und Zorn. Der Zorn steigt in der menschlichen oder göttlichen Nase hoch (Ez 38,18), bzw. die Nase wird heiß vor Zorn: „Da wurde die Nase Bileams heiß.“ (Num 22,27).

Neben den vier Grundbegriffen (Kehle, Geist, Herz, Fleisch), die H. W. Wolff nennt, ist auch das Bedeutungsspektrum anderer Körperteile weit und oszilliert zwischen konkreter und funktionaler Bedeutung. Genannt seien פָּנִים *pānim* „Angesicht“, das sich auf Kommunikation und Zugewandtheit bezieht, יָד *jād* „Hand“ und רֶגֶל *rægæl* „Fuß“ für Handlungsfähigkeit und Macht, עַיִן *'ajin* „Auge“, אֹזֶן *'ozæn* „Ohr“ und פֶּה *pæh* „Mund“ für Erkenntnis und Kommunikation, רוּחַ *ruaḥ* „Geist“ für Lebendigkeit und Kraft und דָּם *dām* „Blut“ für das physische Leben. Diese Begriffe sind zum Teil öfter als die sog. Grundbegriffe H. W. Wolffs belegt und können ebenfalls als Stellvertreterausdrücke für die gesamte Person stehen:

> „Der Mensch wird also im A.T. unter den verschiedensten Perspektiven betrachtet, ohne dass eine klare Hierarchisierung der verschiedenen Aspekte erkennbar wäre. Das A.T. fasst diese Aspekte nicht zu einer einheitlichen Vorstellung (etwa einem einheitlichen ‚Person‘-Begriff o.ä.) zusammen, sondern bringt seine Ansichten über den Menschen in einer Vielzahl von Aspekten zum Ausdruck. Etliche dieser Aspekte sind dabei nicht nur auf den Menschen beschränkt, sondern sind Aspekte alles Lebendigen.“[11] (A. Wagner)

Der Mensch wird in jeder Hinsicht ganzheitlich und als Teil der lebendigen Welt verstanden. Eine Unterscheidung von Körper und Seele, wie sie die griechische Philosophie kennt und die unser Denken prägt, gibt es nicht. Der Körper befähigt den Menschen zu Kommunikation und Beziehung, bedingt seine Schwäche, seine Willenskraft, seine Gefühle und sein Denken. Insofern ist es für die Frage nach dem Verständnis des Menschen, wie es die alttestamentlichen Texte zeigen, unabdingbar, die sprachlichen Bezeichnungen entsprechend der *anthropologischen Sprachlehre* in ihrer Bedeutungsfülle zu erfassen.

1.3 Die Relationalität des Menschen – konstellativer Personbegriff (B. Janowski)

B. Janowski greift in seinen diversen Arbeiten zur alttestamentlichen Anthropologie u.a. auf die Vorarbeiten von B. Landberger, E. Brunner-Traut und H. W. Wolff zurück und führt sie weiter. Insbesondere erarbeitet er für das Alte Testament einen konstellativen Personbegriff.

Die alttestamentliche Anthropologie kennt keine dichotomische oder trichotomische Vorstellung vom Menschen, sondern sie ist ganzheitlich ausgerichtet. Damit hängt die Frage zusammen, was überhaupt eine Person ist. Unserer neuzeitlichen Konzeption entsprechend konstituiert sich Identität wesentlich in einer Gegenüberstellung von Innen und Außen:

> „Unsere Gedanken, Vorstellungen oder Gefühle sind nach unserer Auffassung ‚in' uns, während die Gegenstände in der Welt, auf die sich diese geistigen Zustände beziehen, ‚draußen' sind. Außerdem meinen wir, unsere Fähigkeiten oder Möglichkeiten seien etwas ‚Inneres', das auf die Entwicklung wartet, durch die dieses Potentielle in der öffentlichen Welt kundgetan oder verwirklicht wird. Das Unbewußte befindet sich nach unserer Vorstellung innen; und die Tiefen des Ungesagten, des Unsagbaren, der sich anbahnenden Gefühle, Neigungen und Ängste, mit denen wir um die Beherrschung des eigenen Lebens ringen, fassen wir ebenfalls als etwas Inneres auf."[12] (C. Taylor)

Dieses Selbstverständnis der Innerlichkeit des Menschen hängt eng zusammen mit der Vorstellung von der Seele als wahrem Selbst und innerem Kern der Person, die der Außenwelt gegenübertritt. Dem modernen Denken fällt es folglich schwer, das Innen und Außen zusammenzudenken. Das persönliche Ich und das, was es umgibt, also auch alle seine Außenbeziehungen, werden nicht als Einheit begriffen. Zwar ist die Vorstellung eines „inneren Menschen" den alttestamentlichen Texten nicht vollkommen fremd (vgl. *Kap 7.1*). Aber in vormodernen, also auch den alttestamentlichen Konzepten unterscheidet sich das Verständnis dessen, was eine Person ist, doch erheblich von gegenwärtigen Vorstellungen. Das betrifft sowohl die Vorstellung von einem inneren Selbst als auch das Verhältnis von Innen und Außen.

Der Mensch zeichnet sich den alttestamentlichen Vorstellungen folgend nicht durch einen inneren Kern, eine Seele, aus, sondern er ist ein lebendiges Selbst, eine lebendige נֶפֶשׁ *næfæš* (Gen 2,7), die aus körperlichen, emotionalen, kognitiven und voluntativen Aspekten gebildet wird. Die Einheit der Person besteht in diesem komplexen Beziehungsgeflecht. Der menschliche Körper wird in seinen Einzelaspekten wahrgenommen, die jeweils in einer psychosomatischen Einheit auch die entsprechenden Funktionen und Vollzüge bedeuten. Insofern wird der Körper als „Gliederpuppe" (E. Brunner-Traut) wahrgenommen. Diesem zergliedernden Blick auf den Menschen entspricht jedoch andererseits die Vorstellung von verbindenden Elementen im persönlichen und sozialen Bereich. J. Assmann hat dies als Prinzip der *Konnektivität* bezeichnet. Für die einzelne Person ist das Verbindende ägyptischen Vorstellungen entsprechend das Herz.

Es gibt der alttestamentlichen Anthropologie folgend jedoch keine Vorstellung von einer Innenseite des Menschen, ohne gleichzeitig seine soziale Außenseite in den Blick zu nehmen. So wie die Person als psychosomatische Einheit in einem komplexen Beziehungsgeflecht verstanden wird, so ist sie auch nicht ohne ihre Sozialbeziehungen zu denken. Diesen Vorstellungen entsprechend ist für die Person gerade ihre soziale Identität, also ihre Einbettung in äußere Beziehungen, zentral. Das „wahre ‚Selbst' [besteht] im öffentlichen ‚Selbst'. Man *ist* seine soziale Rolle und sein sozialer Status, man geht darin auf".[13]

Ganz deutlich wird dies in den Individualpsalmen, den Klage- und Dankliedern des Einzelnen. Ganz anders als in den modernen Konzepten, die den Menschen als innerliches Selbst verstehen, ist der Mensch diesen Texten zufolge nur in Beziehung zur sozialen Gemeinschaft und zu Gott zu denken. Deutlich wird dies in der Klage von Ps 13:

2a b	Bis wann, **JHWH**, vergisst **du** mich auf Dauer? Bis wann verbirgst **du dein** Gesicht vor mir?	Gottesbezug („du")
3a b	Bis wann soll **ich** Sorgen tragen in **meiner** נֶפֶשׁ *næfæš*, Kummer in **meinem** לֵבָב *lewāw* Tag für Tag?	Selbstbezug („ich")
c	Bis wann erhebt sich mein **Feind** über mich?	Gemeinschaftsbezug („er")

(Ps 13,2–3)

Die Klage des betenden Ichs zeigt, dass es sich selbst und seine Situation nur im Zusammenhang mit seiner Beziehung zu Gott und den Menschen denken kann. Im ersten *Parallelismus membrorum* von V. 2ab versteht es sein Leid von Gott her: Es führt das Leid darauf zurück, dass Gott sich von ihm abgewendet hat, bzw. sein Leid besteht in der Gottferne, darin, dass die Beziehung zu Gott gestört ist. V. 3ab blickt zweitens auf dieselbe Situation aus der Perspektive des betenden Ichs. Als syntaktische Besonderheit ergibt sich hier die *double duty*-Funktion von Fragewort und Verb: So ist in dem elliptischen V. 3b „Bis wann soll ich tragen" aus V. 3a zu ergänzen. Das Ich beklagt, dass seine נֶפֶשׁ *næfæš* und sein לֵבָב *lewāw*, seine gesamte Existenz beeinträchtigt ist. Als Drittes kommt die soziale Dimension seiner Klage in den Blick: Auch die soziale Beziehung ist gestört, das Verhältnis des Beters zu seinen Mitmenschen. Zu denken ist hier also nicht unbedingt an die konkrete Bedrohung des Ichs durch einen bestimmten Feind, sondern das Ich erlebt seine Sozialbeziehungen insgesamt als gestört und fühlt sich handlungsunfähig in einer Situation der Ohnmacht.

Sehr deutlich zeigt Ps 13, dass der Einzelne sich nicht von seinem Inneren her versteht, sondern als ganzheitliche Existenz, die

> „in grundlegende Konstellationen eingebunden ist und sich in ihnen entfaltet. Man kann diesen Personbegriff *konstellativ* nennen, weil der einzelne mit anderen in wechselseitigen Beziehungen des Miteinander-Handelns und Sprechens verknüpft ist".[14] (B. Janowski)

Die Integrität der Person hängt an der Integrität ihrer Beziehungen. Werden die Beziehungen des Menschen brüchig, steht auch die Integrität der Person auf dem Spiel.

Entsprechend gibt es nichts auf der Ebene der Person, das nicht Auswirkungen auf die sozialen Beziehungen hätte. Was sich auf Ebene der *Leibsphäre* als Krankheit zeigt, gilt auf der Ebene der *Sozialsphäre* als Schande. Die Rechtsnot, die auf der Ebene der Sozialsphäre besteht, zeigt sich auf der Ebene der Leibsphäre als Kummer oder Trauer. Dies berührt auch das alttestamentliche Verständnis von Leben und Tod. Leben bedeutet das Eingebundensein in soziale Beziehungen, die Verbundenheit des einzelnen Menschen mit den anderen Mitgliedern seiner sozialen Gemeinschaft. Tod ist demgegenüber die

Desintegration, die Isolierung des Individuums aus seinem Sozialgefüge heraus. Insofern kann auch ein lebender Mensch tot sein. Auf der Ebene des einzelnen Menschen ist das konnektive Element, das am Leben erhält, das Blut. Auf der Ebene der sozialen Gemeinschaft ist dies die Gerechtigkeit. Gerechtes und solidarisches Handeln bindet die Gemeinschaft aneinander. Ungerechtes und unsolidarisches Handeln zerstört die Gemeinschaft und bringt somit den Tod.

Leibsphäre Der Körper und seine Glieder	*Sozialsphäre* Die Gemeinschaft und ihre Mitglieder
Zergliederung (durch z.B. Krankheit, Trauer)	Isolation (durch z.B. Schande, Rechtsnot)
Zusammenfügung durch Blut als konnektives Prinzip	Einbindung durch Gerechtigkeit als konnektives Prinzip

Das Verständnis vom Menschen zeichnet sich also durch Ganzheitlichkeit und Konnektivität aus.

Bemängelt wird an diesem Verständnis einer alttestamentlichen Anthropologie, dass die Sicht auf den Menschen die Konzeptualisierung von Individualität, wie sie das Alte Testament auch kennt, marginalisiert:

> „In der Welt des alttestamentlichen Menschen gibt es eine Ich-Identität oder personale Identität des Individuums, die jedem Menschen unverwechselbar und unvertretbar zukommt. Die Zurechenbarkeit von Handlungen und die Entwicklung von Moralität setzen ein moralisches Subjekt voraus. Personsein wie auch Identität konstituieren sich durch die individuelle Menschenschöpfung und dann in den Lebensvollzügen des Menschen, d.h. sozial und raumzeitlich zurückgebunden. Der Biographie des Einzelnen muss in der alttestamentlichen Anthropologie größere Aufmerksamkeit geschenkt werden.“[15] (C. Frevel)

Mit der Forderung, die Ich-Identität des einzelnen Menschen stärker in Entwürfen zur alttestamentlichen Anthropologie zu berücksichtigen, wird deutlich, dass die Diskussion um alttestamentliche Anthropologie(n) bei Weitem noch nicht abgeschlossen ist.

Die alttestamentliche Forschung der letzten hundert Jahre war vor allem bemüht, Eigenheiten des hebräischen Denkens und damit auch der alttestamentlichen Menschenbilder herauszuarbeiten. So verweist die Betrachtung des Parallelismus membrorum als ein für die hebräische Sprache typisches Gestaltungsmittel auf ein Denken, das einzelne Aspekte zusammenführt, das additiv ausgerichtet, quasi räumlich ist und damit eine große Plastizität erreicht. Dieses Denken zeigt sich auch an den Körperbegriffen. Diese bezeichnen Körperteil und Funktion, sind also semantisch weiträumig. Die Körperbegriffe zeigen auch ein ganzheitliches Verständnis des Menschen, der den alttestamentlichen Texten folgend nicht als Gegensatz von Körper und Geist verstanden wird, sondern als komplementäre Einheit vielfältiger Aspekte, von Lebendigkeit und Vergänglichkeit, von Körperlichkeit und Emotionalität, von Bedürftigkeit und Stärke. Menschsein wird, wie die Wirklichkeit überhaupt, additiv erschlossen. Die Aspektive hebt dabei das Einzelne hervor. Dem entspricht wiederum die Rede vom Prinzip der Konnektivität, dem Verbindenden, das in der Welt gesehen wird. So verweisen alttestamentliche Vorstellungen vom Menschsein auf seine soziale Eingebundenheit und Relationalität sowie darauf, dass Menschsein wesentlich als Sein in Beziehungen verstanden wird. Insofern kann man von einem konstellativen Personbegriff des Alten Testaments sprechen. Die Ganzheitlichkeit und Relationalität der alttestamentlichen Menschenbilder zu bedenken, kann ein hermeneutischer Rahmen sein, um relevante Texte zu erschließen und ihre Sicht auf den Menschen zu profilieren.

Literatur

E. Brunner-Traut, Frühformen des Erkennens. Aspektive im Alten Ägypten, Darmstadt [3]1996 (Erstauflage 1990).

B. Janowski, Konfliktgespräche mit Gott. Eine Anthropologie der Psalmen, Neukirchen-Vluyn [5]2019.

B. Janowski, Anthropologie des Alten Testaments. Grundfragen – Kontexte – Themenbereiche, Tübingen 2019.

B. Janowski, Anthropologie des Alten Testaments. Versuch einer Grundlegung, in: A. Wagner (Hg.): Anthropologische Aufbrüche. Alttestamentliche und interdisziplinäre Zugänge zur historischen Anthropologie (FRLANT 232), Göttingen 2009.

B. Landsberger, Die Eigenbegrifflichkeit der babylonischen Welt (zuerst 1926)/W. von Soden, Leistung und Grenze sumerischer und babylonischer Wissenschaft, Darmstadt 1965.

H. W. Wolff, Anthropologie des Alten Testaments. Mit zwei Anhängen neu herausgegeben von B. Janowski, Darmstadt 2010 (Erstauflage 1973).

Einblick 1: Im Spannungsfeld von historischer und theologischer Anthropologie

Sowohl dem Menschen als einzelner Person als auch menschlichen Gemeinschaften stellt sich die Frage nach dem Wesen des Menschen. Nicht selten steht die Frage im Zusammenhang mit aktuellen Herausforderungen, in denen es einer ethischen Orientierung bedarf. Diese ethische Orientierung wird vom Menschenbild erhofft.

Für K. Rahner macht der Mensch die Erfahrung, dass sich die Frage nach dem Menschsein als unerschöpflich erweist:

> „Der unendliche Horizont menschlichen Fragens wird als ein Horizont erfahren, der immer weiter zurückweicht, je mehr Antworten sich der Mensch zu geben vermag. […] Der Mensch ist nicht die in sich fraglose, fraglos gegebene Unendlichkeit der Wirklichkeit; er ist die Frage, die leer, aber wirklich und unausweichlich vor ihm aufsteht und die von ihm nie überholt, nie adäquat beantwortet werden kann."[16] (K. Rahner)

Der Mensch erfährt sich als konfrontiert mit der Frage nach sich selbst. Er ist zugleich Subjekt und Objekt des Fragens. Genau deshalb gelingt es ihm aber nicht, eine befriedigende Antwort auf die Frage nach sich selbst zu finden. Die Frage nach dem Menschen bleibt eine offene Frage. Trotzdem stellt sich der Mensch diese Frage immer wieder neu und arbeitet sich an den Antworten ab.

Auch im Alten Testament findet sich gleich an mehreren Stellen die Frage „Was ist der Mensch?" (Ps 8,5; 144,3; Ijob 7,17; 15,14; Sir

18,8). Die Frage nach dem Menschen verbindet die Menschen über zeitliche und kulturelle Grenzen hinweg. Insofern erscheint sie als allgemeine Frage nach dem Wesen des Menschen, wie sie traditionell die theologische Anthropologie begreift. Die historische Anthropologie hingegen verweist darauf, dass jedes Bild vom Menschen immer kontextgebunden ist und in konkreten historischen und kulturellen Kontexten verhaftet ist. Angesichts dieser unterschiedlichen Grundannahmen stellt sich die Frage, inwiefern die Anliegen der historischen und der theologischen Anthropologie in einer Anthropologie des Alten Testaments zum Tragen kommen.[17]

a) Historische Anthropologie

Bei dem Versuch, die Frage nach dem Menschen zu beantworten, scheint sich die Vorstellung von unwandelbaren Konstanten des Menschseins aufzudrängen. So impliziert die Frage nach dem Wesen des Menschen doch, dass es wesensmäßige, also zeit- und kulturübergreifende Merkmale des Menschseins gibt: Die menschliche Sterblichkeit, die Geschlechterdifferenz oder die Unterschiedenheit des Menschen zum Tier erscheinen als überzeitliche anthropologische Grundkonstanten.

Jedoch ist gerade diese Annahme überzeitlicher Konstanten fraglich geworden. Zum einen zeigt die Erforschung des Menschen in den empirischen Wissenschaften, dass sich die Frage nach dem Menschen in einer Vielfalt von Perspektiven auflöst. Die Sicht auf das Menschsein unterscheidet sich grundlegend, ob sie aus der Perspektive der Medizin, der Biologie, der Psychologie oder der Soziologie erfolgt. Damit relativiert sich die Möglichkeit, das unveränderliche Wesen des Menschen zu bestimmen bzw. ontologische Aussagen zum Menschen zu tätigen.

Zum anderen weist die historische Anthropologie darauf hin, dass jedes Nachdenken über den Menschen immer zeit- und kulturgebunden ist. Diese spezifisch geschichtlich denkende Form von Anthropologie entsteht in der zweiten Hälfte des 20. Jhs. als Reaktion auf eine Anthropologie, die von menschlichen Universalien ausgeht. Sie entwickelt sich aus den Ansätzen der ethnologisch ausgerichteten *cultu-*

ral anthropology, der französischen *École des Annales* und dem Ansatz der Mentalitätsgeschichte.[18] Indem sie die Historizität der Frage nach dem Menschen betont, grenzt sich die historische Anthropologie sowohl von der biologischen als auch der philosophischen Anthropologie ab, die beide von zeitlosen Konstanten ausgehen.

> „Während sie [= die *traditionelle philosophische Anthropologie*] stärker nach Konstanten suchte, die sowohl für existierende, wie für nicht mehr existierende Kulturen, also für alle Gesellschaften gelten und nach Typen der Daseinsgestaltung und Grundmustern der Lebensbewältigung forschte, akzentuiert die *Historische Anthropologie* die Dimension der Veränderung in der Zeit. Es geht nicht primär um den Aufweis konstanter Formen, sondern um den Aufweis geschichtlichen Wandels.
> Historische Anthropologie hat mehrere Aufgaben: historisch überlagerte Formen menschlicher Kultur aufzuspüren, sich ideologiekritisch gegen stereotype Vorstellungen von vorgegebenen und konstanten Merkmalen menschlicher Antriebe, Einstellungen und Verhaltensweisen abzugrenzen."[19] (H. Süssmuth)

Die historische Anthropologie trägt der Tatsache Rechenschaft, dass jede Aussage über den Menschen zeitgebunden ist, auch die, die scheinbar überzeitliche Konstanten in den Blick nimmt. Denn auch wenn z.B. der Tod Merkmal menschlicher Existenz ist, so unterscheidet sich doch der Blick auf den Tod je nach Zeit und Kultur. Auch die Art und Weise, wie die Geschlechterdifferenz konstruiert bzw. Geschlechtlichkeit verstanden wird, ist abhängig von kulturellen und historischen Vorannahmen.

Welches Bild der Mensch also von sich selbst entwirft, wie er sich selbst auffasst und versteht, ist der geschichtlichen Veränderung unterworfen. Die Rede vom Menschen ist damit kontingent. Die historische Anthropologie verweist genau darauf: auf die historische und kulturelle Vielfalt dessen, was als konstant erscheint.

Diese Perspektive auf die Frage nach dem Menschen ist attraktiv für eine Exegese, die sich historisch-kritisch versteht und an der Erforschung der zeit- und kulturgeschichtlichen Hintergründe der biblischen Texte interessiert ist. Sie verhindert ein ahistorisches Verständnis der Bilder vom Menschen, wie sie sich in den biblischen Texten finden bzw. von ihnen vorausgesetzt werden. Jedoch stellt sich die Frage, ob sich die Aufgabe der Exegese im Verweis auf die kulturelle Bedingtheit der Menschenbilder erschöpft.

b) Theologische Anthropologie

Die biblischen Texte sind zum einen historische Texte der Antike. Als solche erweitert das Wissen um ihren Entstehungskontext und ihre kulturelle und historische Bedingtheit ihr Verständnis.[20] Zum anderen erheben die biblischen Texte als heilige Schriften und kanonische Texte einen normativen Anspruch. Sie gelten als Grundlage einer theologischen Anthropologie, deren Grundannahme ist, dass der Mensch sich nur adäquat versteht, wenn er sich als Mensch vor Gott begreift. Der Anspruch der theologischen Anthropologie ist dabei auch, einen Beitrag zu anthropologischen Fragen der Gegenwart leisten zu können oder zumindest Anknüpfungspunkte zu bieten.

Unter einer Vielzahl gegenwärtiger Entwürfe einer theologischen Anthropologie sei hier wegen seiner breiten Rezeption auf die Überlegungen von K. Rahner verwiesen. Die theologische Anthropologie will bei der Frage nach dem Menschen die Vielfalt des menschlichen Seins auf das Wesentliche zurückführen.[21] In dieser Reduktion kann der Mensch sich selbst finden und Orientierung gewinnen. K. Rahner spricht davon, dass der Mensch nicht festlegbar ist, weil jede Frage nach seinem Wesen weitere Fragen nach sich zieht, also vom unbegrenzt offenen Horizont menschlichen Fragens. Angesichts der Unendlichkeit der Fragemöglichkeiten erfährt der Mensch sich selbst als begrenzt. Der Horizont ist Weite und Grenze zugleich. Dem Menschen sind Anfang und Ende vorgegeben, aber gleichzeitig entzogen und uneinsehbar, weil die Frage auf einen Ermöglichungsgrund menschlichen Seins verweist, der dem Menschen apriorisch vorausliegt und damit jedes Fragen nach sich selbst erst begründet. Die Fragen des Menschen konfrontieren ihn – mit K. Rahner – mit dem Geheimnis der Wirklichkeit:

> „Der ursprüngliche Ort der Kreatürlichkeitserfahrung ist ja nicht die in leerer Zeitlichkeit verlaufende, reihende Kette der Phänomene, sondern die transzendentale Erfahrung, in der das Subjekt und seine Zeit selber

> als vom unbegreiflichen Grund getragen erfahren werden. Die christliche Glaubenslehre sagt darum diese Kreatürlichkeit immer aus unter der Gott anbetenden Erfahrung der eigenständigen, verantwortlichen, eigenen Wirklichkeit, die restlos in die unverfügbare Verfügung des Geheimnisses schlechthin überantwortet und so uns gerade selbst aufgebürdet wird."[22] (K. Rahner)

Das Geheimnis der Wirklichkeit ist für K. Rahner das, was Gott genannt wird, der den Menschen tragende Grund. Der Mensch erfährt sich als getragen und so als Geschöpf. Insofern also führt den Menschen jede Frage nach sich selbst zur Frage nach Gott, und der Mensch kann sich nur angemessen erkennen, wenn er sich als ein endliches Wesen in einem unendlichen Horizont, also vor Gott, erkennt. Damit wird die Erkenntnis der kulturellen Bedingtheit des Menschseins, die Kette der Phänomene, auf eine Ebene überführt, die die Voraussetzungen und die Möglichkeit, sich überhaupt auf diese zu beziehen, thematisiert. Es ist die transzendentale Erfahrung, dass der Mensch sich als von Gott getragen erfährt, die Bedingung für die Möglichkeit ist, überhaupt Welt- und Wirklichkeitserfahrungen zu machen.

Die historische Anthropologie weist zu Recht auf die historische Bedingtheit jeder Rede vom Menschen hin. Traditionell zielt die theologische Anthropologie darauf, grundsätzliche Aussagen über den Menschen zu machen. Aus exegetischer Perspektive ist daher zu klären, was unter einer biblischen Anthropologie und speziell einer Anthropologie des Alten Testaments zu verstehen ist.

c) Anthropologie des Alten Testaments

Im Hinblick auf eine Anthropologie des Alten Testaments stellt sich die Frage, wie sich die historisch kontingenten Menschenbilder der Bibel, die Selbstauslegung des Menschen im alten Israel, zu einer theologischen Anthropologie verhält, in welchem Verhältnis also Geschichte und Theologie stehen.[23] Eine umfassende Bestimmung einer Anthropologie des Alten Testaments gelingt auch in neueren Arbeiten nicht. Ganz grundsätzlich kann festgehalten werden: Die historische Anthropologie verweist darauf, dass jede anthropologische Reflexion den Zugang zu generellen anthropologischen Fragen, z.B. nach dem Gottesverhältnis, nur vor dem Hintergrund zeitlich bedingter Sprechmöglichkeiten plausibilisieren kann und anthropologische Bestimmungen immer geschichtlich sind. Andererseits kann es einer Anthropologie des Alten Testaments als theologische Anthropologie nicht darum gehen, sich auf eine vermeintlich bloße Rekonstruktion historischer Menschenbilder zurückzuziehen. Insofern als sie von einem bestimmten theologischen Erkenntnisinteresse getrieben wird, wird die Frage nach dem Menschen im Alten Testament zur Möglichkeit gegenwärtiger theologisch-anthropologischer Reflexion.

Die Frage danach, was eine Anthropologie des Alten Testaments ist, hat zu einer Vielfalt von Methoden und hermeneutischen Zugängen zu einer Anthropologie des Alten Testaments sowie zu einem intensiven interdisziplinären Diskurs geführt. Einige dieser verschiedenen Zugänge werden in diesem Lehrbuch in *Einblicken* vorgestellt: So wird ein Einblick in die rabbinische Rezeptionsgeschichte von Gen 1–3 im Unterschied zur christlichen gegeben. Andere biblische Texte werden aus der Gender-Perspektive im Hinblick auf ihre Anthropologie befragt. Und einzelne Texte werden mit Hilfe der altorientalischen Ikonographie oder Literatur kulturgeschichtlich verortet.

Gemeinhin gilt, dass eine Anthropologie des Alten Testaments der Vielfalt der alttestamentlichen Menschenbilder Rechnung zu tragen hat. Dabei geht es weder darum, sich in der Darstellung der zeitbedingten Menschenbilder zu erschöpfen, noch darum, aus dieser Vielfalt zeitlose Universalien zu destillieren. Eine Anthropologie des Alten Testaments ordnet die biblischen Texte in ihre historischen und kulturgeschichtlichen Entstehungskontexte ein und greift dabei Erkenntnisse der Religions- und Sozialgeschichte, der Archäologie und Ikonographie auf. Die Auseinandersetzung mit den alttestamentlichen Texten und ihren Menschenbildern führt aber auch hinein in die Grundannahme der theologischen Anthropologie, dass die Frage nach dem Menschen nur dann angemessen beantwortet werden kann, wenn der Mensch sich vor Gott versteht.

So zeigen die Texte den Menschen in seiner Geschöpflichkeit. Die biblische Frage „Was ist der Mensch?“ (Ps 8,5; 144,3; Ijob 7,17; 15,14;

Sir 18,8) steht im Kontext des Staunens über die Schöpfung, des Lobes Gottes und der Reflexion über dessen Größe. Ps 8 führt die Frage in der Anrede Gottes weiter: „Was ist der Mensch, dass du seiner gedenkst, des Menschen Kind, dass du dich seiner annimmst?“ (Ps 8,5).

> „Den Ausgangspunkt [einer biblischen Anthropologie] bilden […] die nahezu invarianten Konstanten, in denen Menschsein biblisch reflektiert wird und die für das biblische Menschenverständnis konstitutiv sind: Geschöpflichkeit und Unverfügbarkeit des Gewordenseins der menschlichen Existenz, ihr Zeitbezug in Endlichkeit und Vergänglichkeit sowie die Irreversibilität der individuellen Biographie. Die im Wovonher und Woraufhin reflektierte transzendentale Verwiesenheit des Menschen, seine Selbstreflexivität, seine Leiblichkeit ebenso wie seine Sexualität. Ferner Relationalität, Sozialität, Kulturalität und konstitutiver Weltbezug menschlicher Existenz. Dazu treten Freiheit und Verantwortung, Personalität und Individualität, moralische Unvollkommenheit und Sündhaftigkeit des Menschen. Die Themen Körper, Sprache, Performanz und Alterität gehen zwar in diesen Fragen nicht auf, sind aber davon auch nicht zu trennen. Mit den genannten Themenfeldern ist der Anspruch einer theologischen Anthropologie deutlich zu erkennen.“[24] (C. Frevel)

Aus der Vielfalt der biblischen Menschenbilder ergeben sich mit C. Frevel „invariante Konstanten“, so dass er von *dem* biblischen Menschenverständnis sprechen kann. Diese Konstanten sind nicht zu verwechseln mit essentialistischen Wesensbestimmungen des Menschen, sondern Bestimmungen des Menschseins, die als charakteristisch für die biblischen Texte insgesamt gelten können. Die genannten Kategorien sind keine biblischen, weder dem Begriff noch der Sache nach. Es handelt sich um moderne Konzepte. Sie sind Systematisierungen, die mit unseren Erfahrungen und unserem Bild vom Menschen zusammenhängen. Jede biblische Anthropologie bzw. Anthropologie des Alten Testaments kommt, auch wenn sie die Vielfalt der Bilder vom Menschen betont, nicht ohne eine Organisation ihres Gegenstands entlang von thematischen Schwerpunkten oder Grundlinien aus und hat diese als theologische Anthropologie auch in Bezug zur Rede von Gott zu setzen.

Einige der genannten Themen sollen auch in diesem Lehrbuch zur Sprache kommen, so die Geschöpflichkeit als Merkmal menschlichen Seins, Fehlbarkeit und Schuld, Kulturalität und Produktivität des Menschen, Geschlechtlichkeit, Körperlichkeit und Sexualität und schließlich die Vergänglichkeit als Merkmal menschlicher Existenz. Allen Konzeptionen des Menschseins liegt dabei die Vorstellung zugrunde, dass das Sein des Menschen ein Sein vor Gott ist.

Bei den alttestamentlichen Texten handelt es sich um keine systematischen Reflexionen über das Menschsein. Während in den Schöpfungserzählungen der Urgeschichte noch am ehesten explizit über den Menschen reflektiert wird, sind in anderen Texten anthropologische Konzeptionen eher implizit vorhanden und zu entfalten.

Entsprechend wird auch hier keine umfassende Darstellung einer Anthropologie des Alten Testaments anvisiert, sondern exemplarische Texte werden entlang thematischer Schwerpunkte bearbeitet (vgl. *Einführung*). Dabei wird die Eigenart der Texte als Literatur ernst genommen. Als solche führen sie hinein in die Auseinandersetzung um anthropologische Grundfragen. So besteht die Bedeutung der biblischen Texte in Orientierungsfragen in normativer Hinsicht nicht darin, dass sie eine abschließende Definition des Menschen oder konkrete Handlungsanweisungen geben könnten. Das heißt aber nicht, dass sie deshalb in Bezug auf die Frage nach dem Menschen, die in ethischer Hinsicht Orientierung geben soll, ohne Bedeutung wären. Vielmehr verstricken sie ihre Leser:innen in die anthropologischen Fragen, die sie stellen und zu denen sie Stellung beziehen. So konfrontiert der alttestamentliche Blick auf das Menschsein, das ein Menschsein vor Gott ist, mit der Herausforderung, sich selbst zu beschränken und die Selbstzentrierung zu überwinden: Die Texte fordern die Leser:innen der Gegenwart mit der Überzeugung heraus, dass der Mensch in der Verantwortung für und vor Anderen steht.

Die alttestamentliche Exegese ist von ihrer Geschichte her und ihrem Selbstverständnis nach historisch ausgerichtet. Als Disziplin der Theologie will sie aber auch einen theologischen Beitrag leisten. Bezugswissenschaften sind für die Exegese im Bereich einer Anthropologie des Alten Testaments zum einen die historische Anthropologie, zum anderen die theologische Anthropologie. Die historische Anthropologie betont die historische Bedingtheit und die kulturelle Vielfalt verschiedener Menschenbilder: Auch was als überzeitliche Konstante und als Wesensmerkmal menschlicher Existenz erscheint, ist dem geschichtlichen Wandel unterworfen und abhängig von kulturellen Vorannahmen. Die theologische Anthropologie hingegen versucht, hinter den verschiedenen Daseinsformen und dem kulturell verschiedenen Verständnis vom Menschen wesensgemäße Übereinstimmungen aufzuzeigen: Ihre Grundannahme ist, dass der Mensch sich nur adäquat versteht, wenn er sich als Mensch vor Gott begreift. Die historische Anthropologie verweist die theologische Anthropologie auf die historische Bedingtheit jeder Rede vom Menschen, auch ihrer eigenen Reflexionen. Andererseits bedarf es systematisierender Kategorien einer Anthropologie des Alten Testaments und einer theologischen Reflexion jenseits einer rein historischen Rekonstruktion. Eine Anthropologie des Alten Testaments betont die historische Bedingtheit aller Bilder vom Menschen und deren partikularen Charakter. Diese konvergieren in der Grundannahme der theologischen Anthropologie, dass der Mensch sich nur als Mensch vor Gott angemessen verstehen kann.

Literatur

C. Frevel, Die Frage nach dem Menschen. Biblische Anthropologie als wissenschaftliche Aufgabe – Eine Standortbestimmung, in: Ders. (Hg.), Biblische Anthropologie. Neue Einsichten aus dem Alten Testament (QD 237), Freiburg 2010, 29–63.

J. van Oorschot, Zur Grundlegung alttestamentlicher Anthropologie – Orientierung und Zwischenruf, in: Ders./A. Wagner (Hg.), Anthropologie(n) des Alten Testaments (VWGTh 42), Leipzig 2015, 1–41.

E.-J. Waschke, Grundlagen einer theologischen Anthropologie des Alten Testaments, in: J. van Oorschot/A. Wagner (Hg.): Anthropologie(n) des Alten Testaments (VWGTh 42), Leipzig 2015, 23–42.

2. Die Geschöpflichkeit des Menschen

Zu den fraglos vorausgesetzten Vorstellungen des Alten Testaments gehört, dass der Mensch Geschöpf Gottes ist. Schöpfungsaussagen finden sich breit gestreut in den verschiedenen Kanonteilen. Prominent sind sie natürlich in der Urgeschichte (Gen 1–9). Dieser Erzählzusammenhang der Urgeschichte ist Ergebnis eines langen Wachstumsprozesses. Die verschiedenen Menschenbilder, die sich in der Urgeschichte finden, können als Hinweis auf einen literarischen Diskurs verstanden werden, in dem die Frage nach dem Menschsein immer wieder neu gestellt wird. Die Rede von der Gott-Bildlichkeit (Gen 1,26–28; 5,1–3 und 9,4–6) verklammert dabei die verschiedenen Erzähleinheiten der Urgeschichte (Kap 2.1). Als kritischer Gegenentwurf kann das ambivalente Bild vom Menschensein gelten, wie es die Garten-Eden-Erzählung in Gen 2–3 zeichnet (Kap 2.2) und das von der Kain-Abel-Erzählung in Gen 4 weitergeführt wird (Kap 3.1).

2.1 Der Mensch als Bild Gottes (Gen 1)

Die Rede von der Gottebenbildlichkeit des Menschen, lateinisch vom Menschen als *imago Dei*, gehört rezeptionsgeschichtlich zu den wichtigsten Aussagen einer theologischen Anthropologie. Sie wurde über den Umweg der griechischen Übersetzung in der Septuaginta und vor dem Hintergrund der innerbiblischen Rezeption vor allem qualitativ bzw. ontologisch verstanden – als Aussage über das Wesen des Menschen.

Doch wie ist die Aussage vom Menschen als Bild Gottes in ihrem literarischen Kontext und im Entstehungskontext der alttestamentlichen Texte zu verstehen? Zunächst einmal gilt festzuhalten, dass die Rede von der Gott-Bildlichkeit des Menschen nur eine sehr schmale Textbasis hat (Gen 1,26–28; 5,1–3 und 9,4–6), aber mit der Platzierung in der ersten eröffnenden Schöpfungserzählung eine herausragende Stellung einnimmt.[25] Die Erzählung von der Schöpfung durch das Wort wird allgemein in exilisch-nachexilischer Zeit verortet.

Die Menschenschöpfung stellt das zweite Werk des sechsten Tages dar und ist damit das letzte der Schöpfungswerke. Vollendet wird die Schöpfung jedoch erst durch die Ruhe Gottes am siebten Tag. Insofern kulminiert die Schöpfungserzählung als Ganze nicht in der Erschaffung des Menschen, sondern sie ist insgesamt theozentrisch ausgerichtet. Auch der Passus zur Erschaffung des Menschen betont die Verbindung von Geschöpf und Schöpfer:

1,26 Und Gott sprach:
„Wir wollen Menschen machen *als Bild* (בְּצַלְמֵנוּ *b*[e] + *ṣælæm*),
wie unsere Ähnlichkeit (כִּדְמוּתֵנוּ *k*[e] + *d*[e]*mut*),
damit sie herrschen (רדה *rādah*) über die Fische des Meers
und über die Vögel des Himmels
und über das Vieh und über alles (Getier) der Erde
und über alle Kriechtiere, die auf der Erde kriechen."
27 Und Gott schuf den Menschen *als Bild* (בְּצַלְמוֹ *b*[e] + *ṣælæm*),
als Bild Gottes (בְּצֶלֶם אֱלֹהִים *b*[e] + *ṣælæm*) schuf er **ihn**,
männlich und weiblich (זָכָר וּנְקֵבָה *zākār u=n*[e]*qewāh*) schuf er **sie**.
28 Und Gott segnete sie,
und Gott sprach zu ihnen:
„Seid fruchtbar
und mehrt euch
und füllt die Erde
und nehmt sie in Besitz (כבשׁ *kābaš*)
und herrscht (רדה *rādah*) über die Fische des Meeres und über die Vögel des Himmels und über jedes Lebewesen, das auf der Erde kriecht." (Gen 1,26–28)

Die wenigen Verse sind in vielerlei Hinsicht erklärungsbedürftig bzw. deutungsoffen, so dass sie eine kontroverse Rezeptionsgeschichte nach sich ziehen konnten.

Zu fragen ist erstens nach der Semantik der beiden Lexeme צֶלֶם *ṣælæm* und דְּמוּת *d*[e]*mut*, die hier mit „Bild" und „Ähnlichkeit" wiedergegeben sind, zweitens nach der Bedeutung der Präpositionen בְּ *b*[e] und כְּ *k*[e], hier übersetzt mit *als* in „als unser Bild" und *wie* in „wie unsere Ähnlichkeit", drittens nach dem Plural in der Selbstaufforderung Gottes „Wir wollen Menschen machen", viertens nach dem Wechsel des Numerus in Bezug auf den geschaffenen Menschen in den letzten beiden Sätzen „als Bild Gottes schuf er *ihn*, männlich und weiblich schuf er *sie*" und fünftens nach der Bedeutung der Verben כבשׁ *kābaš* und רדה *rādah*, die mit „in Besitz nehmen" und „herrschen" übersetzt wurden.

1. Das Substantiv צֶלֶם *ṣælæm* bedeutet „Statue / Rundplastik". Damit kann ein Wandrelief oder eine Statue gemeint sein. Die bildende Kunst des Alten Orients zielt nicht auf eine detailgetreue Abbildung, sondern sie dient der Repräsentation des Dargestellten. Zum Beispiel repräsentiert eine Statue im Tempel die dargestellte Person als Beter vor der Gottheit. So war die Statue des Stadtfürsten Hadad-Jischi (Abb. 2) im Heiligtum des Gottes Hadad von Guzana aufgestellt. Oder die Statue des siegreichen Königs garantiert im Land des besiegten Feindes dessen machtvolle Anwesenheit auch ohne seine reale Gegenwart, so z.B. die Statue von Ramses III. aus dem 12. Jh. v. Chr., die in Bet-Schean, einem ägyptischen Garnisonsort im kanaanäischen Palästina, dessen Anspruch und Macht vergegenwärtigte

Abb. 2: Statue des Hadad-Jischi vom Tell el-Fecherije (9. Jh. v. Chr.)

Abb. 3: Statue von Ramses III aus Bet-Schean (12. Jh. v. Chr.)

(Abb. 3).[26] Da das Abgebildete in der Statue wirkmächtig präsent gedacht wird, diese also kein bloßes Abbild ist, ist auch eine Übersetzung mit „Repräsentationsbild“ angemessen.

Die Rede vom Bild bzw. der Statue Gottes gehört in den Kontext altorientalischer Königsideologie. Statue Gottes und damit Repräsentant der Gottheit ist der König. Diese Vorstellung findet sich v.a. in ägyptischen, aber auch neuassyrischen und persischen Texten und dient der Herrschaftslegitimation des Königs. Der König handelt stellvertretend für die Gottheit und sorgt insbesondere für die Abwehr des Chaos.

Während im altorientalischen Kontext diese Funktion nur dem König zukommt, wird diese Herrschaftsvorstellung im alten Israel nach dem Ende des judäischen Königtums universalisiert und in der Urgeschichte auf alle Menschen bezogen. Das Menschenbild wird also gewissermaßen royalisiert.

Das zweite Lexem zur Umschreibung der Gott-Bildlichkeit דְּמוּת *d^emut* ist von dem Verb *dāmah* „ähnlich sein / gleichen“ abgeleitet. Im aramäischen Text der assyrisch-aramäischen Bilingue von Tell el-Fecherije (Abb. 2) wird mit beiden Lexemen (*dmhw* und *slm*) ein assyrisches Wort für „Bild“ wiedergegeben. Damit liegt nahe, dass es sich um Synonyme handelt. Somit ist das zweite Substantiv דְּמוּת *d^emut* weder als Abschwächung noch Verstärkung zu verstehen, sondern beide Lexeme umschreiben pleonastisch die Vergleichbarkeit bzw. Ähnlichkeit, aber nicht Identität der beiden Größen „Bild“ und „Abgebildetes“, also von Gott und Mensch. Das Bild ist aber auch keine dritte Größe, die zwischen Gott und Mensch steht, sondern der Mensch repräsentiert als Bild Gottes ihm ähnlich Gott auf der Erde.

2. Im Verlauf der christlichen Rezeptionsgeschichte wurde die Präposition בְּ *b^e* in Folge der griechischen Übersetzung der Septuaginta und entsprechend der platonischen Urbild-Abbild-Lehre als sog. *bet normae* (*bet* bezieht sich auf die Präposition בְּ *b^e*; lat. *norma* „Richtschnur, Regel“ mit Bezug auf das Urbild) „nach unserem Bild“ verstanden. Die Septuaginta gibt die Wortverbindung mit κατ'εἰκόνα ἡμετέραν καὶ καθ' ὁμοίωσιν „nach unserem Bild und nach (der) Ähnlichkeit“ wieder. Dies impliziert, dass zwischen Gott und dem Menschen als seinem Abbild ein Urbild steht, nach dem

wiederum der Mensch geschaffen ist. In der Auslegung des Christentums wird dann dieses Urbild mit Jesus Christus identifiziert.

Grammatisch ist diese Verwendung im Alten Testament selten belegt, und die Präposition בְּ b^e ist vor dem Hintergrund der altorientalischen Königsideologie als *bet essentiae* (*bet* bezieht sich auf die Präposition בְּ b^e; lat. *essentia* „Wesen"), nicht qualitativ als *bet normae* und damit als Wesensaussage zu verstehen. Der Mensch ist nicht *nach* einem Urbild erschaffen, sondern er *ist* das Bild Gottes. Um mit W. Groß zu sprechen, ist der Mensch „Gottes Bild, insofern er ermächtigt ist, über die Tiere zu herrschen",[27] wie in V. 26 ausgeführt wird. Gemeint ist damit eine universale Ordnungsfunktion zur Aufrechterhaltung der gottgewollten gerechten Weltordnung, die der Mensch als verantwortlich handelnder Repräsentant Gottes wahrnimmt.

3. Kontrovers wird auch diskutiert, wie die göttliche Selbstaufforderung im Plural „Wir wollen Menschen machen" (V. 26) zu verstehen ist. Handelt es sich um einen *pluralis deliberationis*, einen Plural zur Selbstberatung, oder einen *pluralis majestatis*, einen Plural, der Herrscher und Beherrschte einbezieht, oder religionsgeschichtlich um einen Verweis auf die Vorstellung vom Götterrat?

Die göttliche Selbstaufforderung im Plural kann als bewusste Setzung einer traditionell mythischen Redeform im Kontext der Menschenschöpfung verstanden werden.[28] Im Hintergrund steht die polytheistische Vorstellung eines beratenden Thronrates, die hier funktionalisiert ist und unter den Anspruch des einen Schöpfergottes gestellt wird. So verstanden verweist der Plural auf ein Selbstgespräch Gottes, in dem „das sich selber entschließende und ermunternde Ich bei seinem eigenen Ich Zustimmung einholt und die im Selbstgespräch entstehende scheinbare Doppelung in ein Wir umsetzt".[29] So wird auch im Folgenden konstatiert, dass es (nur) Gott ist, der den Menschen erschafft, und zwar nicht nach dem Bild der beratenden Götter, sondern nur nach seinem Bild (V. 27).

4. Der Ausführungsbericht zur göttlichen Selbstaufforderung der Menschenschöpfung spricht zunächst von einem Menschen, der als Bild Gottes geschaffen wird: „Als Bild Gottes schuf er ihn." (V. 27), wechselt dann aber gleich in den Plural: „Männlich und weiblich schuf er sie." (V. 27). In diesem Wechsel vom Singular zum Plural des geschaffenen Menschen zeigt sich die schöpfungsgemäße

Gleichheit der Geschlechter. Der Mensch wird in geschlechtlicher Differenzierung männlich und weiblich geschaffen. Beide sind gleichermaßen Bild Gottes. Neuere Auslegungen, die nach Lektüren der Schöpfungserzählungen jenseits einer binären Ordnung fragen, verstehen „männlich und weiblich“ als Merismus und damit das gesamte Genderspektrum als in der Schöpfung verankert (vgl. *Einblick 3*).

5. Wenn die Gott-Bildlichkeit nicht qualitativ im Hinblick auf das Wesen des Menschen gemeint ist, stellt sich die Frage, welche Funktion sie hat. Das Ziel der Menschenschöpfung wird in der göttlichen Selbstaufforderung als Herrschaft benannt: „damit sie herrschen“ (V. 26), und Gott fordert Mann und Frau zur Inbesitznahme der Erde und Herrschaft auf (V. 28). Damit wird ein wesentlicher Unterschied zwischen Tier und Mensch gemacht.

Für die beiden Verben כבשׁ *kābaš* „in Besitz nehmen“ und רדה *rādah* „herrschen“ wird kontrovers diskutiert, ob sie eher auf eine friedliche oder eine gewalttätige Herrschaft zielen. So wurde רדה *rādah* mit dem akkadischen Verb *redû(m)* in Verbindung gebracht, das mit „führen“ oder „leiten“ positiv-friedliche Konnotationen hat. Vor dem Hintergrund der gegenwärtigen ökologischen Krise ist es verlockend, diesem Verständnis zu folgen und so Orientierung für die globalen Herausforderungen von Umweltzerstörung und Klimakatastrophe zu erhalten.

Für das Alte Testament ist die friedliche Bedeutung der Herrschaftsverben jedoch schwerlich nachzuweisen. Beide hebräischen Verben beziehen sich auf die Ausübung von Gewalt und Macht. Jedoch werden diese gewalttätigen Konnotationen in der ersten Schöpfungserzählung zum einen durch den literarischen Kontext, zum anderen durch die altorientalische Königsideologie relativiert. So steht erstens der Herrschaftsauftrag im Zusammenhang mit dem göttlichen Segen (Gen 1,28) und der Vorstellung von einer guten Schöpfung (Gen 1,1–2,3). Dem Menschen werden die Tiere nicht als Nahrung übergeben, sondern dies ist erst ein Zugeständnis nach der Flut (Gen 9,3). Im Alten Orient allgemein wird zweitens Herrschaft positiv verstanden, insofern es die Aufgabe des Königs ist, die Gesellschaft nach innen und außen zu sichern und das Chaos abzuwehren. Dies umgreift dabei selbstverständlich auch die Anwendung von Gewalt, wie ja auch die Tierwelt für den Menschen der Antike (und auch heute) eine

Bedrohung darstellt. Dennoch kann die Funktion der Gott-Bildlichkeit insgesamt darin gesehen werden, Herrschaft in Verantwortung zu übernehmen und als Repräsentant Gottes für die Aufrechterhaltung der gottgewollten gerechten Weltordnung einzustehen.

Der neuzeitliche Begriff der Menschenwürde wird gern mit Gen 1,26–28 in Verbindung gebracht. Allerdings wird hier von der Vorstellung einer qualitativ verstandenen Gottebenbildlichkeit her argumentiert. Da das biblische Konzept der Gott-Bildlichkeit jedoch funktional zu füllen ist, ist eine direkte Verbindung von Gott-Bildlichkeit und Würde so nicht einfach gegeben. Hinzu kommt, dass die neutestamentliche Rezeption der ursprünglich universal konzipierten Gott-Bildlichkeit auf Christus bezogen wurde: Nur in Angleichung an Christus könne der Mensch die durch die Tat Adams verlorene Gottebenbildlichkeit wiedererlangen. Diese rezeptionsgeschichtliche Engführung widerspricht jedoch der Vorstellung einer universalen unveräußerlichen Würde des Menschen.

C. Frevel schlägt daher vor, nicht von der Gott-Bildlichkeit, sondern dem Gedanken der Gotteskindschaft auszugehen:

> „Diese ‚Gotteskindschaft‘ gilt universal für jeden Menschen unabhängig von Status oder Geschlecht. Jeder Mensch ist nach biblischer Überzeugung geschaffen in eine Beziehung mit Gott (vgl. z.B. Num 16,22; Ps 8,6; 90,3; 104,30; Spr 20,27 u.ö.). Daraus leitet sich ein unveräußerlicher Wert ab, den – wie die Klagen im AT zeigen – selbst der Schöpfer nicht mehr in Frage stellen darf. […] Die Gottesbildlichkeit hingegen bestimmt die Verantwortung des Menschen, seiner geschöpflichen Relationalität gerecht zu werden. […] Aufgrund der aufgezeigten Schwierigkeiten, die das Konzept der Gottebenbildlichkeit durch die christologische Engführung macht, ist es m.E. in der Würde-Diskussion angemessener, auf die Schöpfungswürde und das personale Gottesverhältnis zurückzugreifen.“[30] (C. Frevel)

Alttestamentlicher Anknüpfungspunkt an die Vorstellung von der Menschenwürde ist eher das Verständnis des Menschen als Geschöpf Gottes (so auch Gen 1,26–28), der in einer unauslöschlichen Beziehung zu seinem Schöpfer steht (Ps 22; 71; 139; Ijob; Jer). Dieses mit der Geschöpflichkeit gegebene Gottesverhältnis ist nicht aufhebbar oder verlierbar. Hierin besteht die Konvergenz mit der Vorstellung der unveräußerlichen Würde des Menschen.

Die erste Schöpfungserzählung bietet eine positive Sicht auf den Menschen, der in die gute Schöpfung eingeordnet wird. Von der Geschöpflichkeit des Menschen, der in die Beziehung zu Gott hinein geschaffen ist, leitet sich seine unveräußerliche Würde her. Als Bild Gottes tragen alle Menschen Verantwortung in der Welt und stehen unter dem Anspruch des Segens. Angesichts gegenwärtiger ökologischer und politischer Herausforderungen gerät der Mensch ausgehend von dieser Bestimmung des Menschseins als ethisch handelndes Subjekt in den Blick, das eingebunden in den Kosmos gedacht wird und gleichzeitig vor Gott in Verantwortung steht.

2.2 Ambivalenzen des Menschseins (Gen 2–3)

Als zweite Erzählung von der Menschenschöpfung ist auch die Garten-Eden-Erzählung (Gen 2–3) von anthropologischer Bedeutung. Sie führt hinein in die Ambivalenzen menschlichen Lebens. Dabei ist Gen 2–3 kein glatter Text, der widerspruchsfrei zu lesen wäre. Ein Grund dafür kann in seiner komplexen Entstehungsgeschichte gesehen werden.

Seit der neueren Urkundenhypothese, verbunden mit dem Namen Julius Wellhausen, galt Gen 2–3 als älter gegenüber Gen 1. Man schrieb die Garten-Eden-Erzählung dem sogenannten Jahwisten zu und datierte sie ins 8./7. Jh. v. Chr. Heute ist es allgemein üblich, von der nicht-priesterschriftlichen Urgeschichte zu sprechen. Darüber hinaus herrscht wenig Einigkeit. Während die einen daran festhalten, dass der Text zu einer eigenständigen Komposition gehört und früh zu datieren ist, melden sich auch Stimmen, die Gen 2–3 für den jüngeren Text halten. Größerer Konsens besteht darüber, dass die Garten-Eden-Erzählung keine Erklärung für die Herkunft des Bösen bietet, sondern als mythischer Text die Gegebenheiten des Lebens in urgeschichtlicher Zeit verortet. Als Ätiologie (von griech. αἰτία *aitía* „Ursache“ und λόγος *lógos* „Wort, Rede, Lehre“) begründet sie ambivalente Daseinserfahrungen der Gegenwart mit der Erlangung von Einsicht und Kulturfähigkeit durch eine selbstverantwortete Gebotsübertretung im Ur-Anfang. Dabei sind Gen 2–3 über zahlreiche Motive eng miteinander verflochten und werden von einem Spannungsbogen bestimmt. Es handelt sich also um *eine* Erzählung von der Menschwerdung.[31]

Von der Menschenschöpfung wird detailreich erzählt. Gleichzeitig wird auf diese Weise deutlich, wie Menschsein konzipiert wird. Hier sind vor allem fünf Aspekte hervorzuheben: 1. Die Stellung des Menschen in der Schöpfung und zu Gott; 2. das Geschlechterverhältnis; 3. die Ambivalenz der Erkenntnisfähigkeit des Menschen; 4. die ambivalente Erfahrung der Wirklichkeit; 5. die Vergänglichkeit des Menschen.

1. JHWH Elohim formt wie ein Künstler den Menschen (hebr. אָדָם *'ādām*) aus dem Staub des Erdbodens (hebr. אֲדָמָה *'ᵃdāmāh*) (Gen 2,7). So wird lexematisch die wesensmäßige Zusammengehörigkeit von Geschöpf und Schöpfung bzw. die enge Bezogenheit des Menschen und seines Lebensraumes deutlich. Zum lebendigen Wesen wird der Mensch jedoch erst durch die Einhauchung des Lebensatems (hebr. נְשָׁמָה *nᵉšāmāh*). Damit ist nicht die Übergabe einer Seele gemeint. Schließlich wird der Mensch als psychosomatische Einheit verstanden. Deutlich wird so zum einen die Unterschiedenheit vom Menschen zum Tier, von dessen Belebung nicht erzählt wird, zum anderen die Verbindung von Gott und Mensch und damit die besondere Stellung des Menschen zwischen Gott und der Welt.

2. Die Erzählung sagt weiter: Der Mensch genügt sich nicht selbst, sondern er ist ein soziales Wesen. Er bedarf einer Hilfe, die ihm entspricht (Gen 2,18). Die Tiere können dies nicht sein. JHWH Elohim nimmt nun die „Rippe" (hebr. צֵלָה *ṣelāh*), so die klassische Übersetzung, des Menschen und baut daraus die Frau (Gen 2,21).

Was sagt dies über das Geschlechterverhältnis aus? In der christlichen Auslegungsgeschichte wurde diese Passage traditionell im Hinblick auf die Unterordnung der Frau gelesen. Jedoch ist festzuhalten: Der erste Mensch ist geschlechtlich undifferenziert. Gesucht wird ein ebenbürtiges Gegenüber des Menschen, das die Tiere nicht sein können. So verweisen der biblische Gebrauch des Begriffs עֵזֶר *'ezær* „Hilfe" und die Erläuterung „ihm entsprechend" darauf, dass Solidarität und Gleichberechtigung gemeint sind. Auch die traditionelle Übersetzung von צֵלָה *ṣelāh* mit „Rippe", die als Verweis auf ein asymmetrisches Verhältnis der Geschlechter verstanden wurde, ist fraglich. צֵלָה *ṣelāh* ist kein Schöpfungsvokabular und auch kein anatomischer Begriff, sondern das Lexem gehört in den Bereich der Architektur, wo es entweder die „Seite“ oder ein Bauelement bezeichnet.

Von daher legt sich als Vorstellung nahe: Vom ersten Menschen wird eine Seite, also eine Hälfte, genommen, und er wird geteilt, so dass Frau (hebr. אִשָּׁה *'iššāh*) und Mann (hebr. אִישׁ *'iš*) entstehen. Bezogenheit und Gleichberechtigung kommen im Wortspiel *'iš – 'iššāh* zum Ausdruck. Der Jubel des Menschen „Diese endlich ist Gebein von meinem Gebein“ (Gen 2,23) zeigt, dass er in der Frau tatsächlich das erhoffte ebenbürtige Gegenüber erkennt.

Gegen diese Lesart ist einzuwenden, dass im Text auch dann vom Menschen (hebr. אָדָם *'ādām*) im Gegenüber zur Frau die Rede ist, wenn wir eigentlich „Mann“ (hebr. אִישׁ *'iš*) erwarten würden (Gen 2,22.23.25; 3,12.20). Dafür, dass der erste Mensch aber nicht männlich vorgestellt wird, sondern ein androgyner Urmensch ist, so dass durch Teilung die Zweiheit von Frau und Mann entsteht, spricht auch die mesopotamische Tradition. Die Vorstellung findet sich ebenfalls im akkadischen Epos *Atram-Hasis* und im sumerischen Epos *Enki und Ninmah*. Zwar weist *Atram-Hasis* eine Textlücke von Z. 251–271 auf, doch scheint es so zu sein, dass der Urmensch Widimmu ein Einzelwesen war, während im Folgenden von einem Menschenpaar die Rede ist. Der Urmensch muss folglich geteilt worden sein.[32]

3. Mit der Erschaffung der Frau ist die Menschwerdung jedoch noch nicht abgeschlossen. Noch verfügt der Mensch nicht über Erkenntnis. Diese erlangt er durch eine Gebotsüberschreitung. Wie ist diese Übertretung des göttlichen Gebotes zu bewerten? Gen 2 bestimmt als Aufgabe des Menschen, den Garten Eden zu bebauen und zu bewahren (Gen 2,15). In diesem Zusammenhang erfolgt das göttliche Gebot, nicht vom Baum der Erkenntnis des Guten und Schlechten zu essen (Gen 2,17). Festzuhalten ist zunächst, dass die Gebotsübertretung nicht als „Sünde“ gewertet wird, sondern der Begriff erst im Kontext der Kain-Abel-Erzählung gebraucht wird (Gen 4,7). Es ist auch nicht Hybris, die die Frau antreibt, nach der verbotenen Frucht zu greifen. Es geht ihr nicht um den eigenen Ruhm, sondern sie will „Einsicht haben“ (Gen 3,6). Das Verb שׂכל hi. *hiśkil* gehört zum weisheitlichen Vokabular und bezieht sich nicht nur auf intellektuelles Erkennen, sondern auch auf lebenspraktische Weisheit. Es

sind also nicht Stolz und Hochmut, die den Menschen zur Übertretung der göttlichen Grenze antreiben, sondern das Verlangen, ein gutes Leben zu führen.

Zentral für die Frage nach der Bewertung des Verstoßes gegen das göttliche Gebot ist auch, wie die Rede vom Baum der Erkenntnis des Guten und Schlechten zu verstehen ist. Die Verwendung der Formulierung „Gutes und Schlechtes" in anderen Texten (Dtn 1,39–40; 2 Sam 19,36; 1 Kön 3,9; Jes 7,15–16) zeigt, dass mit der Unterscheidung von Gutem und Schlechtem die Fähigkeit gemeint ist, das Richtige dem Falschen, das dem Menschen Förderliche dem ihm Abträgliche vorzuziehen, dass also ein Handeln im Sinne von „Weisheit" gemeint ist.

Diese Weisheit erlangt der Mensch schließlich durch den Griff nach der Frucht, wie JHWH Elohim am Ende der Erzählung festhält: „Siehe, der Mensch ist geworden wie einer von uns." (Gen 3,22). Auch hier erfolgt keine negative Wertung durch Gott. Die Fähigkeit, Gutes von Schlechtem zu unterscheiden, wird vielmehr als göttlich beschrieben. Das Problem, das die Erzählung beschreibt, ist vielmehr, dass sich die göttliche Unterscheidungsfähigkeit für den Menschen als ambivalent erweist. Die Erkenntnis von Gut und Schlecht ist grundsätzlich positiv. Mit dem Gewinn an Einsicht geht aber Verantwortlichkeit einher. Der Mensch muss die Verantwortung für sein Fehlverhalten tragen. Dies aufzuzeigen, ist die Funktion des göttlichen Gebotes. Dem Menschen soll Weisheit nicht vorenthalten werden, das Streben nach Weisheit ist keine Sünde, aber die Fähigkeit zu Weisheit impliziert die Möglichkeit des Scheiterns. Die Garten-Eden-Erzählung zeigt als *conditio humana* (lat. für die Bedingung des Menschseins), dass der Mensch die Freiheit zu wählen hat; diese birgt jedoch immer auch die Gefahr, an ihr zu scheitern. Menschliche Freiheit, Verantwortung und Fehlbarkeit gehören in dieser Sicht untrennbar zusammen.

4. Durch den Griff nach der Frucht verändern sich die Bedingungen menschlichen Lebens. Der Verstoß gegen das Gebot hat auf der Ebene der Erzählung die sogenannten Strafsprüche zur Folge. Sie beinhalten die Schattenseiten der Existenz des Menschen. Auf diese Weise wird erklärt, warum der Mensch sein Dasein als ambivalent erfährt. Beantwortet werden existentielle Fragen des Menschen: Warum ist das Leben voll Freude und voll mühsamer Arbeit? Warum ist

an die Weitergabe von Leben Schmerz geknüpft? Warum gibt es Herrschaft und Unterordnung? Warum sind Schöpfung und Geschöpfe Ermöglichung von Leben und Feind des Lebens? Die negativen Seiten der Wirklichkeitserfahrung schreibt die Garten-Eden-Erzählung dem menschlichen Fehlverhalten bzw. der Erlangung von Weisheit zu. Die Daseinsminderungen werden gleichzeitig als Ausdruck des göttlichen Gnadenhandelns verstanden, denn sie treten an die Stelle des angekündigten Todes.

5. Das Gebot, nicht vom Baum der Erkenntnis des Guten und Schlechten zu essen, wird mit dem Verweis auf den Tod „am Tag, an dem du von ihm isst“ (Gen 2,17) sanktioniert. Dies klingt zunächst danach, als sei der Tod Folge der Übertretung des Gebotes. Dafür, dass es hier um die generelle Sterblichkeit des Menschen geht und nicht die Todesstrafe angekündigt wird, spricht auf den ersten Blick, dass die ersten Menschen ja gerade nicht sterben, nachdem sie von dem Baum gegessen haben.

Jedoch verweist die Vorstellung, dass der Mensch aus Staub geformt ist, auf seine schöpfungsbedingte Sterblichkeit (Gen 2,7). Dies hebt auch JHWH als Begründung der menschlichen Existenz zum Tode hervor: „Denn Staub bist du, und zu Staub wirst du zurückkehren.“ (Gen 3,19). Ähnliche Formulierungen finden sich auch in anderen alttestamentlichen Texten (Ps 103,14; 104,29; Ijob 4,19; 10,9; Koh 3,20; 12,7). Das Bild von der Herkunft und Rückkehr des Menschen zu Staub gehört zu einer allgemein gebräuchlichen Bildsprache zur Umschreibung des Todes als Merkmal menschlicher Existenz. Der Tod ist also nicht Folge des Verstoßes gegen das Gebot, sondern eine schöpfungsgemäße Gegebenheit. Zum Menschsein gehört die Endlichkeit wesensgemäß und von Anfang an dazu. Die Tatsache, dass der Mensch nicht sofort stirbt, nachdem er von dem Baum gegessen hat, ist daher als Hinweis auf die Gnade Gottes zu verstehen.

Die Garten-Eden-Erzählung sieht die Geschöpflichkeit, die soziale Bezogenheit, die Entsprechung der Geschlechter und die Vergänglichkeit als anthropologische Grundgegebenheiten an. Sie beschreibt das Menschsein in seinen Ambivalenzen und begründet diese in der Fähigkeit des Menschen zu Weisheit, die gleichzeitig Grund seiner Verfehlungen und der ambivalenten Daseinserfahrungen ist. Damit konfrontiert sie ihre Leser:innen mit den Ambivalenzen des Lebens.

Gegen jede Vereinfachung der Wirklichkeit setzt die Erzählung die Widersprüchlichkeiten des Lebens, die dazu auffordern, Verantwortung zu übernehmen.

Kapitel 2: Aus alttestamentlicher Perspektive ist der Mensch Geschöpf Gottes und steht in Beziehung zu Gott. Die Schöpfungserzählungen der Urgeschichte akzentuieren jeweils andere Aspekte des Menschseins und kommen zu einer unterschiedlichen Bewertung des Menschen. Gen 1 versteht den Menschen, geschlechtlich differenziert als weiblich und männlich in schöpfungsgemäßer Gleichheit, als Bild Gottes. Damit werden Elemente der altorientalischen Königsideologie aufgenommen: Als Bild Gottes kommt dem königlichen Menschen eine universale Ordnungsfunktion in der Welt zu, die er als Repräsentant Gottes in Bezogenheit auf die gute Schöpfung wahrnimmt. Gen 2–3 sieht den Menschen ebenfalls als Geschöpf Gottes, zeichnet Menschsein aber in Ambivalenzen. Betont werden die soziale Bezogenheit und die Vergänglichkeit des Menschen, aber auch die mit der Fähigkeit zu Erkenntnis verbundene Verantwortung und das Scheitern an der Freiheit, das in widrigen Lebensumständen erkannt wird.

Literatur

J. C. Gertz, Das erste Buch Mose (Genesis). Die Urgeschichte Gen 1–11 (ATD 1), Göttingen 2018.

W. Groß, Die Gottebenbildlichkeit des Menschen im Kontext der Priesterschrift, in: Ders., Studien zur Priesterschrift und zu alttestamentlichen Gottesbildern (SBAB 30), Stuttgart 1999, 11–36.

H. Spieckermann, Ambivalenzen. Ermöglichte und verwirklichte Schöpfung in Genesis 2f, in: Ders., Gottes Liebe zu Israel. Studien zur Theologie des Alten Testaments, Tübingen 2001, 49–61.

Einblick 2: Rabbinische Rezeptionsgeschichte von Gen 1–3

In verschiedenen Kontexten ist vom jüdisch-christlichen Menschenbild die Rede. In politischen Diskussionen der Gegenwart wird auf die jüdisch-christliche Tradition Deutschlands verwiesen, zahlreiche Lehrpläne verschiedener Schulformen sehen in inhaltlicher Hinsicht die Beschäftigung mit *dem* jüdisch-christlichen Menschenbild vor. Menschenbilder gibt es jedoch immer nur im Plural, und sie sind zeit- und kulturabhängig. Das eine *gemeinsame* jüdisch-christliche Menschenbild gibt es nicht. Das zeigt ein Blick auf die im Judentum einflussreiche rabbinische Tradition im Vergleich zu breit rezipierten christlichen Auslegungen.

Eine rabbinische Anthropologie im Sinne einer systematischen Abhandlung gibt es nicht. Rabbinische Auslegungen der biblischen Texte erscheinen zunächst unsystematisch und voller Widersprüche. Kontroverse Positionen werden – im Namen von rabbinischen Autoritäten – diskutiert und nicht aufgelöst. Die rabbinische Auslegung lotet dabei die offene Semantik der Texte aus und nutzt verschiedene Lesarten, die der Konsonantenbestand zulässt. Sie findet Bedeutung in der Orthographie oder in der phonetischen Ähnlichkeit von Lexemen. Diese Auffälligkeiten der Texte werden produktiv für die Auslegung genutzt.

Hinter diesen zum Teil auch kontroversen Auslegungen stehen jedoch anthropologische Grundüberzeugungen, die mit Blick auf die Schöpfungserzählungen entfaltet werden. Dabei werden auch anthropologische Termini wie z.B. die Rede vom guten und bösen Trieb geprägt.

Im Folgenden werden – jeweils mit einem Seitenblick auf die christliche Tradition – einige Passagen aus rabbinischen Texten vorgestellt und die mit ihnen verbundenen anthropologischen Implikationen entfaltet. Die rabbinischen Texte sind im Zeitraum von 200–1000 n. Chr. entstanden bzw. redigiert worden, wobei die rabbinische Auslegung von großer Bedeutung auch für die weitere jüdische Tradition ist. Die einzelnen Texte werden jeweils zeitlich eingeordnet. Bei ihnen handelt es sich um Ausschnitte aus Targum, Midrasch, Mischna und Talmud.

Targum bedeutet „Übersetzung“. Die Targumim bieten jedoch mehr als nur eine Übersetzung ins Aramäische. Sie werden daher auch als „versteckter Midrasch“ bezeichnet. Denn sie bieten Auslegung, Aktualisierung und Erklärung, weisen diese aber nicht wie der Midrasch explizit als Auslegung aus.

Der *Midrasch* legt biblische Texte mittels bestimmter hermeneutischer Methoden aus und füllt dabei Leerstellen der Texte. Auf diese Weise will er die Welt der Schrift mit der gegenwärtigen Welt verbinden.

Die *Mischna* ist die erste größere Sammlung des Religionsgesetzes und bildet die Basis des *Talmuds*, dem zentralen Text des rabbinischen Judentums, der „Lehre“ schlechthin.

Die rabbinische Methodik funktioniert nur am hebräischen Text. Daher wird an einigen Stellen auf das Hebräische verwiesen. Doch auch ohne Hebräisch-Kenntnisse werden die anthropologischen Grundaussagen deutlich.

a) Gott-Bildlichkeit als ethischer Auftrag

Ausgehend von der griechischen Übersetzung der LXX wird im Christentum die Vorstellung von der Gott-Bildlichkeit zu der der Gott*eben*bildlichkeit: Der Mensch ist nicht *als* Bild Gottes, sondern im Sinne von Urbild – Abbild *nach* dem Bild Gottes geschaffen. Dieses Urbild wird mit Christus identifiziert. Die Gottebenbildlichkeit wird ontologisch verstanden und auf die körperliche Gestalt, die Vernunft und die Willensfreiheit des Menschen bezogen. So ist nach Augustinus „der Mensch darin nach dem Bilde Gottes geschaffen [...], worin er sich vor den vernunftlosen Lebewesen auszeichnet. Das ist aber die Vernunft als solche“.[33]

Davon unterscheidet sich das rabbinische Verständnis der Rede vom Menschen als Bild Gottes. Vorgestellt werden zwei Textausschnitte:

1. Die erste Passage findet sich im *Targum Pseudo-Jonathan*, das zur Gruppe der palästinischen Targumim gehört. Die Abkürzung TJ, die eigentlich für Targum Jeruschalmi (Jerusalemer Targum) stand, wurde fälschlicherweise als Targum Jonathan entschlüsselt. Seitdem dieser Fehler bemerkt wurde, nennt man das Targum Pseudo-Jonathan. Wahrscheinlich hat Targum Pseudo-Jonathan sehr alte Wur-

zeln, bezieht sich aber auch auf jüngere Texte, so dass es in der Regel einem Redaktor des 8., 9. oder 10. Jhs. zugeschrieben wird. Es umfasst eine reiche haggadische (erzählende) Tradition und bildet gleichzeitig einen einheitlichen, kohärenten Text.

Die Deutung der *ṣælæm*-Vorstellung in Gen 1,26–27 durch *Targum Pseudo-Jonathan* gibt Aufschluss über die rabbinische Anthropologie.

> 1,26 Und Gott sagte zu seinen Engeln, die ihm dienten,
> die am zweiten Tag der Schöpfung der Welt geschaffen wurden:
> „Lasst uns Menschen machen als unser Bild (בצילמנא *bṣjlmn'*),
> wie unsere Ähnlichkeit (כדייוקננא *kdjjwqnn'*).“ […]
> 1,27 Und er schuf ihn als Bild Gottes (בצילמא אלקים *bṣjlm' 'lqjm*) mit
> 248 Gliedern,
> mit 365[34] Sehnen […]. (PsJ Gen 1,26.27)

Hier fällt zunächst auf, dass Targum Pseudo-Jonathan den Plural der göttlichen Selbstaufforderung so erklärt, dass Gott zu seinen Engeln spricht. Sie wurden als Himmelsbewohner zusammen mit dem Himmel am zweiten Tag der Schöpfung erschaffen und gelten als seine Diener.

Außerdem erklärt das Targum das Wort *ṣælæm*, also die Gott-Bildlichkeit, damit, dass der Mensch 248 Glieder und 365 Sehnen hat.

Hierbei ist eine Vorstellung vorausgesetzt, die die *Mischna*, die ca. 230 n. Chr. abgeschlossene Sammlung des jüdischen Religionsgesetzes, kennt:

> R. Simlai trug vor:
> 613 Gebote wurden Mose gesagt,
> 365 negative nach Art der Tage der Sonne und 248 positive entsprechend der Glieder des Menschen. (bMak 23b)

Die Zahl der in der Tora enthaltenden Gebote und Verbote wird mit 248 bzw. 365 bestimmt. Das *Targum Pseudo-Jonathan* vertritt gewissermaßen eine „Toraontologie“[35] (Ontologie = griech. τὸ ὄν *to ón* „das Sein“ und λόγος *lógos* „Wort, Rede, Lehre“, d.h. „Lehre vom Sein“). Das Wesen des Menschen, sein Sein, ist auf die Tora ausgerichtet. Dass der Mensch Bild Gottes ist, bezieht sich auf diese Tora-Ausrichtung des Menschen, also auf sein ethisches Tun. Die „geschöpfliche Sonderstellung des Menschen [wird] nicht in dessen Vollmacht oder dessen intellektuellen Fähigkeiten gesehen, sondern in seiner Fähigkeit zum ethischen Handeln“.[36]

2. Explizit bezieht *Midrasch Tanhuma* seine Erklärung des *ṣælæm*-Begriffs auf eine ethische Gottähnlichkeit. *Midrasch Tanhuma* gehört zu den Homilien-Midraschim und bietet Predigten zum Pentateuch entsprechend der synagogalen Leseordnung. Er wird gewöhnlich in das 9. Jh. n. Chr. datiert und erhält seinen Namen daher, dass viele Proömien mit „So hat R. Tanhuma bar Abba eröffnet“ beginnen.

Midrasch Tanhuma legt nun Gen 1,26 folgendermaßen aus:

> Aus keinem anderen Grund schuf der Heilige, er sei gepriesen,
> der gerecht (צַדִּיק *ṣaddiq*) und aufrichtig genannt wird (יָשָׁר *jāšār*),
> den Menschen nach seinem Bild (צֶלֶם *ṣælæm*),
> als dass er gerecht (צַדִּיק *ṣaddiq*) und aufrichtig (יָשָׁר *jāšār*) sei wie er.
> (Midrasch Tanhuma, bereschit §7, 8a[37])

Der Midrasch erklärt zunächst Gerechtigkeit und Aufrichtigkeit zu Wesensmerkmalen Gottes und bestimmt dann als Ziel der Menschenschöpfung und der Gott-Bildlichkeit des Menschen die Bestimmung des Menschen zu Gerechtigkeit und Aufrichtigkeit. Bild Gottes zu sein, bedeutet gerecht und aufrecht zu sein, also ethisch zu handeln. Gott und sein Bild, der Mensch, sollen sich in Bezug auf Gerechtigkeit und Aufrichtigkeit gleichen. Gott handelt so, wie die Menschen handeln sollen. Die Gott-Bildlichkeit wird somit ethisch verstanden.

Die rabbinische Tradition greift also das funktionale Verständnis der Gott-Bildlichkeit auf, die im biblischen Text in der Verantwortung für die Aufrechterhaltung der Weltordnung gesehen wird, und spitzt sie ethisch in Bezug auf die Orientierung an der Tora und an Gerechtigkeit zu. Die Rede von der Gott-Bildlichkeit ist nicht essentialistisch, sondern appellativ zu verstehen. Die Anthropologie gründet dabei in der Theologie, insofern Gott als ethisch handelnder Gott verstanden wird, dessen Bild der Mensch ist.

b) Ein androgyner Urmensch?

In der christlichen Tradition dominiert eine Auslegung von Gen 2, die eine hierarchische Ordnung der Geschlechter legitimieren will. Einflussreich dafür war die Deutung des Augustinus in neuplatonischer Tradition. Für ihn zeigt die Erschaffung der Frau aus der Rippe Adams, dass sie der „niedrigere [...] Teil des Menschenpaares" (Gottesstaat XIV,11) sei. Adam und Eva stünden im Verhältnis wie Seele und Leib. Daraus ergibt sich für Augustinus die Folgerung, dass es dem Mann bestimmt sei, über die Frau zu herrschen, wie der Geist über das Fleisch herrsche.[38]

Wie bestimmt die jüdische Tradition das Verhältnis der Geschlechter? Zur Sprache sollen drei Textpassagen kommen:

1. Die erste längere und klassische Erklärung findet sich in *Genesis Rabba.*

Genesis Rabba ist ein exegetischer Midrasch aus amoräischer Zeit, also ca. aus dem 5. Jh. n. Chr., der die Genesis Vers für Vers in Form eines Dialogs verschiedener Rabbinen erklärt. Fast alle der hundert Leseabschnitte, Paraschen, werden mit einem sog. *Proömium* eröffnet. Die Proömiumsverse stammen v.a. aus den Psalmen oder dem Sprüchebuch, gelegentlich auch aus den Propheten oder der Tora und werden mit dem auszulegenden Vers der Genesis in Verbindung gesetzt. Genesis Rabba setzt eine Fülle von rabbinischen Traditionen voraus, z.B. auch die Mischna, und wurde wohl etwa zeitgleich mit dem palästinischen Talmud in Israel endredigiert.

Die hier zu besprechende Passage aus GenR 8 gehört zur Auslegung von Gen 1,26.[39]

A „Und Gott sprach: Lasst uns einen Menschen machen." (Gen 1,26)
R. Jochanan eröffnete:
„Von hinten (אָחוֹר *'āḥor*) und von vorne (קֶדֶם *qædæm*) hast du mich gebildet." (Ps 139,5)
R. Jochanan sagte:
Wenn der Mensch es verdient, genießt er zwei Welten;
denn es heißt:
„Für Endzeit (אָחוֹר *'āḥor*) und Vorzeit (קֶדֶם *qædæm*) hast du mich gebildet."
Wenn nicht, wird er (vor Gericht) Rechenschaft abgeben müssen;

denn es heißt:
„und legst deine Hand auf mich.“ (Ps 139,5)

B Es sagte R. Jirmeja ben Leazar:
Als der Heilige, gepriesen sei er, den ersten Menschen erschuf, erschuf er ihn androgyn (אַנְדְּרוֹגִינוֹס *'androginos*);
denn es heißt:
„Als Mann und Frau [= männlich und weiblich K.G.] erschuf er sie.“ (Gen 5,2)

C Es sagte R. Samuel bar Nachman:
Als der Heilige, gepriesen sei er, den ersten Menschen erschuf, erschuf er ihn zweigesichtig.
Er erschuf und zersägte ihn und machte ihm einen Rücken hier und einen Rücken dort.

D Man erhob gegen ihn den Einwand:
Aber es steht doch geschrieben:
„Und er nahm eine seine Rippen (צֵלָע *ṣelā'*).“ (Gen 2,21)

E Er (also R. Samuel bar Nachman) antwortete ihnen:
(Eine) seiner Seiten!
So liest du ja auch: „Für die zweite Seite (צֵלָע *ṣelā'*) der Wohnstätte.“ (Ex 26,20)
(GenR 8,1)

Zu A: Die Auslegung wird mit einem Vers aus Ps 139 eröffnet, dessen erster Teil semantisch nicht eindeutig ist. Die Adverbien אָחוֹר *'āḥor* und קֶדֶם *qædæm* können sowohl zeitlich („nach“ und „vor“) als auch räumlich („hinten“ und „vorne“) verstanden werden. R. Jochanan versteht sie zeitlich (Endzeit / Vorzeit), bezieht sie auf das Gericht und findet diese Deutung im zweiten Teil des Verses bestätigt: Gott legt im Gericht die Hand auf den Menschen.

Zu B: Nun spricht eine andere rabbinische Autorität: R. Jirmeja ben Leazar verbindet den Vers aus Ps 139 mit der Menschenschöpfung in Gen 1 und versteht ihn als Indiz dafür, dass der erste Mensch androgyn ist, also vorne anders als hinten. Dies sieht er wiederum in Gen 5,1–2 bestätigt, wo sich – wie auch in Gen 1,27 – der Wechsel im Numerus findet: „Als Gott den Menschen (Sg.) schuf… Männlich und weiblich schuf er sie (Pl.).“ (Gen 5,1–2).

Zu C: R. Samuel bar Nachman faltet das Bild weiter aus: Aus dem androgynen Urmenschen werden durch Teilung Mann und Frau.

Zu D: Es folgt ein Einwand gegen diese egalitäre Deutung. Der Einwand bezieht sich auf Gen 2,21 und vertritt die Vorstellung, der erste Mensch sei männlich gewesen, aus seiner Rippe sei die Frau gebildet.

Zu E: Nun wird seinerseits dem Einwand widersprochen: Der Einwand wird mit Verweis auf Ex 26,20 dahingehend entkräftet, dass צֵלָע *ṣelā'* nicht „Rippe", sondern „Seite" bedeutet.

Wenn Gen 2,21 also davon spricht, dass JHWH Elohim eine der Seiten des Urmenschen nimmt und daraus die Frau wird, wird dies als Hinweis auf die Teilung, das „Zersägen", des androgynen Urmenschen in zwei Seiten, also Hälften, aufgefasst.

Genesis Rabba wird hier wohl den Mythos vom androgynen Urmenschen, wie ihn Aristophanes in Platons *Symposium* erzählt, voraussetzen: Der Urzwitter besteht aus zwei Gesichtern, vier Beinen, vier Armen und wird in zwei Hälften geteilt. Der Eros gilt als Heilkraft, die beiden unglücklichen Hälften wieder zu vereinen.[40] Auch wenn die Auslegung von Genesis Rabba im Licht der griechischen Tradition erfolgt, expliziert der Midrasch hier eine Vorstellung, die auch im altorientalischen Kontext beheimatet gewesen ist.

In Bezug auf die Geschlechterdifferenz sollen noch eine Deutung von GenR und eine aus dem Talmud genannt werden:

2. GenR 18,1 bringt in seiner Auslegung von Gen 2,22 „Und JHWH Elohim baute die Rippe…" die Wurzel בנה *bānah* „bauen" mit dem ähnlich klingenden בִּינָה *bināh* „Verstand" in Verbindung:

> „Und Gott der Ewige baute (וַיִּבֶן *wajjiwen* von *bānah*) die Rippe" (Gen 2,22) […]
> [bedeutet,] dass Gott der Frau mehr Verstand (בִּינָה *bināh*) als dem Mann gegeben hat. (GenR 18,1; vgl. Nidda 45b)

So kommt der Midrasch zu der Schlussfolgerung, dass die Frau mehr Verstand habe als der Mann. Im Gegensatz dazu steht die in der christlichen Antike verbreitete Identifizierung des Mannes mit dem Geist, der über die Frau herrschen soll, wie der Geist über das Fleisch herrsche.

3. Der Talmud, der Mitte des 6. Jhs. vollendet wurde, behauptet: „Jeder Mann, der keine Frau hat, ist kein Mensch." und begründet dies mit Gen 5,2:

> R. Elasar sagte:
> „Jeder Mann, der keine Frau hat, ist kein Mensch."
> Denn es steht geschrieben:
> „Männlich und weiblich schuf er sie…
> Und er nannte ihren Namen Mensch (אָדָם *'ādām*)." (Gen 5,2)
> (bJewamot 63a)

Die Namensgebung „Mensch" erfolgt mit Bezug auf die Zweigeschlechtlichkeit des Menschen. Wenn nur Mann und Frau den Namen „Mensch" erhalten, dann, so der kühne Schluss, ist ein Mann ohne Frau kein Mensch.

Jetzt könnte der Eindruck entstehen, die Rabbinen seien Feministen gewesen. Das ist aber nicht zutreffend. Es wären auch Passagen anzuführen, die auf eine Unterordnung der Frau hinauslaufen. So ist ja in Genesis Rabba auch eine Position genannt, die der Vorstellung vom androgynen Urmenschen widerspricht und von der übergeordneten Stellung des Mannes ausgeht. Trotzdem ist bemerkenswert, dass es egalitäre Deutungen der Geschlechterdifferenz gibt, die die Stoßrichtung des biblischen Bildes vom Urmenschen aufnehmen und damit zeigen, dass es sich dabei nicht nur um moderne Lesarten handelt, die sekundär in den Text eingetragen werden.

c) Sünde, Tod und böser Trieb

Die kirchliche Tradition hat die Garten-Eden-Erzählung als Erzählung vom Sündenfall gelesen. Der Verlust des Paradieses wird als Preisgabe eines unschuldigen Urzustandes beklagt. Dieser Verlust wurde – in der Folge von Augustinus – als „Erbsünde" bezeichnet, die durch Zeugung weitergegeben werde.[41] Der Tod sei Folge der Sünde, während der Mensch im Garten Eden unsterblich gewesen sei. Dabei bezieht sich Augustinus auf Röm 5,12: Durch Adam sei die Sünde in die Welt gekommen und durch die Sünde der Tod. Durch den Sündenfall habe der Mensch die Möglichkeit des freien Willens verloren.

Während diese Auslegung einen unschuldigen und sündlosen anfänglichen Zustand des Menschen kennt, kennt die rabbinische Auslegung – wie im Folgenden gezeigt wird – erstens die Möglichkeit der Sünde von Anfang an, gehört zweitens der Tod zur guten Schöpfungsordnung und hat drittens der Mensch die freie Wahl, dem schöpfungsgemäß gegebenen guten oder bösen Trieb zu folgen.

1. Einem Midrasch von Genesis Rabba zufolge ist der Mensch von Anfang an fehlbar, und dies sei gottgewollt. Der Text des Midrasch lautet folgendermaßen:

A Es sagte R. Simon:
Als der Heilige, gepriesen sei er, kam, den ersten Menschen zu erschaffen,
da bildeten die Dienstengel Gruppen und Parteien.
Die einen sagten: „Er werde erschaffen."
Die anderen sagten: „Er werde nicht erschaffen."

B Es heißt ja:
„Liebe und Wahrheit stießen aufeinander,
Gerechtigkeit und Frieden bekämpften sich (נָשְׁקוּ *nāšāqu* von *nāšaq* II).*"* (Ps 85,11)
Die Liebe sagt:
„Er werde erschaffen, denn er wird Liebeswerke vollbringen."
Die Wahrheit sagt:
„Er werde nicht erschaffen, denn er ist ja ganz und gar Lüge."
Die Gerechtigkeit sagt:
„Er werde erschaffen, denn er wird Werke der Nächstenliebe vollbringen."
Der Friede sagt:
„Er werde nicht erschaffen, er ist ja ganz und gar streitsüchtig."

C Was tat der Heilige, gepriesen sei er?
Er nahm die Wahrheit und warf sie auf die Erde.
Es sagten die Dienstengel vor dem Heiligen, gepriesen sei er:
„Herr der Welten, warum erniedrigst du sie,
die über deinen Ordnungen steht?
Lass doch die Wahrheit von der Erde aufsteigen!
Es heißt ja: *„Die Wahrheit sprieße von der Erde empor."* (Ps 85,12)" […].

D R. Huna Rabba von Sepphoris sagte:
Während die Dienstengel noch miteinander diskutierten und miteinander stritten,
erschuf ihn [= den Menschen] der Heilige, gepriesen sei er.
Er sagte zu ihnen:
„Was richtet ihr aus?
Schon *„wurde der Mensch gemacht"* (נַעֲשָׂה אָדָם *na'^{a}sāh 'ādām* statt נַעֲשֶׂה אָדָם *na'^{a}sæh 'ādām* in Gen 1,26)."
(GenR 8,5)

Der Midrasch gehört zur Kommentierung von Gen 1,26 und versteht den Plural der Aufforderung „Lasst uns einen Menschen machen" als Gespräch Gottes mit seinen Dienstengeln.

Zu A: Die Engel haben eine unterschiedliche Meinung in Bezug auf die Menschenschöpfung. Die einen sind für die Erschaffung des Menschen, die anderen dagegen.

Zu B: Diese verschiedenen Positionen findet der Midrasch in Ps 85. Geläufige deutsche Bibelübersetzungen übersetzen V. 11 mit „Es begegnen einander Huld und Treue; Gerechtigkeit und Friede *küssen* sich." Hierbei wird das Verb im zweiten Versteil von der Wurzel נשׁק I *nāšaq* „küssen" hergeleitet. Jedoch ist das Verb im Hebräischen nicht reflexiv. Genesis Rabba leitet das Verb von נשׁק II *nāšaq* „kämpfen" ab: „Gerechtigkeit und Friede *bekämpften* sich." Dies wird auf die Auseinandersetzung der Engel über die Erschaffung des Menschen bezogen: Während Liebe und Gerechtigkeit für die Erschaffung des Menschen sind, weil der Mensch fähig zu guten Taten sei, sind Wahrheit und Frieden gegen die Erschaffung des Menschen, weil der Mensch weder zu Wahrheit noch zu Frieden fähig sei.

Zu C: Wie reagiert nun Gott auf den Streit der Engel? Die Reaktion Gottes auf diesen Streit findet Genesis Rabba wieder in Ps 85. Aus dem dort folgenden Vers „Die Wahrheit sprieße von der Erde hervor" (Ps 85,11) wird geschlossen, dass Gott sie auf die Erde geworfen habe.

Zu D: Nach R. Huna nutzt Gott den folgenden Streit der Engel, um Nägel mit Köpfen zu machen: Während die Engel noch miteinander diskutieren, erschafft er kurzerhand den Menschen.

Die Aussage „Schon *‚wurde der Mensch gemacht'* (נעשׂה אדם *n'sh 'dm*)." findet der Midrasch wiederum in Gen 1,26: Er liest die verbale Form nicht als Aufforderung an ein kollektives Wir (נַעֲשֶׂה אָדָם *na'asæh 'ādām* in Gen 1,26), sondern als Indikativ Passiv נַעֲשָׂה אָדָם *na'asāh 'ādām* „Der Mensch wurde gemacht.". Vom Konsonantenbestand *n'sh 'dm* her ist dies möglich.

Entscheidend für die Frage nach dem gottgewollten Wesen des Menschen ist hier, dass Gott gegen den Willen der Engel den Menschen erschafft. Eben „dieser sündige Mensch ist es, den Gott (in vollem ‚Bewusstsein' dieser Sündhaftigkeit) erschaffen will"[42].

2. Für die rabbinische Tradition ist der Tod auch nicht wie in der christlichen Erbsündelehre Strafe als Folge der Sünde, sondern Teil der guten Schöpfung. Dies zeigt eine Auslegung von Gen 1,31 „Und siehe, (es war) sehr gut."

> Zu Gen 1,31: „Und Gott sah alles, was er gemacht hatte."
> In der Tora R. Meirs fand man geschrieben:
> Und siehe, sehr gut (טוֹב מְאֹד *ṭow m^eod*) (Gen 1,31)
> – siehe, gut ist der Tod (טוֹב מוֹת *ṭow mot*). (GenR 9,5)

Genesis Rabba nutzt hier die phonetische Ähnlichkeit von טוֹב מְאֹד *ṭow m^eod* „sehr gut" und טוֹב מוֹת *ṭow mot* „gut ist der Tod", um diese Aussage in der abschließenden Bewertung der Schöpfung durch Gott zu finden. Der Tod gehört zur guten Schöpfung dazu.

Eine andere Auslegung kennt zwar die Vorstellung, der Tod sei eine Strafe, wendet sich aber dezidiert gegen die Vorstellung der Erbsünde.

> R. Chama bar Chanina sagte:
> Adam, der Urmensch, wäre wert gewesen, den Geschmack des Todes nicht zu kosten.
> Und warum wurde er mit dem Tode bestraft?
> Eben weil der Heilige, gepriesen sei er, voraussah,
> dass sich Nebukadnezar und Hiram in der Zukunft zu Gottheiten aufschwingen würden,
> und deshalb wurde er mit dem Tode bestraft […]. (GenR 9,5)

Der Grund für den Tod Adams liegt nicht in seiner eigenen Sünde, die dann weitervererbt würde. Sondern der Grund für den Tod Adams wird in den Sünden der nachfolgenden Generationen gesehen. Adam stirbt wegen der Sünden von Nebukadnezar und Hiram. Hier wird die Vorstellung von der Erbsünde quasi auf den Kopf gestellt.

3. Schließlich entwickeln die Rabbinen die Lehre von den zwei Trieben, die sie laut Talmud in einer orthographischen Auffälligkeit in Gen 2 begründet finden.

> R. Nachman ben R. Chisda trug vor:
> Weshalb steht im Vers:
> „Und der Herr, Gott bildete (וַיִּיצֶר *wajijṣær*) den Menschen" (Gen 2,7) (das Wort וַיִּיצֶר *wajijṣær*) mit zwei Jod?

> Weil der Heilige, gepriesen sei er, (im Menschen) zwei Triebe schuf, einen guten Trieb (יֵצֶר טוֹב *jeṣær tow*) und einen bösen Trieb (יֵצֶר רָע *jeṣær rā'*). (bBer 61a)

Im Zusammenhang der Erschaffung des Menschen wird das Verb יצר *jāṣar* „bilden" in sog. Plene-Schreibung mit zwei Jod geschrieben: וַיִּיצֶר *wajijṣær*, im Zusammenhang der Erschaffung der Tiere mit einem Jod וַיִּצֶר *wajiṣær* (Gen 2,19). Von der Bedeutung her ergeben beide Schreibweisen keinen Unterschied. Die zwei Jod von וַיִּיצֶר *wajijṣær* in Gen 2,7 werden aber als Hinweis darauf gelesen, dass der Mensch mit zwei Trieben, dem guten und dem bösen Trieb, geschaffen wurde. Das hebräische Wort für Trieb יֵצֶר *jeṣær* hat dabei wiederum denselben Konsonantenbestand wie das Verb יצר *jāṣar* „bilden" bzw. ist von dem Verb abgeleitet. Der gute und der böse Trieb kommen dieser Auslegung zufolge dem Menschen mit Beginn seiner Erschaffung zu. Anders als die Tiere zeichnet sich der Mensch durch seine Wahlfreiheit aus.

Allerdings wird überraschenderweise auch der böse Trieb in die sehr gute Schöpfung eingeordnet:

> R. Nachman sagte im Namen des R. Samuel:
> „*Siehe, es war sehr gut*" (Gen 1,31).
> Das [= der ganze Satz] ist der gute Trieb.
> „*Und* siehe, es war sehr gut." (Gen 1,31)
> Das [= das *Und*] ist der böse Trieb (יֵצֶר רָע *jeṣær rā'*).
> Der böse Trieb soll sehr gut sein? Wirklich?
> Wenn der böse Trieb nicht wäre,
> würde der Mensch kein Haus bauen,
> keine Frau heiraten,
> keine Kinder zeugen
> und keinen Handel treiben.
> Und so sagte Salomo:
> „Und ich sah,
> dass alles Mühen und alles Gelingen nur Eifersucht des einen gegen den anderen ist." (Koh 4,4)
>
> (GenR 9,7)

Auch der böse Trieb sei nämlich sehr gut, wie R. Nachman ausführt. Dabei liest er zunächst die Bewertung der Schöpfung in Gen 1,31

„Siehe, es war sehr gut“ als Hinweis auf den guten Trieb. Dann erläutert er, dass das vorgeschaltete „Und“ ein Hinweis auf den bösen Trieb sei, der ebenfalls als sehr gut bewertet wird. Als Begründung folgt, dass der böse Trieb eine lebensnotwendige Kraft sei.[43] Er ist der Antrieb für jegliches Streben des Menschen, was R. Nachman wiederum aus Koh 4,4 ableitet: Alles Tun sei in der Eifersucht des Menschen, also einer negativ gewerteten Eigenschaft, begründet, die aber zu etwas Positivem, dem Mühen und Gelingen, führt. Der Mensch kann also den bösen Trieb zum Guten einsetzen.

An anderer Stelle werden im Talmud Anthropologie und Offenbarung des Willens Gottes in der Tora in Beziehung gesetzt.

> Ebenso sprach der Heilige, gepriesen sei er, zu Israel:
> Meine Kinder, ich habe den bösen Trieb (יצר הרע *jeṣær hā=rāʿ*) erschaffen,
> und ich habe die Tora als Mittel gegen ihn erschaffen;
> wenn ihr euch mit der Tora befasst,
> so werdet ihr nicht in seine Hand ausgeliefert. (bKidd 30b)

Der böse Trieb gehört zu den Möglichkeiten des Menschen. Jedoch kann der Mensch den bösen Trieb auch überwinden und zum Guten einsetzen. Der Mensch ist in diesen Möglichkeiten grundsätzlich frei. Als Hilfe zur Überwindung des bösen Triebes dient die Tora. In der Orientierung am Willen Gottes findet der Mensch also einen Weg, den bösen Trieb zum Guten zu verwandeln.

Die Fähigkeit des Menschen zur Sünde ist ihm der rabbinischen Tradition zufolge von Anfang an gegeben, und Gott hat sich bewusst für den Menschen in seiner Fehlbarkeit entschieden. Auch die Sterblichkeit des Menschen ist keine nachträgliche Strafe für fehlerhaftes Handeln, sondern der Tod wird als Teil der guten Schöpfungsordnung angesehen. Zwar gilt der Mensch als fehlbar, aber gerade deshalb wird die Vorstellung menschlicher Freiheit und Verantwortlichkeit betont: Der Mensch ist frei in seiner Entscheidung, dem guten oder dem bösen Trieb zu folgen, und kann in der Ausrichtung auf die Tora Orientierung gewinnen.

Einblick 2: Der rabbinische Blick auf den Menschen, menschliche Freiheit und Verfehlungen und den Tod unterscheidet sich grundlegend von zeitgenössischen christlichen Positionen. Die Gott-Bildlichkeitsaussage wird ethisch in Bezug auf die Orientierung an der Tora und an Gerechtigkeit zugespitzt; rabbinische Texte kennen die Vorstellung eines androgynen Urmenschen und zeigen auch eine deutliche Wertschätzung der Frau. Deutlich wird ebenfalls, dass sich die rabbinische Anthropologie zum Teil, z.B. im Hinblick auf die Vorstellung einer Erbsünde, erheblich von der christlichen unterscheidet und dabei in den Schöpfungserzählungen enthaltene Sinnlinien bewusst anders entfaltet. Die rabbinische Auslegung folgt dabei auch einer eigenen Methodik. Insofern stellt die Rede von dem (einen) jüdisch-christlichen Menschenbild eine starke und unzulässige Vereinfachung dar.

Literatur

K. E. Grötzinger, Jüdisches Denken. Theologie – Philosophie – Mystik. Band 1: Vom Gott Abrahams zum Gott des Aristoteles, Frankfurt/New York 2004.

D. Krochmalnik, Schriftauslegung. Das Buch Genesis im Judentum (NSK.AT 33/1), Stuttgart 2001.

G. Oberhänsli-Widmer, Der „böse Trieb“ als rabbinisches Sinnbild des Bösen, in: Judaica. Beiträge zum Verstehen des Judentums 63 (2007), 18–43.

G. Stemberger, Midrasch. Vom Umgang der Rabbinen mit der Bibel. Einführung – Texte – Erläuterungen, München 1989.

3. Die Fehlbarkeit des Menschen

Immer wieder zeigen alttestamentliche Texte den Menschen als Einzelnen oder als Kollektiv in seiner Fehlbarkeit, die das Leben beeinträchtigt und gefährdet. Dabei kommen sie darin überein, dass der Mensch grundsätzlich zu Freiheit und Verantwortung fähig und die Bestimmung des Menschen Gerechtigkeit und Solidarität ist. Entscheidend ist auch, dass das Fehlverhalten des Menschen und seine Schuld als Sünde vor und gegen Gott gedeutet werden. Die einzelnen Texte des Alten Testaments, die Schuld und Sünde thematisieren, unterscheiden sich stark in ihren literarischen, theologischen und historischen Kontexten und zeigen verschiedene Deutungen der menschlichen Fehlbarkeit. Prominent ist im Rahmen der Urgeschichte die Kain-Abel-Erzählung (Gen 4), die zeigt, wie der Mensch an seiner Bestimmung zu Geschwisterlichkeit scheitert. Dabei sieht sie den Menschen als zu Freiheit und Verantwortung fähig, versteht jedoch Gewalt und Sünde als Realität menschlichen Lebens (Kap. 3.1). Im Rahmen der erzählerischen Darstellung der Geschichte Israels zeigt die Erzählung von Nabots Weinberg (1 Kön 21) Machtmissbrauch und strukturelle Gewalt und deutet diese als religiöse Vergehen (Kap 3.2). Ps 51 gibt Einblick in Konzeptionen von individueller Schuld und Umkehr sowie göttlicher Vergebung dem Einzelnen gegenüber (Kap 3.3).

3.1 Die Abgründigkeit des Menschen (Gen 4)

Die Kain-Abel-Erzählung (Gen 4,1–16) erzählt von der menschlichen Freiheit zu wählen und davon, wie die Möglichkeit des Menschen zur Sünde Realität wird. Deutlich wird so die abgründige Widersprüchlichkeit des Menschen gegenüber seiner Bestimmung zu Geschwisterlichkeit und Solidarität. Damit wird keine erschöpfende Antwort auf das Wesen des Menschen gegeben, aber es werden narrativ Grenzen ausgelotet: Auch der sündige Mensch bleibt in der Beziehung zu Gott.[44]

Die folgenden Ausführungen zeigen, dass ein methodisches Vorgehen, das einen Text in seinem Kontext wahrnimmt, Erzählstrukturen ebenso wie Figurenkonstellationen und Raum-Zeit-Koordinaten berücksichtigt, von Bedeutung für die Frage nach den anthropologischen Aussagen des Textes ist.

Als Erzählung ist Gen 4,1–16 eng mit dem Kontext verwoben und verbindet die Garten-Eden- mit der Flut-Erzählung. Eine Weiterführung von Gen 2–3 ist die Kain-Abel-Erzählung einerseits insofern, als zentrale Themen und Leitwörter aufgegriffen werden. So wird mit dem Handeln Kains gezeigt, wie der Mensch an der Unterscheidung von Gut und Schlecht scheitert und sein Leben von den Folgen der Tat gezeichnet ist. Gemeinsame Leitwörter und -motive sind „erkennen", der „Erdboden" und die Vergänglichkeit des Menschen. Im Hinblick auf die Erzählstruktur stimmen die Texte darin überein, dass von einem Handeln des Menschen, dem göttlichen „Verhör" und einer „Strafe" genauso wie dem göttlichen Schutz bzw. Gnadenhandeln und einer Umsiedelung als Folge erzählt wird. Anderseits bereitet die Erzählung mit dem Einbruch von Gewalt unter den Menschen auf die Flut-Erzählung vor. Kain und seine Nachkommen mehren die Gewalt; die Linie Sets, der an die Stelle Abels tritt, ist es jedoch, aus der Noah und damit die Menschheit nach der Flut hervorgeht (Gen 4,25–26; 5).

Als Teil der Urgeschichte will die Kain-Abel-Erzählung als allgemein-menschlich verstandene Erfahrungen und Charakteristika menschlichen Empfindens und Verhaltens zeigen. Sie ist aber auch die erste Erzählung, in der die Figuren Eigennamen tragen. Mit den Handlungen dieser Figuren wird also nicht gezeigt, was der Mensch zwangsläufig tut oder wie der Mensch wesensmäßig ist, sondern ein abgründiges Tun, das im Rahmen seiner individuellen Möglichkeiten liegt.

Als Probleme der Auslegung ergeben sich zum einen die in vielen Fällen unklare Bedeutung des hebräischen Textes, damit die Unsicherheit der richtigen Übersetzung, zum anderen aber die knappe Erzählweise, die kaum Introspektion kennt. Damit bleiben die Gründe des Handelns der Figuren meist im Dunkeln. Gerade diese Leerstellen haben aber zu einer kontroversen und zugleich produktiven Auslegung der Erzählung geführt. Die Erzählstruktur ist jedoch trotz aller Unsicherheiten klar, und aus der Gliederung der Kain-Abel-Erzählung ergeben sich ihre Themen und anthropologischen Schwerpunkte:

Gen 4

V. 1–2 Exposition: Kain und Abel, sein Bruder
V. 3–5 Konflikt: Das zurückgewiesene Opfer Kains
V. 6–7 JHWHs Reaktion: Mahnung und Alternative
V. 8 Der Brudermord
V. 9–15 Dialog JHWH – Kain
  V. 9–12 Anklage und Konsequenz der Tat
  V. 13–14 Gnadenbitte Kains
  V. 15 Das Kainsmal zum Schutz des Täters
V. 16 Kain im Land Nod

V. 1–2: Mit der Nennung des Menschen und seiner Frau als Eltern der beiden Protagonisten knüpft die Erzählung an die Garten-Eden-Erzählung an. Nachdem die ersten beiden Menschen von Gott geschaffen worden sind, ist jetzt zum ersten Mal eine Frau „Mutter aller Lebendigen" (Gen 3,20). Die Namen der beiden Söhne sind sprechend. Nur der erste erfährt eine Deutung, die allerdings uneindeutig, aber sicher ein Wortspiel mit dem Namen Kain (קַיִן *qajin*) ist: „Ich habe erworben (קָנִיתִי *qāniti*) einen Mann mit JHWH." (Gen 4,1). Für diese Übersetzung spricht, dass auch im Akkadischen analoge Personnamen belegt sind, z.B. Itti-Aššur-ašamšu „Von (dem Gott) Assur erwarb ich (das Kind)". Anklingen mag im Namen Kain aber auch „Lanze / Schwert" (hebr. קַיִן *qājin* in 2 Sam 21,16), womit auf seine Gewalttat verwiesen wäre. Der Name seines Bruders Abel (hebr. הֶבֶל *hæwæl*) bedeutet „Windhauch, Vergänglichkeit", worin sich das Thema der menschlichen Sterblichkeit und das gewaltsame Ende seines Lebens spiegelt.

Die Angabe der Berufe der erwachsenen Brüder zeigt einerseits deren Unterschiedlichkeit (Gen 4,2). Abel ist Schafhirte, während Kain als Bebauer des Ackerbodens (hebr. אֲדָמָה *ʾadāmāh*) der Grundbestimmung des Menschen (Gen 2,5; 3,23) folgt. Gleichzeitig betonen die Erzählstimme und JHWH andererseits immer wieder, dass Abel Kains Bruder ist, und damit die Gleichheit der beiden sowie Abels Verpflichtung zu Solidarität (Gen 4,2.8.9.10.11). Gleichheit bedeutet also nicht automatisch Unterschiedslosigkeit: Einer ist der Erst-, der andere der Zweitgeborene; einer ist Ackerbauer, der andere Hirte. Dennoch sind sie zu Brüderlichkeit bestimmt.

V. 3–5: Der eigentliche Konflikt entsteht, als beide Brüder ein Opfer darbringen, JHWH aber nur auf das Opfer Abels blickt. Die innere Reaktion Kains ist Zorn, der sich äußerlich – entsprechend der Körpersymbolik – im gesenkten Gesicht widerspiegelt. Entscheidend ist, dass der Text keinen Grund angibt, warum JHWH nur auf das Opfer Abels blickt. Er sagt auch nicht, woran Kain dies erkennt. Schon die frühen Übersetzungen und die Auslegungstradition haben immer wieder versucht, diese Leerstelle des Textes zu füllen. Gerade dies ist jedoch zentral: Es gibt keinen Grund, warum Abel bevorzugt wird. Und es ist genau diese Erfahrung, die der Text zur Sprache bringt und mit der sich Leser:innen identifizieren können: Menschen machen die Erfahrung, dass ihnen objektiv gegebene oder subjektiv empfundene Ungerechtigkeit widerfährt, so dass sie sich anderen gegenüber zu Unrecht zurückgesetzt fühlen und nicht die Aufmerksamkeit und Anerkennung erlangen, von der sie meinen, dass sie ihnen zusteht. Die Frage, die sich stellt und die der Text narrativ inszeniert, ist, wie man emotionalen Verwundungen und dieser Ungerechtigkeit angemessen begegnet. Noch grundsätzlicher geht es um die Frage, wie der Mensch mit Ungerechtigkeit umgehen kann.

V. 6–7: JHWH reagiert auf den Zorn Kains, indem er ihn darauf anspricht. Auch hier ist der Text schwierig, die Übersetzung unsicher. Das zeigt auch ein Vergleich mit der griechischen Wiedergabe der JHWH-Rede in der Septuaginta:

Hebräischer Text	*Septuaginta*
Ist es nicht so: Wenn du es gut sein lässt, (dann ist) Erheben (des Angesichts). Wenn du es nicht gut sein lässt, dann ist an der Tür (die) Sünde als ein Lagernder, und nach dir ist sein Verlangen. Du aber kannst / sollst über ihn herrschen.	Ist es nicht so, wenn man richtig darbringt, aber nicht richtig teilt, sündigt man doch? Beruhige dich! Zu dir ist seine Hinwendung, und du wirst über ihn herrschen. (Gen 4,7)

Die Übersetzung der Septuaginta versucht, den schwer verständlichen hebräischen Text Wort für Wort zu übersetzen. Sie wählt dabei

Entsprechungen, die semantisch gerade noch möglich sind (z.B. „richtig“ für „gut“). Die unterschiedliche Zielrichtung beider Fassungen ist bei allen Einzelschwierigkeiten jedoch deutlich: Die Septuaginta füllt die Leerstelle in V. 3–5 und gibt den Grund für die Bevorzugung Abels an: Kain hat das Opfer nicht richtig zerteilt. Dieses kultische Fehlverhalten wird als Sünde gewertet. In der hebräischen Fassung wird Kain von JHWH ermahnt, und dieser zeigt ihm Handlungsalternativen auf.

JHWH eröffnet seine Ermahnung mit einer rhetorischen Frage, die zwei Wahlmöglichkeiten gegenüberstellt, die die Vorstellung vom Erkennen des Guten und Schlechten weiterführt. Egal, ob damit auf das Verhalten Kains in der Vergangenheit (das Opfer), in der Gegenwart (die Reaktion JHWHs auf das Opfer) oder in der Zukunft (der Mord am Bruder) Bezug genommen wird, ist deutlich, dass die zweite Möglichkeit als Sünde gewertet wird. JHWH hält es aber grundsätzlich für möglich und notwendig, dass Kain die Sünde beherrscht, die wie ein Raubtier oder Dämon lagert und dabei lauert. JHWH benennt so eine Alternative für den Zorn Kains und sein gesenktes Gesicht. Die Beherrschung der Sünde würde auch ein erhobenes Angesicht ermöglichen. Damit ist als anthropologische Position der JHWH-Rede klar: Dem Menschen ist die Freiheit der Wahl zwischen Gut und Schlecht gegeben, und ihm ist es möglich und aufgegeben, sich für das Gute zu entscheiden. Der Mensch hat die Freiheit, sich der Sünde zu entziehen und Selbstkontrolle zu üben.

V. 8: Kain antwortet JHWH nicht, redet stattdessen zu seinem Bruder Abel. Was er sagt, sagt der hebräische Text nicht. Statt sein Angesicht zu erheben, erhebt sich Kain gegen seinen Bruder und erschlägt ihn. Nicht er beherrscht die Sünde, sondern die Sünde beherrscht Kain.

V. 9–15: JHWH stellt Kain zur Rede, der jede Verantwortung zurückweist und sich der Schuld nicht stellt (V. 9). JHWH konfrontiert ihn mit der Konsequenz seiner Tat (V. 10–12). Dabei bleibt offen, ob es JHWH ist, der die Tat straft, indem er ihn verflucht, oder die Konsequenz in der Tat selbst liegt. Schließlich ist es der Ackerboden (hebr. אֲדָמָה *'ᵃdāmāh*), der sich gegen Kain stellen wird. Auch die Reaktion Kains ist wieder uneindeutig: Er klagt über die Größe der Strafe (V. 13). Das hebräische Wort עָוֹן *'āwon* bedeutet aber gleichzeitig auch Schuld. Versteht er die aus der Tat resultierenden Folgen als (ungerechte) Strafe Gottes? Oder bekennt er sich zu seiner Schuld und erkennt deren Folgen an? Mit der Klage vor JHWH zielt Kain in jedem Fall auf Strafminderung und begründet dies mit der Angst vor dem eigenen Tod (V. 14). JHWH zeigt sich erneut als gnädiger Gott, der den klagenden Menschen erhört. Ein Zeichen wird Kain schützen. Was es für ein Zeichen ist, sagt der Text nicht; seine Funktion ist jedoch offensichtlich: Es dient dem Schutz des Täters (V. 15). Damit durchbricht JHWH die Spirale der Gewalt und macht deutlich, dass auch der Täter sein Recht auf Leben nicht verwirkt. Kain muss zwar ins Land Nod weichen, bleibt aber unter dem Schutz Gottes.

Wenig bekannt ist der weitere Verlauf von Gen 4, der aber in anthropologischer Hinsicht bedeutsam ist. Hineinverwoben in die urzeitlichen Genealogien (Gen 4,17–22; 5) sind Notizen zur Kulturentstehung (Gen 4,20–22), ein poetischer Text (Gen 4,23–24) und eine Geburtserzählung, die mit einer Notiz zum Beginn der kultischen Verehrung JHWHs abschließt (Gen 4,25–26).

1. Die kulturellen Praktiken (Gen 4,20–22) sind ambivalent wie das Sein des Menschen überhaupt: Mit der Schmiedekunst können Ackerbaugeräte, aber auch Waffen hergestellt werden. Musik dient dem ästhetischen Ausdruck, kann aber auch Kriegszüge begleiten.

2. So steht auch im Lamech-Lied (Gen 4,23–24) die poetische Form im krassen Widerspruch zum gewaltvollen Inhalt. Im Lied des Lamech zeigt sich der menschliche Hochmut und die Vermehrung der menschlichen Gewalt in der Kainiten-Linie. Die ungelöste Gewaltgeschichte holt den Menschen ein.

3. Gerade dann setzt aber die Geburtserzählung neu ein. Sie springt zeitlich um Generationen zurück wieder zum ersten Paar der Menschheit. Ihren dritten Sohn Set sieht Eva als Ersatz für den erschlagenen Abel. Der Beginn der JHWH-Verehrung wird mit ihm und seinem Sohn angesetzt. Und es ist die Linie des Set, aus der Noah und damit das Menschengeschlecht hervorgehen wird (Gen 5). Auf diese Weise wird die Erinnerung an das Opfer Abel aufrechterhalten und der Gewalttätigkeit der Kainiten die Bestimmung des Menschen, gerecht wie Noah (Gen 6,9) zu sein, entgegengesetzt.

Die Kain-Abel-Erzählung zeigt den Menschen in seiner Freiheit zu wählen und darin, wie er an dieser Freiheit scheitert. Sie zeigt

Gewalt und Sünde zwar nicht als unausweichliche Grundgegebenheit des Menschen, aber dessen Abgründigkeit dennoch als Realität. Sie fragt nach der Einsicht des Menschen in seine Schuld und verlangt nach Verantwortungsübernahme. Sie zeigt auch das Bedürfnis des Menschen danach, gesehen zu werden, nach Aufmerksamkeit und Gerechtigkeit. Sie konfrontiert mit den Abgründen, die aus emotionaler Verletzung und enttäuschten Erwartungen erwachsen, wenn der Mensch die Selbstkontrolle verliert. Sie zeigt letztlich, wie der Mensch an seinem Herrschaftsauftrag scheitert (Gen 1,26–28), die Sünde nämlich nicht beherrscht. Dies bedeutet jedoch nicht, dass der Mensch damit aus der Beziehung zu Gott fiele. Hierin ergibt sich wieder ein Anknüpfungspunkt für den Begriff der Menschenwürde: Auch das Leben des Täters ist zu schützen. Seine Würde – um es mit dem modernen Begriff zu sagen – bleibt unantastbar.

3.2 Macht und Gewalt (1 Kön 21)

Unrechtes Tun und Gewalttätigkeit sind nicht nur Möglichkeiten des individuellen Menschen, sondern Missbrauch von Macht, Unterdrückung und Gewalt können auch auf ein kollektives Versagen zurückgeführt werden. Gesellschaften können von struktureller Gewalt bestimmt sein, die individuell ausgeführt und vorangetrieben wird und über das Recht und die Gerechtigkeit triumphiert. Von der Verquickung von individuellem und kollektivem Verbrechen erzählt 1 Kön 21. Das Ende der Erzählung fragt zudem nach Schuld und Reue.

Für das Verständnis der Erzählung von Nabots Weinberg (1 Kön 21) ist zweierlei wichtig: Sie gehört zum einen in den Zyklus der Elija-Elischa-Erzählungen (1 Kön 17–2 Kön 13) und ist zum anderen Teil der deuteronomistischen Geschichtsdarstellung der Königsbücher.

1. Mit Elija verbunden ist *die Forderung der ausschließlichen Verehrung JHWHs*. Diese wird durch den Baalskult des Nordreichkönigs Ahab in Frage gestellt. Ahab hat Isebel, die Tochter eines phönizischen Königs, geheiratet, sich dem Baalskult angeschlossen und sogar einen Tempel für Baal in Samaria, der Hauptstadt des Nordreiches, gebaut (1 Kön 16,29–34). Isebel selbst rottet die Propheten JHWHs aus (1 Kön 18,4). Elija hingegen steht dafür ein, dass allein JHWH der

lebendige Gott und der Gott des Lebens ist. Ahab und Isebel auf der einen Seite und Elija auf der anderen Seite sind also Gegenspieler.

2. Es ist auffällig, dass die Bücher Dtn bis 2 Kön das Handeln des Volkes und der Könige immer wieder an den im Deuteronomium formulierten Maßstäben der JHWH-Alleinverehrung und der Kultzentralisation in Jerusalem messen. Man hat daher die These vom sog. *Deuteronomistischen Geschichtswerk* entwickelt, womit eine umfassende Darstellung der Geschichte Israels gemeint ist. Dessen Anliegen sei, den Untergang des Nordreiches 722/720 v. Chr. und später die Eroberung des Südreichs 587 v. Chr. mit dem religiösen und politischen Versagen des Volkes Israel und seiner Führungseliten zu erklären. Dabei bedient es sich vorhandener Quellen für ein chronologisches Gerüst sowie vorgegebener Erzählungen und versieht sie mit schematischen Bewertungen. In dieser narrativen Perspektive ist auch Ahab einer der Könige, die sich religiös gegen JHWH vergangen und damit auch politisch katastrophal versagt haben.

Die Erzählung von Nabots Weinberg (1 Kön 21) ist eine Art Beispielerzählung, in der Opfer und Täter schematisch gezeichnet werden und Rechtsbruch, kollektive Korrumpierbarkeit und willkürliche Gewalt inszeniert werden. Weder handelt es sich um die Darstellung eines historischen Einzelfalls noch sind genaue Hintergründe der Rechts- und Herrschaftsauffassungen immer einsehbar. Im Erzählkontext dient die Erzählung dazu, die Herrschaft von Isebel und Ahab entsprechend der Bewertungsmuster der Königsbücher zu diskreditieren. An ihr werden aber auch grundsätzliche Vorstellungen vom Menschen, von seiner Anfälligkeit für Machtmissbrauch und Korruption, vom kollektiven Versagen im Hinblick auf Recht und Gerechtigkeit deutlich.[45]

In der Erzählung sind im Grunde zwei Erzählbögen miteinander verbunden. Der Ausgangskonflikt des ersten Erzählzusammenhangs ist der Wunsch des Königs Ahab, einen Weinberg zu besitzen, dessen Kauf oder Tausch ihm der Besitzer Nabot jedoch verweigert. Die Königin Isebel ergreift daraufhin die Initiative und ersinnt einen perfiden Justizmord. Mit der Ermordung Nabots fällt der Weinberg an Ahab, so dass der Konflikt für Isebel und Ahab als gelöst erscheint. Jedoch ist es der ungerechte Mord an Nabot, der ein ethisches Problem darstellt. JHWH tritt als Ankläger für Gerechtigkeit ein, und Ahab und Isebel werden für ihre Taten verurteilt. Damit ist die Gerechtigkeit wiederhergestellt. Teil der Lösung dieses Konflikts ist die Reue Ahabs, die zu einer Verschiebung der Strafe auf die nächste Generation führt.

Die zwei ineinandergreifenden Erzählbögen lassen sich folgendermaßen darstellen:

1 Kön 21	*Erzählbogen I*	*Erzählbogen II*
V. 1	Exposition: Der Weinberg Nabots	
V. 2–4	*Konflikt I:* Ahabs erfolgloses Begehren des Weinbergs	
V. 5–7	Dialog: Isebel – Ahab	
V. 8–10	Isebels Intrige	*Konflikt II:* Der Mord an Nabot
V. 11–14	Umsetzung des Plans und Tötung Nabots	Ermordung Nabots
V. 15–16	*Lösung I:* Inbesitznahme des Weinbergs	Inbesitznahme des Weinbergs
V. 17–19		Göttliche Anklage Ahabs
V. 20–22		Schuldspruch Ahabs durch Elija
V. 23–24		Schuldspruch Isebels durch JHWH
V. 25–26		(dtn.) Bewertung Ahabs und seines Götzendienstes
V. 27–29		*Lösung II:* Reue Ahabs und Strafverschiebung

V. 1.2–4: Der Weinberg des Nabot liegt direkt neben dem Palast Ahabs in Jesreel. Ahab möchte aus diesem Weinberg einen Gemüsegarten machen und bietet Nabot entweder einen besseren Weinberg oder den Kaufpreis in Silber. Nabot weist das Angebot brüsk ab: „JHWH bewahre mich davor, dass ich dir den Erbbesitz meiner Väter gebe.“ (V. 3). Die Antwort leistet zweierlei: Sie hebt einerseits das Ansinnen Ahab von einer rein wirtschaftlichen Frage zu einer religiösen Angelegenheit und bringt andererseits die Ablehnung Nabots mit der Tradition der Väter in Verbindung. Im Hintergrund der Antwort steht wohl die Überzeugung, dass allein JHWH der Besitzer des Landes und der Erbbesitz unverkäuflich ist (Lev 25,23). Die Passage ruft zudem die Königskritik Samuels in Erinnerung: „Eure besten Felder, Weinberge und Ölbäume wird er [= der König] wegnehmen und seinen Knechten geben." (1 Sam 8,14). Rückschlüsse auf die tatsächliche Praxis stehen auf wackeligen Beinen, aber die Gefahr des königlichen Machtmissbrauchs auf Kosten der Kleinbauern steht in der Erzählung im Raum. Gegenüber dem im bisherigen Erzählverlauf bereits diskreditierten und wegen seiner Taten zum Tode verurteilten König Ahab (1 Kön 20,42) erscheint Nabot als aufrecht und JHWH-treu. Im weiteren Verlauf der Handlung bleibt er stumm – als Objekt des schändlichen Handelns anderer und Opfer königlicher Gewalt.

Der König ist angesichts der Weigerung Nabots handlungsunfähig. Die legalen Mittel sind ausgeschöpft. Insofern scheitert er an der Macht Nabots, die in seinem Rekurs auf JHWH gründet. Er ist ein schwacher Charakter, erscheint als emotional instabil und manipulierbar.

V. 5–7: Isebel befragt ihn nach seiner Missstimmung und macht das Problem zu einer grundsätzlichen Frage nach der Herrschaftsmacht des Königs: „Jetzt übe du die Königsherrschaft über Israel aus!" (V. 7). Dem Verständnis des Alten Orients zufolge ist es jedoch Aufgabe des Königs, Gerechtigkeit entsprechend der göttlichen Weltordnung durchzusetzen. Die Ausübung der Königsherrschaft ist also gerade nicht identisch mit den eigenen Interessen. Isebel verspricht Ahab jedoch: „Ich werde dir den Weinberg Nabots, des Jesreeliters, geben." (V. 7).

V. 8–10: Sie ersinnt einen Plan, wie sie unter Wahrung des Scheins der Legalität die persönlichen Interessen des Königs durchsetzen kann. Im Namen des Königs und unter Nutzung seines Siegels schreibt sie an die Ältesten und Vornehmen der Stadt Nabots und fordert sie zur Mitwirkung an ihrem Vorhaben auf:

9 Ruft ein Fasten aus und lasst Nabot oben vor allem Volk Platz nehmen!
10 Setzt ihm aber zwei nichtswürdige Männer gegenüber!
Sie sollen gegen ihn als Zeugen auftreten und sagen:
Du hast Gott und den König gelästert.
Führt ihn dann hinaus und steinigt ihn zu Tode! (1 Kön 21,9–10)

Ein kollektives Fasten setzt eigentlich eine Notlage voraus, die durch die Selbstminderung abgewendet werden soll (Joel 1,14; Jer 36,9; Jona 3,5). Es wird hier zur Bühne der Aburteilung Nabots vor der versammelten Gemeinschaft der Stadt, dessen Fall vom Platz „oben vor allem Volk" umso tiefer ist. Die nichtswürdigen Männer sind Männer, die korrupt und bereit sind, unehrenhaft und gegen die soziale und göttliche Ordnung zu handeln (Dtn 13,14; Ri 19,22; 20,13). Zwei Zeugen bedarf es bei einem Kapitalprozess (Dtn 17,6). Angeklagt werden soll Nabot wegen der vorgeblichen Lästerung Gottes und des Königs, wegen Blasphemie und Hochvorrat. Beides sind Kapitalverbrechen. Ein ähnliches Verbot in Bezug auf Gott und den Fürsten findet sich im Bundesbuch (Ex 22,27). Die Steinigung außerhalb der Ortschaft verweist darauf, dass die Vergehen die Stabilität der Gesellschaft gefährden (Dtn 17,5; 22,21.24).

V. 11–14: Das Vorgehen Isebels verstößt gegen die Tora (Ex 20,16; Lev 19,11; Dtn 5,20), und durch die Charakterisierung der Zeugen als nichtswürdig ist deutlich, dass es sich um eine vorsätzlich falsche Anklage handelt. Trotzdem sind es „die Männer seiner Stadt, die Ältesten und Vornehmen" (V. 11), die minutiös dem Mordplan entsprechend handeln und Nabot steinigen. Sowohl die Führungselite als auch das Kollektiv der Stadtbewohner lässt sich ohne Widerstand instrumentalisieren. Statt Solidarität findet sich nur Korruption. Aus anthropologischer Perspektive zeigt sich darin die sozial-kollektive Dimension von Gewalt.

V. 15–16: Nach der Steinigung Nabots informieren die Bewohner Jesreels Isebel, die wiederum Ahab auffordert, nun den Weinberg in Besitz zu nehmen. Auf welche Rechtsgrundlage hier genau angespielt wird, ist nicht klar. Im Alten Orient gab es das Recht, dass der Besitz im Falle eines Kapitalverbrechens an den König fällt. Die Erzählung setzt voraus, dass der König nach dem Tod Nabots das Recht hat, sich dessen Land anzueignen. Aus der Perspektive der handelnden Figuren ist damit das Problem gelöst.

V. 17–19: Jedoch bleibt der vorsätzliche Mord vor der göttlichen Gerichtsinstanz nicht ohne Folgen. Ahab soll auf JHWHs Wort hin durch den Propheten Elija des Mordes (רצח *raṣaḥ* in 1 Kön 21,19; vgl. Ex 20,13) angeklagt werden (V. 17–19). Entsprechend der *lex talionis* (lat. Recht der Vergeltung / Entsprechung) korrespondieren

Tat und Ergehen: Ahab soll sterben. Obwohl Isebel die eigentliche Drahtzieherin des Justizmordes ist, wird Ahab, der nicht widerspricht und im Begriff ist, den Weinberg in Besitz zu nehmen, zur Verantwortung gezogen.

V. 20–29: In der Rede Elijas wird die Anklage vom konkreten Mord an Nabot zum Vorwurf, allgemein „das Böse in den Augen JHWHs" getan zu haben, ausgeweitet (V. 20–22). Entsprechend ist auch die deuteronomistische Bewertung formuliert, die die Vergehen Ahabs als religiöse Vergehen deutet (V. 25–26). Ein Nachtrag erzählt schließlich von der Reue Ahabs, der seine Kleider zerreißt und fastet (V. 27). Seine Umkehr verschiebt die Strafe um eine Generation: Erst den Sohn Ahabs wird das Unheil treffen (V. 28–29). Dieser Erzählbogen wird dann in 2 Kön 9,7–10.25–26 mit Verweis auf das Schicksal Nabots zum Ende gebracht. Ahab stirbt im Krieg gegen die Aramäer (1 Kön 22,37–28). Vom angekündigten Tod Isebels erzählt 2 Kön 9,30–37.

Die Erzählung von Nabots Weinberg ist fest eingebunden in die Darstellung der Geschichte Israels, die vom religiösen Versagen des Königs und des Volkes als Grund für den Untergang des Nordreiches und die Eroberung des Südreiches erzählt. Auf einer anderen Ebene macht sie anthropologische Aussagen über die Anfälligkeit des Menschen, die ihm anvertraute Macht nicht für Recht und Gerechtigkeit einzusetzen, sondern für die eigenen Interessen zu missbrauchen. Sie erzählt vom Missbrauch von Führungsautorität und Verbrechen gegen die Integrität des Rechtssystems, von Wirtschaftskriminalität, von der Manipulierbarkeit von Individuen und Kollektiven, von struktureller Gewalt und kollektivem Versagen. Es ist Ahab als Repräsentant des Systems, der für die Intrige Isebels zur Verantwortung gezogen und des Mordes bezichtigt wird. Zwar hat nicht er persönlich Steine auf Nabot geworfen, aber als Entscheidungsträger in einer Machtposition wird ihm Schuld zugeschrieben, auch wenn er nicht selbst agiert. Die Einsicht in die eigene Schuld vermag diese nicht zu tilgen, wohl aber die Strafe aufzuschieben. Als ein besonderes Gut erscheinen in der Erzählung Leben und Eigentum der Schwachen, für die Gott als Ankläger einsteht. Da Gott als Gott der Gerechtigkeit verstanden wird, ist ungerechtes Tun gleichbedeutend mit Götzendienst. Aus einer spezifisch theologischen Perspektive sind die sozialen Vergehen der Menschen identisch mit religiösen Vergehen.

3.3 Menschliche Schuld (Ps 51)

Zu den menschlichen Grunderfahrungen gehört die Erfahrung von Versagen und Schuld. Folge sind nicht selten quälende Schuldgefühle, die mit dem Wunsch nach Vergebung und Versöhnung einhergehen. Das Beter-Ich von Ps 51 formuliert die Erkenntnis der eigenen Schuld.[46] Es erfährt mit dieser Schuld seine eigenen Grenzen und greift über sich selbst hinaus, wenn es seine Schuld vor Gott bringt, sie als Sünde gegen Gott begreift und Gott um Vergebung und Neuschöpfung bittet. Gott erscheint so als Horizont des Heils des Menschen.[47]

Bei Ps 51 handelt es sich um ein nachexilisch entstandenes individuelles Bittgebet um Vergebung von Sünde und um Neuschöpfung mit einer biographischen Überschrift (V. 1–2) und einer zionstheologischen Fortschreibung (V. 20–21). Dabei ergibt sich folgende inhaltliche Gliederung:

Ps 51 Individuelles Bittgebet um Vergebung von Sünde und um Neuschöpfung

V. 1–2	Biographische Überschrift (David: 2 Sam 11–12)
A. V. 3–4	*Invocatio und Bitte um Gnade und Reinigung*
B. V. 5–8	*Schuldbekenntnis* V. 5–6 Bekenntnis der Verfehlungen als Sünde gegen Gott V. 7–8 Fehlbarkeit als anthropologische Grundgegebenheit
C. V. 9–14	*Bitten angesichts der Schuld* V. 9–11 Bitte um Vergebung V. 12–14 Bitte um Neuschöpfung
D. V. 15–19	*Vorsätze des Bittenden* V. 15 Unterweisung der Frevler V. 16–17 Bitte um Rettung und Lobgelübde V. 18–19 Umkehr als rechtes Opfer
V. 20–21	Bitte um Erneuerung Zions

Für Ps 51, der vermutlich für seinen redaktionellen Kontext als Eröffnung des Davidpsalters Ps 51–72 geschaffen wurde, ist nicht auszuschließen, dass die biographische Situierung im Leben Davids in V. 1–2 ursprünglich ist. So lassen sich auch innerhalb des Psalmenkorpus Bezüge zur David-Batseba-Erzählung, dem Mord an Uria und der anschließenden Buße (2 Sam 11–12) erkennen.

Zum Verständnis von Ps 51 sind bei dessen Auslegung Informationen 1. zum Sündenverständnis, 2. zum Verständnis von *rein* und *unrein* bzw. von Entsündigung, 3. zur Genese der Vorstellung von einer individuellen Neuschöpfung, 4. zur Opferkritik und 5. zur Zionstheologie hilfreich.

1. Von *Sünde* wird dann gesprochen, wenn ein bestimmtes Verhalten des Menschen als Widerspruch zum göttlichen Willen gewertet wird. Dabei gibt es im Alten Testament nicht einen Begriff, der sündhaftes Handeln bezeichnet, sondern eine Vielzahl von Lexemen, deren Bedeutung sich zum Teil überschneidet. Einige dieser Begriffe finden sich in der Eröffnung des Psalms:

> 3 Sei mir gnädig (hebr. חנן *ḥānan*), Gott, nach deiner Güte (hebr. חֶסֶד *ḥæsæd*),
> nach der Fülle deines Erbarmens (hebr. רַחֲמִים *raḥ^a^mim*) tilge aus meine Frevel (hebr. פֶּשַׁע *pæšaʿ*).
> 4 Wasche ab meine Schuld (hebr. עָוֹן *ʿāwon*),
> und von meiner Sünde (hebr. חַטָּאת *ḥaṭṭāt*) mache mich rein.
> (Ps 51,3–4)

Das Beter-Ich von Ps 51 beginnt sein Bittgebet mit einer *invocatio*, einer Anrufung Gottes. Es bezieht sich auf dessen Gnade (hebr. חֵן *ḥen*; „gnädig sein“ חנן *ḥānan*), Güte (hebr. חֶסֶד *ḥæsæd*) und Erbarmen (hebr. רַחֲמִים *raḥ^a^mim*) (V. 3), die auch in der sog. Gnadenformel (Ex 34,6) Wesen und Wirken Gottes beschreiben, und bittet um Vergebung und Reinigung. Es spricht von seinen Freveln, seiner Schuld und seiner Sünde (V. 3–4) und davon, dass es getan hat, was böse in den Augen Gottes ist (V. 6).

Als Frevel (hebr. פֶּשַׁע *pæšaʿ*) wird das Abweichen von der Norm, der Verstoß bzw. ganz allgemein die Ignoranz gegen die Lebensordnung Gottes verstanden. Schuld (hebr. עָוֹן *ʿāwon*) ist der aus dem Vergehen entstehende Schaden, der auf einen selbst zurückfällt und den Menschen nicht loslässt. Sünde (hebr. חַטָּאת *ḥaṭṭāt*) meint das Verfehlen des Ziels, das Abweichen vom richtigen Lebensweg und ein gemeinschaftswidriges Verhalten, das als Verfehlung an anderen Menschen und an JHWH verstanden wird. Ganz grundsätzlich umschreibt die Formulierung zu tun, was böse (רַע *ra'*) in den Augen Gottes ist, ein sündhaftes Verhalten in sozialer und religiöser Hinsicht, das gänzlich gegen den Willen Gottes verstößt.

Angesichts der Güte Gottes erkennt und bekennt das Ich seine Schuld:

> 5 Denn meine Frevel, ich erkenne sie,
> und meine Sünde ist vor mir immer.
> 6 An dir, dir allein, habe ich gesündigt,
> und was böse ist in deinen Augen, habe ich getan.
> So dass du gerecht bist in deinem Reden
> und rein bist in deinem Richten. (Ps 51,5–6)

Auch die Schuld, die in der Vergangenheit liegt, ist präsent in Gegenwart und Zukunft (V. 5). Jede Sünde ist dabei eine Sünde gegen JHWH. Dies zeigt paradigmatisch die Protasis „Wenn jemand sündigt und Untreue *gegen JHWH* begeht, indem er *seinem Nächsten* etwas [...] ableugnet“ (Lev 5,21): Jedes Fehlverhalten gegen den Menschen ist immer auch ein Vergehen an Gott. Gott erweist sich dadurch als gerecht, dass sein Gericht und sein Urteil die Sünde aufdeckt (V. 6).

Das Ich blickt zurück auf den Beginn seiner Existenz und formuliert eine grundlegende Einsicht über das Wesen des Menschen:

> 7 Siehe, in Schuld (d.h. schuldverstrickt) bin ich geboren,
> und in Sünde (d.h. als Sünder) hat mich empfangen meine Mutter.
> 8 Siehe, du hast Gefallen an Treue im Inneren,
> und im Geheimen lässt du mich Weisheit erkennen. (Ps 51,7–8)

V. 7 wurde traditionell vor dem Hintergrund der Vorstellung der Erbsünde gelesen: Das betende Ich habe die Sünde von seiner Mutter geerbt. Die Rede von Empfängnis und Geburt ist hier jedoch vielmehr als Metapher dafür zu verstehen, dass der Mensch von Beginn seiner Existenz an in Schuld verstrickt und Sünder ist: Die Sündhaftigkeit ist Merkmal des Menschseins. Zu dieser Einsicht, also „Weisheit“ (V. 8) gelangt das Beter-Ich mit Gottes Hilfe. Das Ich bekennt also zum einen seine tatsächlichen Verfehlungen (V. 5–6), zum anderen seine grundsätzliche Fehlbarkeit (V. 7–8).

2. Analog bittet das Ich um Entsündigung seiner konkreten Vergehen (V. 9–11) und um eine grundlegende Neuschöpfung (V. 12–14). Wie auch schon die Bitten in V. 3–4, die Sünden abzuwaschen und das Ich zu reinigen, so ist auch das Bild von der rituellen Entsündigung mit Ysop (V. 9) nur vor dem Hintergrund der kultischen Konzeptionen von *rein und unrein* zu verstehen.

> 9 Entsündige mich mit Ysop, dass ich rein werde (hebr. טהר *ṭāhar*),
> wasche mich, dass ich weißer als Schnee werde.
> 10 Lass mich hören Jubel und Freude,
> dass die Gebeine jauchzen, die du zerschlagen hast.
> 11 Verbirg dein Angesicht vor meinen Sünden,
> und all meine Schuld tilge aus. (Ps 51,9–11)

Die Begriffe „rein“ (hebr. טָהוֹר *ṭāhor*, „rein sein“ טהר *ṭāhar*) und „unrein“ (hebr. טָמֵא *ṭāme’*) sind alttestamentlich zentrale Ordnungskategorien zur Strukturierung der Wirklichkeit (vgl. *Kap. 5.1*). Sie sind für uns heute missverständlich und die mit ihnen verbundenen Vorstellungen dem modernen Denken zunächst eher fremd. Beide Begriffe stehen in einem engen Verhältnis zu dem Gegensatz von „heilig“ und „profan“. Gott selbst ist „heilig“, das Gottgemäße ist „rein“. Reinheit ist so die Voraussetzung für die (kultische) Nähe zu Gott. Was „unrein“ ist, kann nicht in die Sphäre Gottes gelangen. Insofern sind die Begriffe „rein“ und „unrein“ kultische Kategorien und bedeuten kultfähig und kultunfähig. Durch rituelles Handeln kann die kultische Unreinheit überwunden und Reinheit als Bedingung für die Nähe zum Heiligen hergestellt werden. In späterer Zeit dringen die Vorstellungen in der weisheitlichen Literatur in den ethischen Bereich hinein. Reinheit wird zur Bezeichnung von Sündlosigkeit, Unreinheit zur Bezeichnung von Sünde.

Mit einem Ysopbüschel werden Aussätzige rituell gereinigt (Lev 14), ebenso der, der durch die Berührung eines Toten in den Machtbereich des Todes geraten ist (Num 19). In Ps 51 ist diese rituelle Entsündigung nicht Teil eines kollektiven kultischen Geschehens, sondern sie wird bildlich auf das Verhältnis von JHWH und dem individuellen Beter-Ich übertragen. Gemeint ist keine konkrete kultische Handlung; die kultischen Begrifflichkeiten dienen aber dazu, Heilung und Wiederherstellung der Integrität des betenden Ich auszudrücken. Die Reinigung von Sünden ist somit gleichbedeutend mit der Vergebung von Schuld.

3. Diese Wende vom Kult zur Ethik bzw. Anthropologie zeigt sich auch in der Vorstellung von der Neuschöpfung (V. 12–14). Während der erste Teil des Psalms (V. 3–11) von Sündenterminologie dominiert wird, finden sich im zweiten Teil (V. 12–19) eine Vielzahl anthropologischer Körperbegriffe, wie „Herz“, „Geist“, „Zunge“, „Lippen“ und „Mund“, die für das betende Ich und seine Leiblichkeit stehen:

12 Ein reines Herz schaffe (hebr. ברא *bāra'*) mir, Gott,
und einen beständigen Geist mache neu (hebr. חדשׁ pi. *ḥiddeš*) in mir.
13 Nicht verwirf mich weg von deinem Angesicht,
und den Geist deiner Heiligkeit nimm nicht von mir.
14 Bring mir wieder den Jubel deines Heils,
und mit einem willigen Geist stütze mich. (Ps 51,12–14)

Das Beter-Ich bittet Gott nicht nur um die Vergebung einzelner konkreter Taten, sondern um eine vollkommene Neuschöpfung. Dies wird mit dem Schöpfungsverb ברא *bāra'* und dem Verb חדשׁ pi. *ḥiddeš* „neumachen“ ausgedrückt.

Die theologischen Wurzeln dieser Vorstellung liegen in den Schuldzuschreibungen an Israel, mit denen die historische Erfahrung der assyrischen und babylonischen Eroberungen erklärt werden. So findet sich die Formel „das Böse in den Augen JHWHs tun“ (V. 6) auch im deuteronomistischen Geschichtswerk. Das Unheil, das über Israel hereingebrochen ist, wird dort mit dem kollektiven Versagen dem Willen Gottes gegenüber erklärt. In den prophetischen Texten wird dann die Hoffnung formuliert, dass der Katastrophe eine kollektive Neuschöpfung Israels folgt. In diesem Kontext ist von der Erneuerung von Herz und Geist die Rede.

Ps 51 führt speziell Jer 31,33–34 und Ez 36,24–28 weiter. In Jer 31,33–34 wird der neue Bund mit Israel verheißen:

33 Denn dies ist der neue Bund,
den ich mit dem Hause Israel schließen werde nach jenen Tagen,

Spruch JHWHs:
Ich gebe meine Tora in ihr *Inneres*, und auf ihr *Herz* will ich sie schreiben.
Und ich werde euch zum Gott sein; und sie werden mir zum Volk sein.
34 Und sie werden nicht mehr lehren einer seinen Nächsten und einer seinen Bruder folgendermaßen: »'Erkennet JHWH!'«,
sondern sie alle werden mich erkennen vom ihrem Kleinsten bis zum Größten,
Spruch JHWHs.
Denn ich werde ihre Schuld (עָוֹן *ʿāwon*) vergeben,
und ihrer Sünde (חַטָּאת *ḥaṭṭāt*) werde ich nicht mehr gedenken.
(Jer 31,33–34)

Im neuen Bund werden die Tafeln des Herzens neu beschrieben. JHWH selbst beschreibt sie mit seiner Weisung. So ist es nicht mehr möglich, zu sündigen, sondern die Tora ist dem Herzen, der Mitte der Person, unmittelbar. Damit verbunden ist eine direkte Gotteserkenntnis und die Vergebung aller Schuld und Sünde.

In Ez 36,24–28 verheißt JHWH die Heimführung aus dem Exil:

24 Ich nehme euch heraus aus den Völkern,
und ich sammle euch aus allen Ländern und bringe euch in euer Land.
25 Und ich sprenge über euch reines Wasser, und ihr werdet rein sein.
Von allen euren Unreinheiten und von allen euren Götzen werde ich euch rein machen.
26 Und ich gebe euch ein neues *Herz*, und einen neuen *Geist* gebe ich in euer *Inneres*.
Und ich entferne das Herz von Stein aus eurem Fleisch und gebe euch ein Herz von Fleisch.
27 Und meinen *Geist* gebe ich in euer *Inneres*,
und ich mache, dass ihr in meinen Satzungen wandelt und meine Rechtsentscheide bewahrt und sie tut.
28 Dann werdet ihr in dem Land wohnen, das ich euren Vätern gegeben habe,
und ihr werdet mir zum Volk, ich werde euch zum Gott. (Ez 36,24–28)

Mit der Rückkehr in das Land erfolgt eine rituelle Reinigung des Äußeren. Ein erneuter Abfall des Volkes Israel wird durch die Gabe eines neuen Herzens und eines neuen Geistes ausgeschlossen. An die

Stelle des steinernen, toten Herzens tritt ein lebendes Herz aus Fleisch. Entsprechend der Anthropologie von Gen 2,7 wird auch der lebendigmachende Geist Gottes erneuert. Durch diesen Eingriff zur Erneuerung des Inneren wird die Orientierung an der göttlichen Weisung, an Satzungen und Rechtsentscheiden, garantiert (V. 27).

Ps 51 greift also auf diese prophetischen Traditionen zurück und benutzt deren Bildsprache. Als entscheidender Unterschied ergibt sich jedoch, dass sie in Ps 51 auf das individuelle Verhältnis des Beters zu Gott und die mit der menschlichen Existenz gegebene Schuld bezogen werden. Die in einem bestimmten zeitgeschichtlichen und politischen Kontext entstandenen Vorstellungen einer kollektiven Neuschöpfung Israels werden in Bezug auf die Existenz des Einzelnen enthistorisiert: Mit der Schaffung des „reinen Herzens" (V. 12) wird der Mensch gänzlich von der Sündhaftigkeit seiner Existenz befreit. Der erneuerte und heilige Geist ist ein „williger Geist" (V. 14), mit dem es dem Menschen endgültig möglich ist, gottgemäß zu handeln.

4. Aus der Neuschöpfung resultieren die Vorsätze des Beters, die auf eine Opferkritik bzw. Neubestimmung des Opferbegriffes hinauslaufen:

15 Ich will lehren die Frevler deine Wege,
die Sünder – zu dir sollen sie zurückkehren.
16 Errette mich vor Blutschuld, Gott, Gott meines Heils,
dass meine Zunge preist deine Gerechtigkeit.
17 Adonai, öffne meine Lippen,
damit mein Mund dein Lob verkünde. (Ps 51,15–17)

Angesichts seiner Neuschöpfung will das Ich auch andere zur Umkehr und zum Bekenntnis der eigenen Schuld bewegen. Angesichts der Vergebung seiner Schuld wird das Ich das Gotteslob verkünden. Dies wird im Folgenden opfertheologisch begründet:

18 Denn du hast keinen Gefallen an einem Schlachtopfer – ich gäbe es,
am Brandopfer hast du keinen Wohlgefallen.
19 Schlachtopfer Gottes sind ein zerbrochener Geist,
ein zerbrochenes und ein zerschlagenes Herz:
Gott, (diese) verachtest du nicht. (Ps 51,18–19)

Herz und Geist bezeichnen das Personzentrum des betenden Ichs. Um neu erschaffen zu werden, müssen sie zerbrechen. Es ist die Einsicht in die Sündhaftigkeit seiner Existenz, die Erschütterung über das eigene Tun und Sein, die dieses Zerbrechen ermöglicht. Indem das Ich seinen zerbrochenen Geist und sein zerschlagenes Herz, die Mitte seiner Person, als Opfer bringt, bringt es sich selbst dar. Das wahre Opfer ist also der Mensch selbst:

> „Nicht irgendwelche Gaben, die den Geretteten ‚symbolisieren' sollen, sondern *sich selbst* als den an *Herz* und *Geist* […] erneuerten Menschen übergibt er seinem Gott. Das ist das Opfer, das Gott als den Schöpfer und Retter verkündet und an dem Gott Wohlgefallen hat".[48] (E. Zenger)

Allerdings ist diese Opferkritik nicht gleichbedeutend mit einer Ablehnung des Opferkultes überhaupt. Vielmehr werden die Kultbegriffe transformiert und metaphorisiert, ohne das konkrete Opfer zu negieren.

5. Deshalb kann der zionstheologisch geprägte Abschnitt von Ps 51,20–21 auch weiter von den Schlacht- und Brandopfern sprechen, die dargebracht werden. Auch wenn die Verse wohl sekundär angefügt wurden, führen sie den Gedankengang des Psalms fort: In der eschatologisch erneuerten Gottesstadt Zion, in Jerusalem, deren Bewohner aus aller Schuld gerettet sind, sind Schlachtopfer solche Opfer, die die Gerechtigkeit Gottes anerkennen und preisen und die Menschen miteinander verbinden.

Das Bild des Menschen, das Ps 51 zeichnet, ist das des Sünders. Der Mensch wird nicht nur mit seiner eigenen Schuld konfrontiert, sondern erfährt Fehlbarkeit als anthropologische Grundgegebenheit. Die Abgründigkeit seiner selbst, mit der er konfrontiert ist, verweist ihn über sich selbst hinaus auf Gott. Im Angesicht Gottes erscheint sein Fehlverhalten als Sünde. Gleichzeitig ist Gott auch Ermöglichungsgrund seines Heils. Von ihm wird vollkommene Vergebung und Neuschöpfung erhofft.

Ps 51 bezeugt damit eine Veränderung im Menschenbild der nachexilischen Zeit. Deutlich wird, dass jede Anthropologie historisch verhaftet ist. Die geschichtliche Erfahrung des Exils führt zu veränderten anthropologischen Konzeptionen. Unter Rückgriff auf Vorstellungen und Bildrede der nachexilischen Prophetie findet eine

Akzentverschiebung vom Kult zur Anthropologie[49] statt. Kultische Begrifflichkeiten werden verwendet, um die Tiefen der menschlichen Existenz auszuloten, und kollektive Vorstellungen werden auf die individuelle Frömmigkeit bezogen. Wie die Körpertermini zeigen, umspannt die Gottesbeziehung die Leiblichkeit des Menschen. Die erhoffte und erbetene Neuschöpfung eröffnet dem Einzelnen neue Perspektiven auf sein Leben.

Kapitel 3: Menschliche Vergehen, Schuld und Fehlverhalten werden in alttestamentlicher Perspektive als Widerspruch zur schöpfungsgemäßen Bestimmung des Menschen zu Verantwortung und Freiheit und als Sünde gegen Gott verstanden. Die Kain-Abel-Erzählung (Gen 4) zeigt das abgründige Handeln des Menschen, obwohl der Mensch grundsätzlich fähig zur Erkenntnis von Gut und Böse ist. Objektiv gegebene und subjektiv empfundene Ungerechtigkeit führen zu Gewalt und Sünde. Damit stellt sich die Frage, wie sich der Mensch zu seiner eigenen Schuld verhält. In der Erzählung von Nabots Weinberg (1 Kön 21) wird die Verquickung von individueller und struktureller Gewalt deutlich, die mit der Ausübung von Macht verbunden ist. Individuen und Kollektive erweisen sich als manipulierbar und treten für eigene Interessen ein, statt sich an Recht und Gerechtigkeit zu orientieren. Aus theologischer Perspektive gibt es mit Gott eine übergeordnete Instanz, die auch die zur Rechenschaft zieht, die innerhalb der menschlich etablierten Ordnung nicht belangt werden können. Ps 51 wirft wiederum einen anderen Blick auf die Erfahrung von Schuld: Gefragt wird nach der Möglichkeit von Umkehr und Vergebung. Fehlbarkeit erscheint als Merkmal des Menschseins und wird als Sünde gegen Gott verstanden. Auf der Suche nach Heilung und Wiederherstellung der eigenen Identität wendet sich das Ich an Gott. Im Anderen seiner selbst findet es die Möglichkeit zu Umkehr und Neubeginn.

Literatur

J. C. Gertz, Das erste Buch Mose (Genesis). Die Urgeschichte Gen 1–11 (ATD 1), Göttingen 2018.

F. Hartenstein, Gott als Horizont des Menschen. Nachprophetische Anthropologie in Psalm 51 und 139, in: R. Lux/E.-J. Waschke (Hg.), Die unwiderstehliche Wahrheit. Studien zur alttestamentlichen Prophetie. Festschrift für Arndt Meinhold, Leipzig 2006, 491–512.

J. von Lüpke, Ebenbild im Widerspruch. Menschenwürde und Menschenrechte im Spiegel der Erzählung vom Brudermord (Gen 4,1–16), in: J. van Oorschot/M. Iff (Hg.), Der Mensch als Thema theologischer Anthropologie. Beiträge in interdisziplinärer Perspektive (BThS 111), Neukirchen-Vluyn 2010, 114–145.

U. Sals, Das literarisierte Königspaar Ahab und Isebel im Geflecht von Traditionen und Beziehungen, in: E. Klinger (Hg.), Paare in antiken religiösen Traditionen und Bildern. Symbole für Geschlechterrollen damals und heute, Würzburg 2002, 133–162.

4. Die Produktivität des Menschen

Die alttestamentlichen Texte zeigen, dass es nötig ist, dass der Mensch seine Umwelt gestaltet, dass er Arbeit und Mühe auf sich nimmt, um für seinen Lebensunterhalt zu sorgen. Sie zeigen aber auch, dass der Mensch im Hinblick auf Körperkraft und Verstand fähig ist, die Welt zu bearbeiten und Kultur hervorzubringen. Da der Mensch als Gemeinschaftswesen verstanden wird, hat Arbeit immer auch eine soziale Bedeutung: In Familien und sozialen Gruppen werden Tätigkeiten aufgeteilt, und Produkte der Arbeit werden getauscht oder gehandelt. Insofern berührt die Produktivität des Menschen eine Reihe von anderen Themen und Bereichen menschlicher Existenz. Das Buch Kohelet stellt Leistungsdenken und einen Erfolgsoptimismus in Bezug auf menschliche Anstrengung in Frage und bestimmt alles Gute, somit auch den Ertrag von Arbeit und Mühe als Gabe Gottes (Kap. 4.1). Das Lied von der Weisheit im Ijobbuch versteht die enormen Kulturleistungen, zu denen der Mensch fähig ist, als Hinweis auf seine Größe, während das Erkenntnisvermögen des Menschen grundsätzlich begrenzt sei und Zugang zu Weisheit für den Menschen nur im Rahmen der Gottesbeziehung bestehe (Kap. 4.2). Im Amosbuch sind die sozialen Herausforderungen, die mit menschlicher Arbeit und Produktivität einhergehen, im Blick: Den wirtschaftlichen Fähigkeiten des Menschen muss eine gerechte Sozialstruktur entsprechen (Kap. 4.3).

4.1 Arbeit und Mühe (Koh 1)

Zu den Grundbedingungen menschlicher Existenz gehört die Notwendigkeit von Arbeit und die Erfahrung von Mühe. Daher ist die Deutung der Arbeit als anthropologische Grundgegebenheit und als Wesensbestimmung des Menschen auch Thema der Schöpfungserzählungen. Aus der Sicht der Garten-Eden-Erzählung erscheint die Kultivierung des Ackerbodens positiv als Möglichkeit des Menschen, seine Existenz zu gestalten und Selbstwirksamkeit zu erfahren. Er arbeitet für sich, nicht wie in anderen altorientalischen

Schöpfungsmythen für die Götter (Gen 2,15). Dieser positiven Sicht auf Arbeit zufolge zahlt sich der Fleiß aus: „In jeder Mühe ist Gewinn, aber das Wort der Lippen führt nur zu Mangel.“ (Spr 14,23). Andererseits erfährt der Mensch auch die Grenzen seiner Anstrengung. Seine Mühe erscheint als vergeblicher Einsatz, da es keinen Automatismus von Leistung und Erfolg gibt. Auf einer grundsätzlicheren Ebene wird deutlich, dass das unerfüllte Verlangen wesenhaft zum Menschen gehört und in Beziehung zu seiner Vergänglichkeit als Grenze aller menschlichen Bemühungen steht. Aus theologischer Perspektive wird Arbeit in die Beziehung mit Gott eingeordnet, so dass Erfolg als Beistand und Segen Gottes gedeutet wird. Am Misserfolg bricht die Frage nach der Gegenwart Gottes auf.

Das Buch Kohelet (von Martin Luther mit *Prediger* übersetzt) fragt nach der Mühe und dem Sinn menschlicher Anstrengung, damit auch nach den Bedingungen und der Möglichkeit von Glück.[50] In einem poetischen Text zu Beginn des Buches nach Überschrift (Koh 1,1) und Motto-Vers (Koh 1,2) wird das menschliche Streben in kosmische und zeitliche Abläufe eingeordnet (Koh 1,3–11). Für das Verständnis dieses Textes ist seine Stellung im Gesamt des Koheletbuches wichtig.

Koh 1,3–11 ist eng eingebunden in den Kontext von Koh 1,3–3,15. So entspricht dem sogenannten Gedicht über den Kosmos (Koh 1,3–11) das Gedicht über die Zeit (Koh 3,1–9). Beide Gedichte rahmen die sogenannte Königstravestie, in der die homodiegetische Erzählstimme in der Rolle des Königs von seiner Suche nach dem Glück erzählt (Koh 1,12–2,26). Die Gewinnfrage (Koh 1,3; 3,9) rahmt diesen ersten Teil, der mit Schlussfolgerungen für ein gelingendes Leben vor Gott endet. Der Motto-Vers wiederum rahmt das gesamte Buch (Koh 1,2; 12,8).

Für Koh 1,1.2.3–11 ergibt sich folgende Gliederung:

Koh 1

1 Überschrift *Die Worte Kohelets, Sohn Davids, König in Jerusalem*
2 Motto-Vers *Windhauch, Windhauch, sagte Kohelet,*
Windhauch, Windhauch, das alles ist Windhauch.
3–11 Gedicht über den Kosmos
3 Gewinnfrage

4–7 Die Ewigkeit des Kosmos
- 4a Die vergänglichen Generationen
- 4b Die unvergängliche Erde
- 5 Sonne
- 6 Wind
- 7 Flüsse

8–11 Die Vergänglichkeit des Menschen
- 8 Die begrenzte Ausdrucks- und Erkenntnisfähigkeit des Menschen
- 9 These: *Und es gibt nichts Neues unter der Sonne.*
- 10 Einwand und Widerlegung
- 11 Begründung

Im Folgenden soll das Kosmos-Gedicht ausgelegt, seine Frage nach dem Sinn menschlicher Mühe in den Kontext des Koheletbuches gestellt und der entstehungsgeschichtliche Hintergrund der Überlegungen zu Mühe, Arbeit und der Möglichkeit von Glück erörtert werden.

Die *Überschrift* (V. 1) bezeichnet als Buchtitel alles Folgende als Worte, also Rede Kohelets. Grammatisch ist Kohelet ein feminines Partizip von „versammeln" (hebr. קהל *qāhal*), das vielleicht ursprünglich als Funktionsbezeichnung diente und auf das Versammeln von Zuhörern zu beziehen ist. Im Kontext von V. 1 ist es ohne Artikel und mit der Apposition „Sohn Davids" als Eigenname gebraucht. Da Salomo von den Königsbüchern als der weise und gerechte Sohn Davids gezeichnet wird, wird „Kohelet, Sohn Davids" in der Auslegungsgeschichte mit ihm identifiziert. Die Autorität von Kohelet wird also durch die Salomo-Fiktion gestützt.

Die Bedeutung des *Motto-Verses* (V. 2) ist in mehrfacher Hinsicht offen. Zum einen ist uneindeutig, was das hebräische Wort הֶבֶל *hæwæl* bedeutet.[51] Das Wort scheint eine onomatopoetische Bildung zu sein, deren Grundbedeutung „Hauch / Windhauch" ist. Auch flüchtig und vergänglich, vergeblich und sinnlos gehören zum weiteren Bedeutungsspektrum des Lexems. Doch wie ist es im Buch Kohelet zu verstehen? Wird damit die Erkenntnisfähigkeit des menschlichen Subjektes angezweifelt, so dass es als „sinnlos" oder „absurd" zu übersetzen ist? Oder ist es die objektive Welt, Handlungen und Erlebnisse des Menschen, die nicht erkannt werden kann?

Zum anderen stellt sich die Frage, worauf sich „das alles" in der Aussage „das alles ist Windhauch" bezieht. Ist es die Gesamtheit der Welt? Die Erkenntnis des Menschen? Oder das Tun des Menschen überhaupt? Der Motto-Vers lässt auch hier seine Leser:innen im Unklaren. Eine Möglichkeit der Deutung ergibt sich von V. 3 her.

Die *Gewinnfrage* „Welchen Gewinn hat der Mensch von all seiner Mühe, für die er sich abmüht unter der Sonne?" (V. 3) greift das Lexem „Gesamtheit / alles" auf und bezieht es auf die menschliche Arbeit. Damit lässt sich auch die Aussage von V. 2 als anthropologische Aussage verstehen, mit der die Wirkungslosigkeit des Menschen und die Vergänglichkeit und Flüchtigkeit des Lebens bezeichnet wird.

Im Hinblick auf diese Leitfrage ist wiederum nicht eindeutig, ob es sich um eine echte oder eine rhetorische Frage handelt. Gefragt wird nach der Art des Gewinns. Es wird also die Vorstellung vorausgesetzt, dass Arbeit Gewinn bringt, genau diese aber hinterfragt. Das Lexem „Gewinn" (hebr. יִתְרוֹן *jitron*) findet sich nur im Koheletbuch. Es stammt wohl aus der Kaufmannssprache und ist als erwirtschaftetes Plus positiv konnotiert. Im Koheletbuch erhält es eine abstrakte Bedeutung, die in Richtung „Sinn" verweist. Diese grundsätzliche Wendung erhält das Lexem durch den Bezug auf die Gesamtheit der Arbeit des Menschen (hebr. הָאָדָם *hā='ādām*). „Gefragt wird nach dem Ertrag menschlicher Mühe, es handelt sich also um eine anthropologische Aussage."[52] Mühe und Arbeit sind das Los des Menschen. Dabei scheint weniger der Prozess als das Resultat der Arbeit (hebr. עָמָל *'āmāl*) im Blick. Mit der Umstandsangabe „unter der Sonne" wird einerseits die Assoziation mit schwerer körperlicher Arbeit bei stechender Sonne und extremer Hitze geweckt, andererseits die kosmisch-räumliche Perspektive von V. 4–7 vorbereitet. Angesichts dieser Mühen stellt sich dem Menschen ganz grundsätzlich die Frage nach dem Sinn seiner Existenz.

Das *Kosmos-Gedicht* (V. 4–11) gliedert sich in zwei Abschnitte V. 4–7 und V. 8–11.

V. 4–7: Mit V. 4 werden einerseits die Vergänglichkeit der Generationen von Menschen und die Ewigkeit der Erde gegenübergestellt. Damit wird zur Beschreibung des Kosmos hingeführt. Andererseits klingt mit dem Wechsel der Generationen, der sich immer wiederholt, so dass dauerhafte Kontinuität entsteht, bereits die Grundaussage des zweiten Teils V. 8–11 an: Es gibt nichts Neues, aber eine stete Wiederholung. Als Grundprobleme der Auslegung ergeben sich die Fragen, ob mit der Beschreibung des kosmischen Geschehens (V. 5–7) Sinn oder Sinnlosigkeit ausgedrückt wird und ob die Aussage „Und es gibt nichts Neues unter der Sonne." (V. 9) positiv oder negativ zu verstehen ist.

Mit Bezug auf Sonne (V. 5), Wind (V. 6) und Flüsse (V. 7) wird der Wechsel von Kommen und Vergehen, die ewige Wiederkehr illustriert: Die Sonne vollzieht als Kreislauf ihre Bahnen am Himmel, tritt in die Unterwelt ein und erhebt sich am Morgen neu. Der Wind befindet sich unter ständigen Richtungswechseln in Bewegung. Die Flüsse fließen zwar in immer gleichen Bahnen, doch auch in endloser Bewegung, da das Meer nicht voll wird. Sie fließen zwar (scheinbar) zielgerichtet, dennoch kommen sie an kein Ende, weil auch das Wasser wieder an seinen Ausgangspunkt zurückkehrt. Sonne, Wind und Erde erzielen insofern keinen Gewinn. Weder ist der Kosmos unveränderbar noch ewig, sondern in immerwährender Bewegung. Damit wird also nicht einfach Ziel- oder Sinnlosigkeit ausgedrückt, sondern eine dem Kosmos innewohnende „geheimnisvolle Ordnung".[53]

V. 8–11: Der zweite Teil des Kosmos-Gedichtes wendet sich dem Menschen zu. Unklar ist der Bezug von „alle Worte / Dinge sind rastlos tätig" (V. 8). Nimmt man an, dass mit „alle Dinge" ein Rückbezug zu V. 5–7 gegeben ist, bringt V. 8 zum Ausdruck, dass es dem Menschen nicht möglich ist, dieses kosmische Geschehen und die ihm innewohnende Ordnung im Letzten zu beschreiben und zu durchdringen. Sprache und Erkenntnis sind in ihrem Vermögen begrenzt. Das bedeutet nicht, dass der Mensch gar nichts erkennen kann, wohl aber, dass ihm als Teil des Kosmos, der Schöpfung, Grenzen in seiner Erkenntnisfähigkeit gesetzt sind.

Aus der Beobachtung des Kosmos ergibt sich wiederum die zentrale anthropologische Aussage von V. 9: Alles wiederholt sich; es gibt nichts Neues. V. 10 liefert einen Einwand, es gebe sehr wohl Neues, der jedoch sofort wieder mit Verweis auf die für den einzelnen Menschen nicht überschaubaren Ereignisse der Menschheitsgeschichte entkräftet wird: Selbst das, was neu erscheint, gab es schon einmal, nur eben vor so langer Zeit, dass keine Erinnerung mehr daran gegeben ist (V. 11). Dieses Argument wird nun wieder in Bezug auf den Menschen fortgeführt: Menschen leben auch nicht in der Erinnerung ihrer Nachfahren auf ewig fort. Deren Gedenken ist ebenfalls zeitlich begrenzt.

Es scheint, dass Kohelet hier bewusst Stellung gegen prophetische Texte wie Jes 43,18–19; 65,17–25 bezieht, in denen die göttliche Erzählstimme auffordert, das Frühere zu vergessen, und ankündigt: „Siehe, ich mache Neues!“ (Jes 43,19). Gegen diese Vorstellung, es könne Neues geben, greift Kohelet die der ewigen Wiederkehr auf. Der stete Rhythmus von Vergehen und Werden ist als Wiederkehr des Gleichen zu verstehen.

Da der Mensch Teil des Kosmos ist, gilt die Aussage „Es gibt nichts Neues“, die auf kosmologischen Beobachtungen beruht, auch im Hinblick auf die Anthropologie. Der Einzelne ist in den Zyklus der kommenden und gehenden Generationen eingebunden (V. 4). Auch die Handlungen des Menschen, seine Möglichkeiten, „Gewinn“ zu erzielen, sind damit begrenzt. Erinnerung an die Früheren (V. 11) wird es nicht auf Dauer geben. Etwas Neues bringt der Mensch genauso wenig zustande wie etwas Dauerhaftes.

Resümierend lässt sich festhalten: In Bezug auf die Ausgangsfrage „Welchen Gewinn hat der Mensch von all seiner Mühe?“ (V. 3) ist das Kosmos-Gedicht von V. 4–11 als Antwort ernüchternd. Der Mensch gehört in den ewigen kosmischen Kreislauf von Vergehen und Werden. All sein Tun ist damit letztlich vergänglich bzw. von V. 2 her gelesen „Windhauch“:

> „Die Windhauchaussage ist somit keine universale, sondern eine anthropologische Aussage […]. Die Windhauchaussage deckt die verborgene nihilistische Struktur eines Handelns auf, das sich auf die Dinge des Lebens bezieht, als seien sie etwas Bleibendes, als seien sie ein ‚Gewinn‘. Die Windhauchaussage ist somit Ausdruck einer schmerzhaften, gleichwohl aber befreienden Einsicht […], heilsam für den, der sich aus diesem Wahn befreit.“[54] (L. Schwienhorst-Schönberger)

Offen bleibt also, ob das Tun des Menschen damit auch sinnlos ist oder ob es als Teil des kosmischen Zyklus gerade Sinn beinhaltet. Bemerkenswert ist dabei, dass die Reflexionen über Möglichkeiten und Grenzen, Sinnhaftig- und Sinnlosigkeit des menschlichen Tuns an dieser Stelle ohne einen Bezug auf Gott auskommen.

Koh 1,1–11 im Kontext des Koheletbuches: Die Ausgangsfrage Kohelets nach dem Gewinn und Sinn menschlicher Mühe ist an dieser Stelle noch nicht beantwortet. Koh 1,4–11 ist aber im Zusammenhang von Koh 1,3–3,15 bzw. des gesamten Koheletbuches zu lesen.

1. Im Rahmen der Königstravestie (Koh 1,12–2,26) wird die Gewinnfrage negativ beantwortet: „Es gibt keinen Gewinn unter der Sonne." (Koh 2,11).

2. Am Ende des Zeit-Gedichtes (Koh 3,1–9) wird sie erneut gestellt und ist rhetorisch zu verstehen: Dem Menschen sind alle Dinge unverfügbar (Koh 3,2–8), insofern sind auch sein Tun und seine Mühen begrenzt. Das bedeutet nicht, dass die Dinge in der Zeit vorherbestimmt sind und der Mensch in seinem Handeln unfrei ist, wohl aber, dass dem Menschen Grenzen gesetzt sind.

3. Im unmittelbaren Kontext Koh 2,24–26 und 3,11 wird diese Überzeugung nun in Zusammenhang mit Gott gebracht:

> Nicht im Menschen gründet das Glück (hebr. טוֹב *ṭow*),
> wenn er isst und trinkt und seine *næfæš* (hebr. נֶפֶשׁ) Gutes sehen lässt bei seiner Mühe.
> Vielmehr habe ich selbst gesehen,
> dass dies aus der Hand Gottes stammt. (Koh 2,24)

Damit wird deutlich, dass das Gute – mit der griechischen Tradition könnte man sagen „das Glück" – nicht auf ein Tun des Menschen zurückzuführen, sondern eine Gabe Gottes ist. Glück ist kein Automatismus und zwingend aus den Anstrengungen des Menschen abzuleiten. Es gehört in den Bereich der unverfügbaren Erfahrungen. Aber auch wenn das Leben des Menschen Arbeit und Mühe umfasst, beinhaltet es neben und in der Arbeit auch Gutes und Glück.

Analog steht im Anschluss an das Zeit-Gedicht die Überzeugung:

> Gott hat das alles schön gemacht zu seiner Zeit und ihnen [= den Menschen] die Ewigkeit ins Herz gegeben, jedoch ohne dass der Mensch das Tun, das Gott tut, vom Anfang bis zum Ende finden könnte. (Koh 3,11)

Damit wird nun der Kosmos, „das alles", in die göttliche Wirklichkeit eingeordnet und der Mensch in Bezug zur Ewigkeit Gottes gesetzt. Das Leben und Tun des Menschen ist der Zeit unterworfen, aber dem Menschen ist die Ewigkeit ins Herz gegeben. Die Zeit und damit auch das Tun des Menschen sind begrenzt, aber mit seinem Tun greift der Mensch auch über die Zeit hinaus, ohne sie ganz fassen zu können. Daraus ergibt sich die für das Kohelet-Buch zentrale Aufforderung, das Leben zu genießen (Koh 3,12–13; 5,17–19; 8,15; 9,9–10; 11,9). Die Unverfügbarkeit des Erfolgs und die Grenzen menschlichen Strebens führen bei Kohelet also nicht zu der Schlussfolgerung, sich jeder Anstrengung zu enthalten. Vielmehr gelten das Glück und das Gute, der Erfolg der Mühen, als Gaben Gottes, die es zu genießen gilt.

Wenn Kohelet anders als die sog. ältere Weisheit, die zu Fleiß als garantiertem Mittel zum Erfolg aufruft, die Grenzen menschlicher Mühe und Anstrengung aufzeigt, verweisen diese anthropologischen Reflexionen auch auf den Entstehungskontext des Buches. Ganz grundsätzlich wurzelt jede Deutung von Arbeit und Mühe in den materiellen Lebensbedingungen, die sich zum Teil erheblich von unseren unterscheiden.[55] So sind die wirtschaftlichen Verhältnisse, vor deren Hintergrund Arbeit und Mühe gedeutet werden, auch nicht für alle Texte des Alten Testaments gleich. Für die älteren Texte ist vorauszusetzen, dass 95% der Menschen in der Landwirtschaft tätig waren und in kleinen Dörfern von bis zu 500 Menschen lebten. Arbeitsteilung gab es nur in den wenigen größeren Städten. Ab dem 5. Jh. v. Chr. wird der Optimismus, dass Fleiß Erfolg garantiert, zunehmend durch die geänderten sozialen Verhältnisse in Frage gestellt.[56] Hohe Steuern und Abgaben an die Perser und später an die Ptolemäer führten dazu, dass die Landbevölkerung unter dem Existenzminimum lebte. Selbst Reiche waren vor Verlusten nicht gefeit. Die anthropologische Einordnung von Arbeit und Mühe bei Kohelet ist vor diesem zeitgeschichtlichen Hintergrund zu sehen.

So blickt das Koheletbuch einerseits auf die Grenzen menschlichen Strebens. Es macht die Erfahrung des Unbestimmbaren und Ungewissen des menschlichen Tuns, die Unverfügbarkeit des Erfolges zum Thema und legt schonungslos offen, dass es keinen Automatismus gibt, mit dem sich Ertrag und Erfolg aus Mühe und Leistung ergeben. Insofern ist Kohelet skeptisch gegenüber jedem Leistungsdenken und Erfolgsoptimismus. Das entbindet den Menschen jedoch nicht von der Notwendigkeit der Arbeit.

Die Frage nach dem Erfolg der Arbeit wird andererseits mit der Sinnfrage und der nach der Möglichkeit, Gutes zu erfahren, verknüpft. Auch wenn aus dem kosmisch-zyklischen Geschehen Sinn nicht unmittelbar ableitbar ist, ist mit Kohelet das Gute, das Glück, erfahrbar. Theologisch wird es als Gabe Gottes bestimmt. Arbeit und Mühe können also auch als das Gute erlebt werden. Was anthropologisch als Grundbedingung menschlichen Seins zu bestimmen ist, die Arbeit, wird so als Möglichkeit der Gotteserfahrung gedeutet. Diese Erfahrung stellt sich jedoch nicht zwangsläufig ein, sondern ist unverfügbar. Gerade deshalb ist sie beglückend und soll genossen werden.

4.2 Menschliche Kulturleistung und göttliche Weisheit (Ijob 28)

Menschen gestalten ihre Umwelt. Der Mensch richtet seinen Lebensraum ein, macht ihn sich verfügbar und vollbringt dabei Beachtliches. Dies lässt sich an verschiedenen Orten und Zeiten beobachten und ist dementsprechend kulturabhängig. Im Ijobbuch ist es die enorme Kulturleistung des Bergbaus, die zum Ausgangspunkt einer Reflexion über die Größe und die Grenzen menschlichen Schaffens und Strebens und noch viel grundsätzlicher des Erkenntnisvermögens des Menschen wird. Diese Reflexion wiederum wurzelt in einem speziellen kulturgeschichtlichen Kontext, den perserzeitlich-frühhellenistischen weisheitlichen Verfasserkreisen Jerusalems im 5.–3. Jh. v. Chr.

Das Ijobbuch insgesamt macht die Gerechtigkeit Gottes und des Menschen und das Leiden des Gerechten zum Thema. Es berührt damit Fragen der Anthropologie, der Theologie und der Ethik. Am Beispiel Ijobs fragt es nach dem Wesen des Menschen und dem Sinn des Lebens angesichts des Leids. Die Frage nach dem Sinn des Lebens hängt eng mit der Frage zusammen, was der Mensch – im Unterschied zu Gott – überhaupt erkennen und tun kann.

In diesem Zusammenhang stellt das sogenannte „Lied von der Weisheit“ in Kapitel 28 einen ersten Höhepunkt der Diskussion um die Erkenntnisfähigkeit des Menschen und die Bestimmung des Verhältnisses von Gott und Mensch dar. Zunächst wird der Bergbau, die Suche nach Silber und Gold, Eisen und Kupfer und Edelsteinen tief in der Erde, beschrieben (V. 1–11). Die Beschreibung schließt mit der Frage „Und die Weisheit, wo wird sie gefunden, und wo ist der Ort der Einsicht?“ (V. 12). Dem Menschen ist der Ort der Weisheit unbekannt; dies ist umso schwerwiegender, als sie von immensem Wert und durch nichts zu bezahlen ist (V. 13–19). Die leicht veränderte Frage „Und die Weisheit, wo kommt sie her, und wo ist der Ort der Einsicht?“ (V. 20) hebt erneut das Unvermögen des Menschen hervor. Gott ist es, der den Ort der Weisheit kennt – und zwar von den Anfängen der Schöpfung her (V. 21–27). Die Reflexion endet mit der Hinwendung Gottes zum Menschen: „Aber er sagte zum Menschen: Siehe, die Furcht des Herrn, das ist Weisheit, und das Böse zu meiden ist Einsicht.“ (V. 28). Es erfolgt also eine doppelte Kontrastierung: Während zunächst der menschlichen Kulturleistung das Unvermögen des Menschen, Weisheit zu erlangen, gegenübergestellt wird, wird dann die begrenzte menschliche Erkenntnisfähigkeit mit der Weisheit Gottes kontrastiert. Jedoch – so das Ergebnis der Reflexion – ist dem Menschen im Rahmen der Gottesbeziehung über die Gottesfurcht als Prinzip ethischen Handelns Zugang zur Weisheit möglich.[57]

Ijob 28

<table>
<tr><td rowspan="2">Kontrast 1</td><td>Größe des Menschen
(V. 1–11.12)</td><td>Bergbau als Kulturleistung</td><td></td></tr>
<tr><td>Unvermögen des Menschen
(V. 13–19.20)</td><td>Weisheit</td><td rowspan="2">Kontrast 2</td></tr>
<tr><td></td><td>Vermögen Gottes
(V. 21–27)</td><td>Weisheit</td></tr>
</table>

Synthese	Gottesfurcht als Zugang zur Weisheit (V. 28)

Bei Ijob 28 handelt es sich um einen poetischen Text, der in mehrerer Hinsicht Schwierigkeiten aufweist: 1. Umstritten ist, wer spricht. 2. Die Struktur des Textes ist nicht eindeutig zugänglich. 3. Der Text stellt auf lexematischer Ebene vor Übersetzungsprobleme, und Referenzen auf Handlungsträger sind aufgrund nicht genannter Subjekte nicht zweifelsfrei zu bestimmen. Erst nach Hinweisen zu diesen Problemfeldern soll 4. das Bild vom Bergbau in den Gesamtkontext eingeordnet werden.

1. Da sich das Kapitel 28 in sprachlicher und inhaltlicher Hinsicht sehr von den vorhergehenden Reden Ijobs unterscheidet, wird forschungsgeschichtlich auf literarischer und auf literargeschichtlicher Ebene angezweifelt, dass es sich um eine Figurenrede Ijobs handelt. Vorgeschlagen wird, hier melde sich die Erzählstimme des Prosa-Rahmens zu Wort. Oder es wird in entstehungsgeschichtlicher Hinsicht argumentiert, die Passage gehöre eigentlich zu den Reden von Elihu (E. Greenberg/D. Clines) oder Zophar (M. Fox). Nimmt man die Redeeinleitungen des Buches ernst, ist nach Ijob 27,1 die Figurenrede Ijob zugeordnet. Nach den Reden der Freunde Ijobs stellt die Reflexion über die Weisheit die viel grundsätzlichere Frage, ob dem Menschen überhaupt Weisheit zugänglich ist, ihm also überhaupt die Möglichkeit gegeben ist, die Fragen, vor die das Leid Ijobs stellt, zu beantworten. Auch wenn damit nicht ausgeschlossen ist, dass es sich um einen überlieferten Text handelt, fügt er sich in die Gesamtkomposition des Buches folgerichtig ein.

2. Zum Aufbau lassen sich zumindest einige Aussagen machen: Bei V. 12 und 20 handelt es sich um nahezu wortgleiche Wiederholungen, so dass die Frage nach dem Ort von Weisheit (hebr. חָכְמָה *ḥåchmāh*) und Verstehen (hebr. בִּינָה *bināh*) als Leitfrage des Textes bestimmt werden kann und der Frage gliedernde Funktion zukommt. Erst ab V. 12 wird die Bildwelt des Bergbaus verlassen und weisheitliches Vokabular explizit benannt. Alle Verse bestehen aus einem Bikolon; nur in V. 3.4.28 stehen Trikola. Auffällig an V. 28 ist auch, dass hier und nur hier im gesamten Ijobbuch statt des Tetragramms der Ersatzname אֲדֹנָי *'ᵃdonaj* steht. Damit wird die Bedeutung von V. 28 hervorgehoben. Aufgrund syntaktischer, semantischer und inhaltlicher Beobachtungen ergibt sich folgende Struktur:

Ijob 28

1–12	*Bildwelt Bergbau*	
	1–2	Abbau von Edelmetallen
	3–6	Bergwerkstätigkeiten
	7–8	Unvermögen der Tiere als Kontrast
	9–11	Bergwerkstätigkeiten
	12	*Leitfrage*
13–20	*Verborgenheit der Weisheit für den Menschen*	
	13–14	Der verborgene Ort der Weisheit
	15–19	Der unvergleichliche Wert der Weisheit
	20	*Leitfrage*
21–28	*Zugänglichkeit der Weisheit für Gott*	
	21–22	Unzugänglichkeit für alles Lebendige
	23	Der für Gott zugängliche Ort der Weisheit
	24–27	Weisheit und Schöpfungshandeln Gottes
	28	*Synthese*: Die Furcht des Herrn als Zugang zur Weisheit

3. Semantische Probleme und unklare Bezüge finden sich vor allem im ersten Teil (V. 1–12). Hier ergeben sich eine Reihe von Schwierigkeiten bei der Übersetzung, die oft nur mit Eingriffen in den Text gelöst werden können. So las man den Text in der Vergangenheit als Vorgangsbeschreibung des Bergbaus und veränderte unklare Lexeme so, dass man von versklavten Kriegsgefangenen liest, die im Bergbau ausgebeutet werden und mit Bergarbeiterlampen an Seilen in senkrechten Schächten baumeln. Hier ist in philologischer Hinsicht mehr Zurückhaltung geboten.

Der Text setzt unvermittelt mit hebr. כִּי *ki* ein, was wohl am besten affirmativ als „ja" wiederzugeben ist. Mit der Nennung der Edelmetalle bzw. -steine wird in V. 1–2.6 eindeutig der Kontext des Bergbaus evoziert. Auffällig ist aber bereits für diese Verse, dass nicht der Mensch als Subjekt der technischen Errungenschaften genannt wird, sondern die Verse in passivischen Formulierungen stehen:

1 Ja, es gibt für das Silber eine Stätte
und einen Ort für das Gold, dass man es auswäscht. [...]
2 Eisen wird aus dem Staub geholt,
und aus dem Gestein wird Kupfer gegossen.
6 Ort des Saphirs sind ihre Steine,
und Staub von Gold ist an ihm. (Ijob 28,1–2.6)

Außerdem werden in V. 3–5.9–11 Schöpfungsgrößen wie Finsternis und Dunkelheit genannt (V. 3, vgl. Gen 1,2.3–5), und mit hebr. צַלְמָוֶת *ṣalmāwæt* (V. 3) wird auf das Totenreich, zumindest aber auch auf Dunkelheit verwiesen. Tätigkeiten wie das Ausstrecken der Hand oder das Umstürzen der Berge (V. 9) referieren sonst auf das Schöpferhandeln Gottes oder den Zorn Gottes (Ijob 9,5; 12,9). Daher wird auch die These vertreten, dass in V. 3–12 überhaupt nicht von menschlichen Tätigkeiten gesprochen wird, sondern allein vom Handeln Gottes.[58] Diese Deutung hat die jüdische Tradition auf ihrer Seite.

Eine Reihe von Gründen spricht jedoch dagegen: Da erstens die V. 1–2.6 eindeutig auf den menschlichen Kontext des Bergbaus verweisen, ist es naheliegend, auch die anderen Verse auf Tätigkeiten des Menschen zu beziehen. In V. 7–8 wird zweitens auf eigentlich machtvolle Tiere wie den Falken oder den Löwen verwiesen, die gerade keinen Zutritt in das Innere der Berge haben. Dies lässt sich als Folie für die technische Macht des Menschen lesen, die der natürlichen Macht der Tiere überlegen ist. Der Abschnitt schließt drittens mit der Frage „Und die Weisheit, wo wird sie gefunden, und wo ist der Ort der Einsicht?" (V. 12). Explizit wird gesagt, dass der Mensch den Weg zur Weisheit nicht kennt (V. 13). In der Rückschau ergibt sich von V. 13 her der Kontrast vom menschlichen technischen Können (V. 1–11) und menschlichem Unvermögen im Hinblick auf das weisheitliche Erkennen (V. 12–13). Die theologische Sprache von V. 3–11 unterstreicht viertens vielmehr die aufgrund von Naturbeherrschung und fortschrittlicher Technik hervorgehobene Stellung des Menschen. Im Vergleich mit dem explizit Gott zugeschriebenen Schöpfungshandeln in V. 23–27 ist die menschliche Bergwerkstätigkeit jedoch destruktiv. Insofern kann man von einer „Brechung in der Wahrnehmung der menschlichen Leistungen"[59] sprechen.

4. Bergbau ist für das Gebiet der Araba und die Sinai-Halbinsel ikonographisch und archäologisch seit dem Chalkolithikum bzw. der Frühen Bronzezeit belegt. So gibt es für Timna und Fenan, also auf der West- und Ostseite des Wadi el-Araba, Nachweise der Kupferproduktion, für die Sinai-Halbinsel vom Abbau von Türkis.

In Ijob 28 hat die Referenz auf den Bergbau eine bestimmte Funktion. Mit ihm wird die Größe Weisheit ausgelotet, genauer die *Zugänglichkeit* und der *Wert* der Weisheit. Dies zeigt sich an der zentralen Frage nach dem Ort der Weisheit (V. 12) im Abschnitt V. 13–19: Weder der Mensch und überhaupt das „Land der Lebendigen“ (V. 13) noch die mythischen Größen des Urmeeres (hebr. תְּהוֹם *tᵉhom*) und des Meeres (hebr. יָם *jām*) haben Zugang zur Weisheit. Es folgen fünf Bikola, die jeweils ausführen, dass Weisheit nicht mit Edelmetallen oder -steinen aufgewogen werden kann (V. 15–19).

	Raum	*Wert*
Metalle	zugänglich	hoch
Weisheit	unzugänglich	kategorial unvergleichbar

Der Mensch verschafft sich also Zugang zum eigentlich unzugänglichen Ort der Edelmetalle und -steine (hebr. מָקוֹם *māqom* in V. 1). Der Ort der Weisheit ist dem Menschen hingegen unbekannt (hebr. מָקוֹם *māqom* in V. 13). Der Mensch verfügt über das im wirtschaftlichen Sinn Kostbarste: über Silber, Gold und Edelsteine. Doch gerade diese erweisen sich im Vergleich zur Weisheit als wertlos (V. 15–19):

> „Nicht, daß der Erwerb von Weisheit *höher* zu achten sei als der anderer Kostbarkeiten, ist hier betont, sondern dass es sich um etwas kategorial *Unvergleichliches* handelt.“[60] (J. Ebach)

Die abschließende leicht variierte Leitfrage nach dem Ort der Weisheit (V. 20) bleibt daher immer noch unbeantwortet. So wird auch zu Beginn des letzten Abschnittes zunächst konstatiert, dass die Weisheit dem Lebendigen unzugänglich sei (V. 21). In der Sphäre des Todes, der Unterwelt, sei von ihr gehört worden (V. 22). Erst dann wird eine eindeutige Aussage getroffen: „Gott weiß den Weg zu ihr, er, er kennt ihren Ort.“ (V. 23). Dieses Wissen wird wiederum mit dem Schöpfungshandeln in Verbindung gesetzt: „Die Weisheit erscheint hier also als kosmische Ordnungskategorie, als inneres Maß der Einrichtung der Welt.“[61] Die Reflexion über die Weisheit endet aber nicht bei der Kontrastierung von der Verborgenheit der Weisheit für den Menschen mit der göttlichen Verbindung zur Weisheit, sondern führt als Größe der Vermittlung die Furcht des Herrn (hebr. יִרְאַת אֲדֹנָי *jir'at ʾᵃdonaj*) ein:

> 28 Aber er sagte zum Menschen:
> Siehe, die Furcht des Herrn, das ist Weisheit,
> und das Böse zu meiden ist Einsicht. (Ijob 28,28)

Gottes Weisheit ist uneinsehbar. In der Beziehung von Gott und Mensch, der Furcht des Herrn, liegt allerdings ein Zugang zur Weisheit. Nachdem die Weisheit bislang vor allem als Schöpfungsgröße im Blick war, tritt über die Bestimmung der Einsicht als Vermeiden des Bösen auch die ethische Dimension zu Tage. Damit wird übrigens auch die Brücke zur Rahmenerzählung geschlagen, denn Ijob „war rechtschaffen und redlich und gottesfürchtig und mied das Böse." (Ijob 1,1).

Bei Ijob 28 handelt es sich also um eine Reflexion, die

> „nachdrücklich menschliche Kenntnis und Weltbeherrschung herausstreicht und wertschätzt. Die Schilderung seiner Fähigkeiten zum Abbau kostbaren Gesteins im Inneren der Berge streicht den Menschen auch gegenüber sonstigen Geschöpfen heraus. Andererseits markiert der Text eine klare Grenze zwischen Mensch und Gott."[62] (J. van Oorschot)

Was zunächst als Darstellung der Größe des Menschen erscheint, lenkt dann jedoch einerseits den Blick auf die menschliche Begrenztheit. Anderseits führt die Frage nach dem technischen Können mit dem Hinweis auf die Gottesfurcht und der Forderung, das Böse zu meiden, zur Frage nach dem ethischen Handeln.

Das Kulturschaffen des Menschen und die Naturbeherrschung sind also nicht Kern der anthropologischen Reflexion von Ijob 28, sondern Startpunkt für eine umfassendere Bestimmung des Menschen. Deutlich wird, dass die Frage nach dem Menschen nicht gestellt werden kann, ohne den Menschen in Relation zu Gott zu setzen und diese Frage mit dem menschlichen Handeln in Verbindung zu bringen. Und damit ist gerade nicht das technische Können, sondern das ethische Tun gemeint. Wenn davon die Rede ist, dass mit Ijob 28 grundsätzlich die Frage nach der Erkenntnisfähigkeit des Menschen gestellt wird, dann muss dabei unbedingt beachtet werden, dass dies keine theoretische, sondern eine praktische Frage ist, die sich auf das konkrete Leben bezieht.

4.3 Wirtschaftliches Handeln und soziale Gerechtigkeit (Am 5)

Der Mensch arbeitet für seinen Lebensunterhalt. In der Subsistenzwirtschaft arbeitet eine Familie oder eine kleinere Gemeinschaft allein für ihren Bedarf. Kommt es zu Arbeitsteilung, Spezialisierung und Tausch oder Verkauf, geht damit auch eine Differenzierung und Hierarchisierung von Gesellschaft und Wirtschaft einher. Menschliche Arbeit und Produktivität stehen also in Verbindung mit dem sozialen und wirtschaftlichen Handeln. Die soziale Ausdifferenzierung kann zu Ungleichheit und ökonomischer Benachteiligung führen. Damit steht der Mensch als *homo faber* und als soziales Wesen vor der Herausforderung, für Gerechtigkeit zu sorgen.

Für das alte Israel lassen sich ab dem 11. und 10. Jh. v. Chr. veränderte Siedlungsstrukturen nachweisen. Die Urbanisierung des Berglandes hat weitreichende politische und sozioökonomische Folgen und führt zur Spezialisierung in der Landwirtschaft, zur Professionalisierung des Handwerks und zur Herausbildung von Eliten. Die beiden Staaten Israel im Norden und Juda im Süden entstehen. Das an Subsistenz orientierte Wirtschaftshandeln der Landbevölkerung wird mehr und mehr nach den Bedürfnissen des Staates ausgerichtet. Im 9. und 8. Jh. v. Chr. zeigt sich die wirtschaftliche Prosperität vor allem des Nordreiches Israel. Prophetische Texte spiegeln sozioökonomische Probleme großer Bevölkerungsteile und deren Ausbeutung, damit verbunden die Korruption des Rechtswesens und fehlende Solidarität innerhalb der Bevölkerung wider.[63]

Das Amosbuch prangert diese Missstände an. Im Zentrum des Buches steht eine Komposition, die als Totenklage Israels gestaltet ist und die Missachtung von Recht und Gerechtigkeit als Grund für die vernichtende Katastrophe nennt, die Israel 722/720 v. Chr. mit der Eroberung des Nordreiches durch die Assyrer ereilt (Am 5,1–17). Die Frage nach sozialer Gerechtigkeit zeigt sich als Kriterium für Leben und Tod: „Entscheidend für die Frage nach Leben und Tod sind die sozialen Beziehungen."[64] Zum besseren Verständnis von Am 5,1–17 sind Erläuterungen zum zeit- und theologiegeschichtlichen Horizont der Texte hilfreich.

1. Die Texte des Amosbuches sind vor einem doppelten historischen Hintergrund zu lesen. Zum einen führen sie in das Wirtschafts- und Rechtssystem ihrer Entstehungszeit hinein. R. Kessler greift zu dessen Beschreibung den Terminus *antike Klassengesellschaft* auf. Durch das Kreditwesen und eine permanente und unumkehrbare Überschuldung, die die Gesellschaft in Gläubiger und Schuldner differenziert, entsteht eine klassenmäßig geschichtete Gesellschaft. Freie Bauern werden durch Überschuldung besitzlos und zu Schuldsklavinnen und -sklaven. Grundbesitzende können Kredite vergeben, immer mehr Menschen in ihre Abhängigkeit ziehen und das Rechtssystem korrumpieren.[65] Die Texte des Amosbuches nehmen dabei eindeutig die Perspektive der Opfer und Benachteiligten ein. Dass diese schriftlich fixiert, überarbeitet und tradiert wurde, ist bemerkenswert.

Zum anderen spiegeln die Amostexte die Ereignisgeschichte der Staaten Israel und Juda: die Bedrohung durch außenpolitische Feinde, Deportationen und Vernichtung, zunächst das Ende des Nordreiches, dann die Bedrohung des Südreiches und die Exilierung seiner Bewohner. Dem literarischen Setting von Am 1,1 zufolge ist die erzählte Zeit, die Zeit des Amos, die Regentschaft des Königs Jerobeam, des Königs von Israel, und die des jüdäischen Königs Usija. Als Regierungszeit von Jerobeam wird gemeinhin 786–746 v. Chr. und von Usija 786–736 v. Chr. angesetzt. Allerdings ist mit einer komplexen Entstehungsgeschichte des Amosbuches von der Mitte des 8. Jh. v. Chr. bis in nachexilische Zeit zu rechnen. Erste Texte mögen bereits vor dem Untergang des Nordreiches 722/720 v. Chr. entstanden sein, andere setzen diesen und auch das Ende des Südreiches 586 v. Chr. voraus. Insbesondere die hoffnungsvolleren Töne dürften auf die Perserzeit nach 539 v. Chr. zurückgehen.[66]

2. Diese sozial- und ereignisgeschichtlichen Erfahrungen werden doppelt in den Horizont der Gottesbeziehung eingeordnet. Die Frage nach Gerechtigkeit ist einerseits entscheidend für die Verbindung von Gott und Volk. Sie wird diskutiert am Verhältnis von Kult und Ethik. Prominent ist die sogenannten Kultkritik des Amos im Munde JHWHs: „Ich hasse, ich verwerfe eure Feste, und eure Festversammlungen kann ich nicht riechen!“ (Am 5,21). Damit wird aber nicht der Kult als solcher abgelehnt, der dann durch ein an Gerechtigkeit

orientiertes Ethos ersetzt würde, sondern die vorherrschende Praxis der Kult- und Opferfeiern.[67] Ist das alltägliche Handeln gemeinschaftsschädigend, dann kann Israel nicht im Kult mit Gott in Verbindung treten. Eine intakte Gottesbeziehung bedarf der zwischenmenschlichen Gerechtigkeit.

Andererseits wird das politische Geschick Israels theologisch gedeutet. An der militärischen Bedrohung und Niederlage Israels entzündet sich die Theodizeefrage: Wie kann Gott angesichts dieser Katastrophe als gerecht und mächtig gedacht werden? Das Amosbuch versteht das Schicksal Israels als göttliches Gericht angesichts dessen Perversion von Recht und Gerechtigkeit. „Insofern rechtfertigt das Buch Gott, der beim Untergang des Staates Israel nicht versagt, sondern vielmehr alles getan hat, um sein Volk zu retten.“[68]

In Am 5,1–17 verbinden sich diese historischen Erfahrungen und theologischen Reflexionen. Sie verweisen auf die Herausforderung, dass der Mensch sein soziales und wirtschaftliches Handeln am Wohlergehen der Gemeinschaft und an Gerechtigkeit orientiert. Im Hinblick auf die Struktur des Textes lässt sich ein konzentrischer Aufbau (ABCDC’B’A‘) erkennen, in dessen Zentrum der Preis JHWHs (V. 8–9) steht:

A Tod

1 Hört dieses Wort, das ich über euch anhebe,
eine **Totenklage**, Haus Israel:
2 Gefallen ist, nicht steht mehr auf / die junge Frau Israel.
Hingestreckt liegt sie auf ihrem Erdboden,
es gibt niemanden, der sie aufrichtet.
3 Denn so hat Adonaj JHWH gesprochen:
„Die Stadt, die mit tausend ausrückt, / behält hundert übrig,
und die mit hundert ausrückt, / behält zehn übrig.“
– Betrifft das Haus Israel.

B Leben

4 Ja, so spricht JHWH zum Haus Israel:
„Sucht **mich**, so werdet ihr **leben**!
5 Und sucht nicht Bet-El,
nach Gilgal kommt nicht
und nach Beerscheba zieht nicht hinüber!
Denn Gilgal muss gewiss in die Verbannung,
und Bet-El wird zum Unheil.“

6 Sucht JHWH, so werdet ihr leben!
Damit er nicht wie Feuer ins Haus Josef eindringe,
das frisst, und keiner löscht.
– Betrifft Bet-El.

C Missachtung von Recht und Gerechtigkeit

7 Sie, die **Recht** (מִשְׁפָּט *mišpāṭ*) zu Wermut umstürzen
und **Gerechtigkeit** (צְדָקָה *ṣ*[e]*dāqāh*) zu Boden werfen!

D Preis JHWHs

8 Der Siebenstern und Orion gemacht,
der Dunkelheit zum Morgen umstürzt
und den Tag zur Nacht verfinstert,
der die Wasser des Meeres ruft
und sie ausgießt über die Erde –
JHWH ist sein Name –
9 der Bedrückung bringt über Starke,
so dass Bedrückung über Festungen kommt!

C' Missachtung von Recht und Gerechtigkeit

10 Sie hassen im Tor den, der für das Recht eintritt,
und den, der wahrhaftig redet, verabscheuen sie.
11 Deshalb, weil ihr vom Geringen Tribut erhebt
und Getreideabgaben von ihm nehmt:
Häuser aus behauenen Steinen habt ihr gebaut,
aber ihr werdet nicht in ihnen wohnen,
liebliche Weinberge habt ihr gepflanzt,
aber ihren Wein werdet ihr nicht trinken.
12 Ich weiß ja, dass eure Verbrechen zahlreich
und eure Sünden kräftig sind,
die ihr den **Gerechten** (צדיק *ṣaddiq*) bedrängt,
Bestechung annehmt und die Armen im Tor zurückstoßt.
13 Deshalb, wer auf jene Zeit achtet, verstummt,
denn eine böse Zeit ist es.

B' Leben

14 Sucht das **Gute** und nicht das Böse, damit ihr **lebt**!
So wird JHWH, der Gott der Heere, mit euch sein, wie ihr sagt.
15 Hasst das Böse und liebt das Gute
und richtet im Tor das Recht auf!
Vielleicht ist JHWH, der Gott der Heere, dem Rest Josefs gnädig.

A' Tod

16 Deshalb spricht so JHWH, / der Gott der Heere, Adonaj:
„Auf allen Plätzen herrsche **Klage**,
und in allen Gassen sagt man: Wehe! Wehe!
Man ruft den Landmann zur Trauer

und zur Klage alle, die der Wehklage kundig sind.
17 Und in allen Weinbergen herrscht Klage.
Denn ich werde mitten durch dich hindurchziehen“, spricht JHWH.
(Am 5,1–17)

Der Text weist eine konzentrische Struktur[69] auf. Sehr deutlich ist dies für die beiden rahmenden Teile: In V. 1–3 und 16–17 wird der Tod Israels inszeniert,[70] V. 4–6 und 14–15 fordern zur Suche nach dem Leben auf. Die Pervertierung von Recht und Gerechtigkeit wird in den beiden ungleich langen Abschnitten V. 7 und V. 10–13 angeprangert, wobei V. 13 sich schwer einfügt. Im Zentrum des hymnischen Mittelteils (V. 8–9), der JHWH als Schöpfer und die Geschichte beherrschenden Gott preist, steht das Bekenntnis „JHWH ist sein Name.“ (V. 8).

V. 1–3: Ein Sprecher-Ich richtet an sein Gegenüber, das Haus Israel, die Totenklage. Damit wird das, was noch aussteht, nämlich der Tod Israels, zur Gegenwart. Gewählt wird hier die Anrede „Haus Israel“ (V. 1), die sich auf das verfasste Gemeinwesen, auf Israel als sozial strukturierte Gesellschaft bezieht.[71] Die eigentliche Totenklage (hebr. קִנָה *qināh*) beklagt in dem für sie charakteristischen Rhythmus den Tod der „jungen Frau Israel“ (V. 2) als im Krieg Gefallene (2 Sam 1,19.25). Die weibliche Personifizierung Israels zeigt dieses als gefährdet, als Opfer militärischer Aktionen. Das Bild der kriegerischen Vernichtung, der nur ein kleiner Teil entkommen kann, wird auch in der JHWH-Rede, die die Totenklage begründet, weitergeführt (V. 3). Warum der Tod Israels hier in Szene gesetzt wird, wie es zu ihm kommen konnte bzw. warum er angekündigt wird, wird nicht gesagt.

V. 4–6: Nun wendet sich explizit JHWH an Israel und fordert es – angesichts seines Todes – dazu auf, ihn zu suchen, damit es lebt (V. 4). JHWH-Suche wird hier zum Synonym für Leben. JHWH zu suchen, kann generell bedeuten, einen Propheten oder eine Prophetin aufzusuchen (1 Kön 22,8; 2 Kön 22,3 u.ö.), ein Opfer im Tempel darzubringen (Ps 24,6) oder ein Gebet an JHWH zu richten (Ps 34,5). Israel soll JHWH jedoch nicht an den Kultorten Bet-El, Gilgal und Beerscheba aufsuchen (V. 5). Außenpolitische Bedrohung und folgende Niederlage und Verbannung klingen ebenso an (V. 5) wie das „wie Feuer“ (V. 6) läuternde göttliche Gericht des

Hauses Josefs, also des Nordreiches. Dabei wird weder gesagt, wo und wie JHWH zu suchen ist, noch warum es zu Verbannung und göttlicher Vernichtung kommt.

V. 7: Erst von V. 7 erschließen sich Gründe für Tod und Gericht: Emphatisch werden die Angesprochenen beschuldigt, soziales Unrecht zu begehen. Recht und Gerechtigkeit sind ihre personifizierten Opfer, denen sie sich gewalttätig entgegenstellen. Die beiden hebräischen Lexeme מִשְׁפָּט *mišpāṭ* und צְדָקָה *ṣ*ᵉ*dāqāh* werden mit „Recht" und „Gerechtigkeit" nur unzulänglich wiedergegeben.[72] מִשְׁפָּט *mišpāṭ* bezeichnet die göttliche Rechtsnorm, nach der Gott richtet, oder einzelne Rechtssätze. Damit ist nicht zwingend kodifiziertes Recht gemeint, sondern auch eine Rechtsnorm. צְדָקָה *ṣ*ᵉ*dāqāh* bezeichnet ein Handeln, das am Wohl der Gemeinschaft orientiert ist. Dabei ist mehr gemeint als das, was in den Bereich des Juristischen gehört: Beide Begriffe beziehen sich auf die gute und von Gott gewollte Ordnung der Welt. Damit wird auch deutlich, dass ethisches Tun dieser Konzeption zufolge immer auch von religiöser Bedeutung ist. Übergeordnetes Anliegen ist dabei der Schutz der Schwachen, so dass auch diese zu ihrem Recht kommen, und damit die Herstellung sozialer Gerechtigkeit.

V. 8: Bevor in V. 10–12 die einzelnen Vergehen näher konkretisiert werden, erfolgt der Preis JHWHs als universalen und geschichtsmächtigen Schöpfer. Er beherrscht die Gestirne und Meeresgewalt und garantiert damit die Ordnung der Welt (V. 8). Gleichermaßen erstreckt sich seine Macht über gesellschaftliche Verhältnisse: Er bringt den Starken Bedrückung (V. 9).

V. 9–13: Die Anklage Israels wird nun konkretisiert: Im Bereich von Justiz und Wirtschaft hat es sich schuldig gemacht. Die Fronten verlaufen dabei zwischen den Gerechten und Wahrhaftigen und denen, die gewaltsam gegen sie vorgehen (V. 10.12). Als Vergehen werden genannt: Vom Bedürftigen werden Tribut und Abgaben erhoben (V. 10–11); Armen widerfährt im Tor als Ort der Gerichtsbarkeit kein Recht, vielmehr herrscht Korruption (V. 12). Täter sind die Reichen, deren Reichtum sich in Luxusbauten und Weinbergspflanzungen zeigt (V. 11). Unschuldige Opfer sind die in wirtschaftlich und sozial prekärer Situation. Deren Ausbeutung gilt als „Verbrechen" und „Sünde" (V. 12).

V. 14–15: Mit der Wiederaufnahme des Rufes zum Leben aus V. 4.5 wird nun expliziert, wo und wie Gott zu suchen ist, nämlich nicht an den Heiligtümern im Kult, sondern die Suche nach Gott ist die Suche nach und die Liebe des Guten (V. 14.15). „Gut" ist dabei das, was dem Leben dienlich und sinnvoll ist, aber auch das ethisch Gute. Die Liebe zum Guten wird exemplifiziert an der Aufrichtung des Rechts im Tor, der gerechten Rechtsprechung. An diese Hinwendung zum Guten knüpft der Text die Möglichkeit der Rettung, dass JHWH vielleicht dem „Rest Josefs" gnädig ist. Das Gericht wird als unausweichlich dargestellt, nur ein Rest von Israel bleibe übrig. Die göttliche Zuwendung ist unverfügbar; sie steht dieser Vorstellung zufolge unter dem Vorbehalt des „vielleicht".

V. 16–17: Unter der Bedingung, dass die Umkehr nicht erfolgt, ruft JHWH zur umfassenden Totenklage aller an allen Orten auf. Dabei tritt Israel nicht als Opfer einer militärischen Niederlage in den Blick, sondern es ist JHWH selbst, die göttliche Nähe, die das Gericht und den Tod bringt: „Denn ich werde mitten durch dich hindurchziehen." (V. 17). Wie JHWH durch Ägypten hindurchzieht und die Erstgeburt erschlägt (Ex 12,12), so ist auch hier die Theophanie tödlich. Der Text endet also, wie er begonnen hat, mit der Inszenierung des Todes Israels: „Inszeniert wird hier erneut das Unsagbare, nämlich, dass Gott Israel tötet."[73] Wozu aber diese drastische Inszenierung und unerträgliche Vorstellung, dass Gott tötet? Steht am Ende wirklich der Tod Israels, der Abbruch der Beziehung durch Gott selbst?

Die Fragen reihen sich ein in die Frage, wie das Buch Amos zu lesen ist, worin der Zweck seiner radikalen Kritik und Gerichtsankündigung liegt. Die Antworten fallen sehr verschieden aus und reichen vom „Nein des Amos"[74] (Rudolf Smend), das sich auf die Existenz Israels überhaupt beziehe, bis dahin, das Amosbuch als „ultimative Verwarnung"[75] (R. Kessler) zu verstehen; werde diese nicht befolgt, dann sei das Ende unabwendbar.

Auch wenn Am 5,1–17 mit dem Tod Israels endet, müssen auch die Warnungen und Aufrufe von V. 4–6.14–15 ernst genommen werden:

> „Amos entwickelt aufs Ganze gesehen keine positive Ethik. Trotzdem hat seine Botschaft eine ethische Dimension. Indem Amos das Verhalten, das

ins Verderben führt, verurteilt, zeigt er zugleich *sub contraria specie* Alternativen auf. Kein Schuldaufweis, der mit Ernst gehört wird, lässt sein Publikum unverwandelt. Welchen Sinn kann Veränderung aber dort haben, wo das Gericht wirklich nur das Ende und nichts als das Ende bedeutet?"[76] (A. Scherer)

Die Inszenierung des Todes Israels zeigt in aller Radikalität auf, dass die unbedingte Forderung, das Gute zu tun und soziale Gerechtigkeit zu schaffen, eine Frage ist, an der sich Leben und Tod entscheidet. Denn die Gottesnähe ist in diesem Zusammenhang nicht per se tödlich. Wer das Gute tut, der wird leben. Aber wer dies nicht tut, trifft auf den Tod. Gottes Nähe ist dann tödlich, wenn der Mensch nicht beim Menschen ist, sondern – so V. 12 – den Gerechten bedrängt und dem Armen keine Gerechtigkeit zukommen lässt.

Die anthropologische Reflexion in Bezug auf die Frage, wie der Mensch mit Herausforderungen umgeht, die sich im Kontext sozialen und wirtschaftlichen Handelns stellen, ist bei Amos eingebunden in die Deutung der Welt und der Geschichte als göttliche Schöpfung und getragen von der Überzeugung von der Gerichtsmacht Gottes. Der Aufruf zu Gerechtigkeit und Gemeinschaftstreue ist theologisch begründet. In der Perspektive des Amosbuches ist es die Bestimmung des Menschen, gerecht zu handeln. Der Mensch erscheint als Gemeinschaftswesen, dessen Aufgabe es ist, für sozialen Ausgleich zu sorgen und für die Schwachen einzutreten. Ihm obliegt es, eine auf Gerechtigkeit ausgerichtete Rechtsordnung zu schaffen und für deren Aufrechterhaltung und Durchsetzung zu sorgen.

Kapitel 4: Die Fähigkeit und die Notwendigkeit zu menschlicher Arbeit, Produktivität und Kulturalität berühren in alttestamentlicher Perspektive eine Reihe weiterer Themen und Fragen, die im Horizont der Erfahrungen mit Gott gestellt werden. Koh 1 verbindet die Frage nach dem Gewinn der menschlichen Mühe mit der Frage nach dem Sinn der Existenz und der Möglichkeit, Glück zu erfahren. Der Mensch wird in seiner Wirkungslosigkeit, seinen Grenzen und seiner Vergänglichkeit gezeigt. Gleichzeitig jedoch kennt das Koheletbuch die Möglichkeit, Glück im Genuss des Lebens und auch in der Arbeit zu erfahren, was auf Gott selbst zurückgeführt wird. Auch Ijob 28 lotet die Grenzen menschlichen Könnens aus, verschiebt den Fokus aber auf die Möglichkeit von Erkenntnis und das Feld der Lebensführung: Das Kulturschaffen des Menschen zeigt dessen Größe. Die Fähigkeit des Menschen zur Weisheit wird allerdings skeptisch beurteilt. Allein über die Gottesfurcht ist es dem Menschen möglich, auch im ethischen Tun Größe zu erlangen. Die sozialen Probleme, die im Hintergrund von Am 5 stehen, sind auf Arbeit und wirtschaftliches Handeln des Menschen zurückzuführen. Dem steht die theologisch begründete Forderung nach Recht und Gerechtigkeit entgegen. Der Mensch ist aufgefordert, nicht allein für den eigenen Profit zu handeln, sondern sich am Wohlergehen der Gemeinschaft zu orientieren. Dabei sind es die Schwachen der Gesellschaft, deren Wohlergehen zum Maßstab von Gerechtigkeit wird.

Literatur

J. C. Gertz, „Im Schweiße deines Angesichts...“. Alttestamentliche Perspektiven zum Thema „Sinn der Arbeit – Ethos der Arbeit“, in: W. Boes (Hg.), Alttestamentliche Wissenschaft und kirchliche Praxis (Beiträge zum Verstehen der Bibel 18), Münster 2009, 267–283.

T. Hieke, „Geh zur Ameise, du Fauler…“ (Spr 6,6). Zur Beurteilung der Arbeit in den Psalmen und der biblischen Weisheitsliteratur, in: Lebendiges Zeugnis 53 (1998) 1, 19–31.

R. Kessler, Amos (IEKAT), Stuttgart 2021.

M. Köhlmoos, Kohelet. Der Prediger Salomo (ATD 16.5), Göttingen 2015.

J. v. Oorschot, Grenzen von Weisheit und Wissen. Alttestamentliche Weisheit in Reaktion auf theologische und anthropologische Aporetik, in: M. Saur (Hg.), Die theologische Bedeutung der alttestamentlichen Weisheitsliteratur (BThS 125), Gütersloh 2012, 67–90.

5. Die Geschlechtlichkeit des Menschen

Die Kategorien von Geschlecht, von weiblich und männlich, sind Teil einer symbolischen Ordnung unserer Erfahrungen. Sie sind jedoch nicht zwangsläufig aus dem Körper oder der leiblichen Erfahrung von Geschlechtlichkeit abzuleiten, sondern Ergebnis von Zuschreibungsprozessen. Auch weibliche und männliche Körper, Begehren und Sexualität werden ebenso wie Genderrollen konstruiert, und die Vorstellungen über diese Dimensionen von Geschlechtlichkeit unterscheiden sich historisch und kulturell. Legt man Geschlecht als Analysekategorie zugrunde, wird deutlich, wie in alttestamentlichen Texten Geschlecht, Geschlechterrollen und Sexualität konstruiert werden, wie die Geschlechtlichkeit des Menschen in Körperbildern entsteht und mit Rollenzuschreibungen von Aktivität und Passivität zusammenhängt und welche Verbindung sie mit Macht und Gewalt eingeht. So werden mit den Bestimmungen von „rein“ und „unrein“ im Buch Levitikus weibliche und männliche Körper konstruiert und in Beziehung zum Heiligen gesetzt. Er ist Symbol für die Welt als Raum der Begegnung zwischen Mensch und Gott (Kap. 5.1). Während andere Texte eine Asymmetrie der Geschlechter in Bezug auf Sexualität widerspiegeln, bietet das Hohelied einen Gegenentwurf: Liebe und Sexualität werden als Genuss mit allen Sinnen verstanden und sind von Gegenseitigkeit geprägt (Kap. 5.2). Die Erzählung von der Vergewaltigung der Tamar hingegen zeigt die enge Verstrickung von Sexualität, Macht, Gewalt und asymmetrischen Geschlechterverhältnissen (Kap 5.3). Die Frage nach Homosexualität erweist sich in Bezug auf die alttestamentlichen Texte nicht nur als Anachronismus, sondern bleibt dem heteronormativen Denken verhaftet. Allerdings wird in Bezug auf die Erzählung von der Freundschaft von David und Jonathan deutlich, dass Inkohärenzen und Grenzüberschreitungen von Geschlechterrollen zu beobachten sind (Kap 5.4).

5.1 Der weibliche und männliche Körper (Lev 15)

Zu den zentralen Ordnungskategorien, mit denen sich der Mensch seine Wahrnehmung und Erfahrung von Welt erschließt, gehört die Kategorie des Geschlechts. Das Konzept „Geschlecht" und die Differenzierung in weiblich und männlich erweisen sich dabei als diskursive und sprachliche Konstruktion. Die Unterscheidung von zwei Geschlechtern ist ebenso wie die Geschlechtszuweisung sozial und sprachlich vermittelt. Kategorisierungen entstehen nicht zuletzt im Kontext von Sexualität und Fortpflanzung, Schwangerschaft und Geburt. Dabei ist der Körper Ort von Zuschreibungspraxen. Körper, weibliche und männliche, werden also durch soziale und diskursive Praxen konstruiert.

Im 15. Kapitel des Buches Levitikus wird der männliche und der weibliche Körper in Beziehung zur kultischen Begegnung mit Gott gesetzt. Das Ordnungssystem, wie es uns das Buch Levitikus präsentiert, ist mit seiner komplexen Vorstellungswelt und seinen sprachlichen und symbolischen Konzepten erklärungsbedürftig.[77] Zentral ist die Unterscheidung, die als Aufgabe der Priester, Aarons und seiner Söhne, genannt wird: „Auf dass ihr unterscheiden könnt zwischen *heilig* und *profan* und zwischen *unrein* und *rein*." (Lev 10,10)

Im Folgenden werden daher erstens einige für dieses Denksystem bedeutsame Begriffe erläutert, anhand derer die symbolische Ordnung deutlich wird. Dann wird zweitens eine kurze bibelkundliche Einordnung des narrativen Settings des Buches Levitikus gegeben. Drittens wird erläutert, auf welchen kulturwissenschaftlichen Einsichten und Arbeiten im Bereich der Gender Studies die Auslegung von Lev 15 aufbaut, bevor viertens die „Körperbestimmungen"[78] in ihrer kultischen Relevanz vorgestellt werden.

1. Wesentlich für die Strukturierung der Wirklichkeit sind im Buch Levitikus die Grenzziehungen zwischen „heilig" (hebr. קֹדֶשׁ *qodaeš*) und „profan" (hebr. חֹל *ḥol*) einerseits und „rein" (hebr. טָהוֹר *ṭāhor*) und „unrein" (hebr. טָמֵא *ṭāme'*) andererseits. *Heilig* bezieht sich dabei auf Gott und alles, was der Gottheit zugehörig ist und der kultischen Verehrung dient. „Heilig" ist also zunächst eine Eigenschaft Gottes, bezieht sich dann aber auch auf Zeiten (z.B. Festtage), Orte (z.B. der Tempel oder das Land), Gegenstände (z.B. Tempelge-

räte oder Speisen) und Personen (z.B. die Priester oder das ganze Volk Israel). „Heilig" zu sein, ist ein Appell, der sich sowohl auf kultisch-rituelle Vorschriften als auch ethisch-sozial Gebotenes bezieht: „Die Suche nach Heiligkeit betrifft auch den Alltag, und zwar nicht nur unter der Hinsicht, wie das tägliche Verhalten den Kult vom Heiligtum nachzubilden versucht, sondern auch und vor allem unter ethischem Aspekt."[79]

Zwar stellt Lev 10,10 „heilig" das hebräische Wort für „profan" gegenüber, aber der eigentliche Gegenbegriff ist „unrein". Hierbei ist zu beachten, dass die beiden hebräischen Lexeme *rein* hebr. טָהוֹר *ṭāhor* und *unrein* hebr. טָמֵא *ṭāme'* keine Reinheit oder Unreinheit im hygienischen oder ethischen Sinn bezeichnen, sondern sich auf die *Kult(un)fähigkeit* von Gegenständen oder Personen beziehen. Als Normalzustand gilt dabei die Reinheit bzw. besser Kultfähigkeit. Diese kann jedoch gefährdet und gestört sein, so dass keine Kommunikation mit dem Heiligen im Kult möglich ist. Insofern stehen sich dann „heilig" und „unrein", also „kultunfähig", gegenüber, und das Kultunfähige darf nicht mit dem Heiligen in Kontakt kommen. Unreinheit gilt dabei als übertragbar. Umgekehrt kann das Kultunfähige nach Ablauf eines bestimmten Zeitraums oder durch Waschungen bzw. Opfer, also durch kultische Handlungen, wieder in den Zustand der Kultfähigkeit überführt werden.

Opfer sind Mittel der Kommunikation von Mensch und Gott. Sie ermöglichen es dem Menschen, mit Gott in Kontakt zu treten. Das Buch Levitikus kennt eine Vielzahl verschiedener Opferformen und Vorschriften für deren Darbringung und den Vollzug des Opfers. In Lev 15 werden zwei Opferarten erwähnt, das Brandopfer (hebr. עֹלָה *'olāh*) und das Entsündigungsopfer[80] (hebr. חַטָּאת *ḥaṭṭāt)*.

Das hebräische Lexem für *Brandopfer* wird von der Wurzel für „hinaufsteigen" abgeleitet. Ob es sich darauf bezieht, dass das Opfertier oder der Priester zum Altar hinaufsteigen oder dass der Rauch zu Gott hinaufsteigt, ist nicht zu beantworten. In jedem Fall wird das Opfertier vollständig verbrannt, ist also allein für Gott reserviert. Damit wird deutlich, dass das Brandopfer ganz ausschließlich der Kommunikation mit Gott dient. Das hebräische Lexem für das *Entsündigungsopfer* bezeichnet gleichermaßen den Tatbestand (die Sünde) wie dessen Aufhebung (die Entsündigung). Hierbei ist jedoch zu beachten, dass das hebräische Lexem auch mit diesen beiden Begriffen, Sünde und Entsündigung, nur unzulänglich übersetzt ist. Denn gemeint ist nicht ein enges Verständnis von Sünde, sondern auch hier geht es um das, was den Menschen von Gott trennt. Das muss keine absichtliche moralische Verfehlung sein, sondern kann sich auch auf etwas beziehen, was außerhalb der menschlichen Verfügungsmacht liegt, die Kommunikation von Mensch und Gott aber dennoch – in der Konzeption des Buches Levitikus – unmöglich macht. Mit dem Opfer wird die Trennung aufgehoben, erfolgt die Wiedereingliederung in die Kultgemeinschaft, und die Möglichkeit zur Begegnung mit dem Heiligen ist wieder gegeben.

Das Buch Levitikus bezeichnet dieses Geschehen mit *Versöhnung erwirken* (hebr. כפר pi. *kipper*). Das Verb wird traditionell mit „sühnen“ übersetzt. Die im Deutschen damit verbundenen strafrechtlichen Vorstellungen im Sinne einer Tatfolgeregulierung entsprechen jedoch nicht den alttestamentlichen Konzepten. Vorausgesetzt wird eine Störung des Gottesverhältnisses, die der Mensch allein nicht beseitigen kann. Insofern ist von „Sühne als Heilsgeschehen“ (B. Janowski) zu sprechen: Gott ermöglicht die Aufhebung eines unheilvollen Zustandes und damit Gemeinschaft von Gott und Mensch im Kult. Die Tätigkeit des כפר pi. *kipper* wird dabei in der Regel von einem Priester als Vermittler ausgeübt. Die Vorstellung kulminiert im Konzept des Versöhnungstages (hebr. יוֹם הַכִּפֻּרִים *jom ha=kippurim*) und der mit ihm rituell realisierten Gottesnähe (Lev 16).

2. Zum Verständnis des Buches Levitikus ist eine bibelkundliche Verortung im größeren Erzählkontext der Sinaiperikope (Ex 19,1–Num 10,11) hilfreich. Nach dem Auszug aus Ägypten erreicht das Volk Israel den Sinai, den Ort der Gottesoffenbarung. Mose wird die Tora, die Weisung, mitgeteilt, und er erhält Instruktionen zum Bau des Heiligtums, der Wohnung JHWHs (Ex 25,9), die auch Zelt der Begegnung (Ex 27,21) genannt wird. Nach Bundesbruch und Bundeserneuerung (Ex 32–34) wird das Heiligtum errichtet und das Zelt der Begegnung von der Herrlichkeit JHWHs erfüllt (Ex 40,34). Dem narrativen Setting von Levitikus zufolge spricht JHWH nun aus diesem Zelt der Begegnung zu Mose (Lev 1,1) und teilt ihm die dem Heiligtum entsprechende Ordnung mit. Die Texte des Buches Levitikus sind keine Ritualvorschriften, sondern erzähltes Ritual,

von dem aus nicht ohne Weiteres auf eine kultische Realität geschlossen werden kann. In entstehungsgeschichtlicher Hinsicht dürften die Texte wohl eher die Praxis des zweiten Tempels widerspiegeln, die auf den scheinbar idealen Ur-Anfang Israels rückprojiziert wird.[81]

3. Lev 15 gehört zu den Texten, die eine Ordnung entwerfen, wie auf die alltäglichen Gefährdungen der Reinheit zu reagieren ist. Mit Körperbestimmungen wird geregelt, wie der Zugang zum Heiligen ermöglicht werden kann. Den Begriff „Körperbestimmungen" wählt D. Erbele-Küster anstelle der klassischen Bezeichnung „Reinheitsbestimmungen", um anzuzeigen, dass ihre Frage ist, wie in Lev 15 „der Körper durch die Art und Weise, wie wir darüber reden (diskursive Praxis), konstruiert wird".[82]

Ein solcher Zugang zu den biblischen Texten setzt Einsichten aus den Kulturwissenschaften und den Gender Studies voraus. Breit rezipiert wurden im Bereich der alttestamentlichen Exegese die kulturanthropologischen Arbeiten der Ethnologin M. Douglas (1921–2007). Als Klassiker gilt *Purity and Danger* (1966)[83]. Nach M. Douglas gibt es keine vorgegebene Ordnung der Natur, sondern diese ist immer sozial konstruiert. Vorstellungen von Reinheit und deren Gefährdung und damit zusammenhängende Verbote sind Teil der symbolischen Ordnung der Welt. Insofern sind sie nicht willkürlich und irrational, sondern dienen einer Grenzziehung, die eine soziale Ordnung ermöglicht. Dabei gibt es – so M. Douglas – einen Zusammenhang vom menschlichen Körper und der sozialen Ordnung. Der physische Körper gilt als Abbild und Symbol des politischen Körpers. Das Bemühen um körperliche Integrität und Reinheit gründet in der Sorge um die Aufrechterhaltung des sozialen Systems. Die Körpersymbolik ist dabei variabel und kontingent.

Im Bereich der Gender Studies bzw. der Queer Theory sind es die Arbeiten von J. Butler (*1956), die ihrerseits auf den Arbeiten von M. Douglas aufbauten, die den Blick auf Körper und Geschlecht verändert haben. In ihrem Hauptwerk *Gender Trouble* (1990)[84] stellt J. Butler die Existenz einer binären Ordnung radikal in Frage. Die Unterscheidung von Frauen und Männern wird nach J. Butler diskursiv hergestellt. Die Subjekte sind den Diskursen nicht vorgängig, sondern werden erst durch diese erzeugt. Der Subjektstatus ist dementsprechend an die Anerkennung der heteronormativen Ordnung gebunden. Damit wird auch die Unterscheidung von *sex* als biologischem und *gender* als sozialem Geschlecht hinfällig. Der Körper, *sex* als biologisches Geschlecht, wird ebenso wie *gender* erst durch kulturelle Zuschreibungen erzeugt. Jede Rede vom Körper ist immer schon geprägt durch die Vorstellungen von weiblich und männlich, die eine Gesellschaft hervorbringt.

4. Auch Lev 15 lässt sich als ein Text verstehen, mit dem zum einen die symbolische Ordnung über die Vorstellungen von „rein" und „unrein" entsteht und aufrechterhalten wird und mit dem zum anderen der Körper in einer geschlechtlichen Dualität bestimmt wird. Diese Perspektive soll nun maßgeblich für die Auslegung von Lev 15 sein.

Folgende Übersicht verdeutlicht die Struktur des Textes:

1–2b	**Anrede- und Weitergabeformel**
1	JHWH-Rede an Mose und Aaron
2ab	Aufforderung, zu den Söhnen / Kindern Israels zu sprechen
2c–18	**Ausflüsse beim Mann**
2c–15	**Ausflüsse: Purifikation nach Heilung (A)**
2c–3	Phänomen
	„Wenn irgendein Mann Ausfluss von seinem Fleisch / Penis (hebr. בָּשָׂר *bāśār*) hat…"
4–12	Unreinheit durch Kontakt
13–15	Purifikation nach Heilung: Nach sieben Tage der Reinigung bringt der Priester ein Entsündigungs- und ein Brandopfer zur Versöhnung dar.
16–18	**Samenerguss: Unreinheit bis zum Abend (B)**
16	Phänomen
	„Und wenn aus einem Mann ein Samenerguss ausgeht, dann wasche er sein ganzes Fleisch / Penis (hebr. בָּשָׂר *bāśār*) mit Wasser"
17	Unreinheit durch Kontakt
18	Unreinheit durch Geschlechtsverkehr

19–30	**Ausflüsse bei der Frau**
19–24	**Menstruation: Unreinheit während der *niddāh* (B‘)**
19a–c	Phänomen
	„Und wenn eine Frau Ausfluss hat, Blut ihres Ausflusses an ihrem Fleisch / Vulva (hebr. בָּשָׂר *bāśār*) ist, dann sei sie sieben Tage in ihrer *niddāh* (hebr. נִדָּה).“
19d–23	Unreinheit durch Kontakt
24	Unreinheit durch Geschlechtsverkehr
25–30	**Andere Ausflüsse: Purifikation nach Heilung (A‘)**
25	Phänomen
	„Und wenn bei einer Frau viele Tage lang außerhalb ihrer *niddāh* (hebr. נִדָּה) der Ausfluss ihres Blutes ausfließt…“
26–27	Unreinheit durch Kontakt
28–30	Purifikation nach Heilung: Nach sieben Tagen bringt der Priester ein Entsündigungs- und ein Brandopfer zur Versöhnung dar.
31	**Aufforderung an das Kollektiv** (2. Pl.)
	„Und ihr sollt die Söhne / Kinder Israels zurückhalten von ihrer Unreinheit, damit sie nicht an ihrer Unreinheit sterben, indem sie meine Wohnung, die in ihrer Mitte ist, unrein machen.“
32–33	**Tora-Formel**

Lev 15 ist kein Ritualtext, sondern wird als JHWH-Rede an Mose und Aaron als Anordnung für das ganze Volk Israel präsentiert (V. 1–2b), gehört also in den Kontext der Suche nach Heiligkeit im alltäglichen Leben. Die Bestimmungen zu Ausflüssen beim Mann und bei der Frau sind dabei chiastisch angeordnet. Zwar unterscheidet die Exegese hier in der Regel zwischen normalen und unnormalen oder krankhaften Ausflüssen, der Text selbst trifft diese Unterscheidung nicht.

Differenziert wird beim Mann zwischen Ausfluss (A: V. 2c–15) und Samenerguss (B: V. 16–18) und bei der Frau zwischen der Blutung der *niddāh* (B‘: V. 19–24) und Blutungen außerhalb der *niddāh* (A‘: V. 25–30). Die Spiegelbildlichkeit des Aufbaus ergibt sich durch die Art der Überführung in den Zustand der Reinheit: Beim Ausfluss des

Mannes (A) und bei Blutungen der Frau außerhalb der *niddāh* (A‘) sind ein Entsündigungs- und Brandopfer vorgesehen, bei Samenerguss (B) und der Blutung der *niddāh* (B‘) wird Reinheit durch das Verstreichen einer zeitlichen Frist erreicht. Diese dauert beim Samenerguss bis zum Abend (V. 17), bei der Blutung der *niddāh* sieben Tage (V. 19). Jeder einzelne Abschnitt ist bei kleineren Variationen gleich aufgebaut: Beschrieben wird zunächst das Phänomen, das zu Unreinheit führt (V. 2c–3.16.19a–c.25); es werden Regelungen zur Übertragung der Unreinheit durch Kontakt angeführt (V. 4–12.17.19d–23.26–27) und entweder Bestimmungen zur Durchführung der Purifikationsriten gemacht (V. 13–15.28–30) oder der Umgang mit durch Geschlechtsverkehr entstehender Unreinheit geregelt (V. 18.24). Abgeschlossen wird der Abschnitt mit einer Aufforderung, die die vorhergehenden Regelungen begründet (V. 31) und der sogenannten Tora-Formel: „Dies ist die Weisung (hebr. תּוֹרָה *torāh*)...“ (V. 32–33).

Zwar wird der Geschlechtsverkehr aus der Perspektive des aktiven Mannes beschrieben, während die Frau als Objekt seiner Handlungen gilt (V. 18.24). Trotzdem ist Lev 15 in seinen Ausführungen weder misogyn noch werden Körper, Geschlechtlichkeit oder Sexualität abgewertet. Dazu lassen sich mehrere Beobachtungen machen:

1. Der Text beschreibt die Vorgänge neutral und ordnet sie in die Koordinaten des Rein-unrein-Systems ein. Am Körper bildet sich Reinheit ab; der Körper ist Ort der Kultfähigkeit. Reinheit gilt dabei als Normalzustand. Insofern handelt es sich um ein positiv besetztes Körperkonzept. 2. Die Anrede als Söhne Israels ist inklusiv zu verstehen: An anderer Stelle („alles Männliche unter den Söhnen Aarons“ in Lev 6,11) wird explizit markiert, dass nur Männer angesprochen sind, und mit den Regelungen zu Blutungen bei Frauen ist die durch Mose und Aaron vermittelte JHWH-Rede auch an diese gerichtet. 3. Die Bestimmungen zeigen Frauen als kultische Subjekte, da sie aufgefordert sind, die Opfertiere zum Priester zu bringen (V. 29). 4. Dass Sexualität nicht abgewertet wird, zeigt auch die Selbstverständlichkeit, mit der Saul sich das Fernbleiben Davids beim Festmahl mit kultischer Unreinheit aufgrund eines Vorfalls, so die euphemistische Umschreibung des Samenergusses, erklärt (1 Sam 20,26).

Auffällig ist, dass die Körperbezeichnung auf ein einheitliches Körperbild verweist. Das Hebräische kennt kein Wort für Körper.

Verwendet wird das Lexem „Fleisch“ (hebr. בָּשָׂר *bāśār*). Es kann dabei für den männlichen Körper als ganzen (V. 7.13.16), den Penis (V. 2) und die Vulva (V. 19) stehen. Die weiblichen und männlichen Geschlechtsteile selbst werden also in Analogie gesehen und gerade nicht unterschieden. D. Erbele-Küster spricht daher in Anlehnung an die Ein-Geschlecht-Theorie von T. Laqueur von einem Ein-Körpermodell.[85] Auch das Phänomen des Ausflusses wird trotz materieller Verschiedenheit gleichgesetzt: „Wenn irgendein Mann / eine Frau Ausfluss hat“ (V. 2c.19), bevor in Samenerguss (V. 16) und Blutung unterschieden wird (V. 19.25).

Zunächst exklusiv auf die Frau bezogen ist ab V. 19 der Terminus *niddāh*.[86] Die etymologische Herleitung ist nicht ganz eindeutig. Möglich ist eine Grundbedeutung „Ausstoßung, Absonderung, Ausscheidung“, die sich auf das Blut bezieht, das während der Menstruation ausfließt, und die sekundär auf den temporären Ausschluss aus dem Kult übertragen wird. Das Lexem ist wertfrei und erhält eine negative Bedeutung erst durch seine Metaphorisierung und Übertragung auf das Fehlverhalten Israels im Buch Ezechiel (Ez 36,17). In Lev 15 ist *niddāh* nicht identisch mit der Monatsblutung. Diese variiert in ihrer Länge von Frau zu Frau und von einer Regelblutung zur nächsten. Vielmehr ist *niddāh* ein festgesetzter Zeitraum von sieben Tagen, in dem die Frau nicht kultfähig ist. Es handelt sich also bei *niddāh* um „einen genderspezifischen Fachterminus zur Beschreibung der kultischen Inkompatibilität der Frau“.[87] Diese weiblich bestimmte Kultunfähigkeit kann allerdings durch den Geschlechtsverkehr auf den Mann übertragen werden, so dass er ebenfalls für sieben Tage nicht kultfähig ist. Insofern konstruiert Lev 15 über seine Körperbestimmungen Geschlecht, unterläuft sie gleichzeitig aber auch wieder.

In Bezug auf die Wiederherstellung der Kultfähigkeit kennt Lev 15 mehrere Möglichkeiten: Eine gesetzte Frist, z.B. bei Berührung kontaminierter Gegenstände „bis zum Abend“ (V. 5) oder beim Ausfluss des Mannes „sieben Tage“ (V. 13), ist abzuwarten. Zusätzlich sind Waschungen der Person, die sie berührt, und ihrer Kleider vorgesehen (V. 5). Im Fall des Ausflusses des Mannes und der Blutungen der Frau außerhalb der Menstruation sind am achten Tag ein Entsündigungs- und ein Brandopfer vorgesehen (V. 14–15.29–30).

In diesem Fall bringt der Mann oder die Frau zwei Tauben zum Zelt der Begegnung. Der Priester vollzieht das Opfer und erwirkt so Versöhnung (hebr. כפר pi. *kipper*), so dass die Kultfähigkeit wieder hergestellt ist.

Lev 15 gibt keine explizite Begründung, warum der Ausfluss und Blutungen zu Unreinheit führen. Immer wieder wird angeführt, dass mit den genannten Phänomenen von Ausfluss eine große Verunsicherung der Menschen einhergehe und sie die Sphäre des Todes berührten.[88] So verunsichere die Kraft des Geschlechtlichen; der Samenerguss, damit der Verlust des Samens und seiner Lebenskraft, und die Menstruation als Zeichen, dass es nicht zu neuem Leben kommt, bedeuteten die Nähe der Todessphäre: „Gefährdungen der menschlichen Reproduktionsorgane bzw. eine eingeschränkte Funktionalität der Geschlechtsorgane stehen im Widerspruch zur lebendigen und lebensspendenden Sphäre Gottes".[89] Eine Verbindung zwischen Kultunfähigkeit und Todesbedrohtheit wird auch am Ende von Lev 15 gezogen. Von seinem narrativen Setting her richtet sich jetzt JHWH an Mose und Aaron als Priester:

> Und ihr sollt die Söhne / Kinder Israels zurückhalten von ihrer Unreinheit, damit sie nicht an ihrer Unreinheit sterben, indem sie meine Wohnung, die in ihrer Mitte ist, unrein machen. (Lev 15,31)

Aufgabe der Priester ist die Unterscheidung zwischen rein und unrein und die Unterweisung des Volkes (Lev 10,10–11). Unreinheit verunmöglicht den Kontakt zum Heiligen. Die Wohnung JHWHs, das Offenbarungszelt, darf nicht verunreinigt werden. Wer kultunfähig ist, ist dem Tod geweiht, wenn er sich dem Heiligen nähert.

Allerdings wird auch in dieser eindringlichen Warnung, die Ordnung von „rein" und „unrein" zu bewahren, nicht expliziert, dass ein bestimmtes Phänomen deshalb als unrein gilt, weil die Nähe zur Todessphäre gegeben wäre. Dieser Logik folgend müssten auch Verletzungen, bei denen es zu starken Blutungen kommt, zu Unreinheit führen.

Zusammenfassen lässt sich: Mit M. Douglas geht es um Grenzziehungen, die der Stabilisierung der Ordnung dienen. In Lev 15 wird mit dem Körper eine symbolische Ordnung geschaffen. Sowohl der weibliche als auch der männliche Körper wird in Beziehung zum Heiligen gesetzt. Er ist Symbol für die umfassende Deutung der Welt als Raum der Begegnung zwischen Mensch und Gott. Gleichzeitig werden mit den Regelungen auch Geschlechterzuschreibungen vorgenommen sowie weibliche und männliche Körper konstruiert. Diese werden als Einheit und in Differenz verstanden. Mit der Kategorie der *niddāh* ist ein Beispiel gegeben, wie ein mit dem weiblichen Körper verbundenes Konzept auch auf den männlichen Körper übertragen wird, Grenzen zwischen den Geschlechtern also auch überschritten werden. Lev 15 lenkt mit seiner symbolischen Konstruktion des Körpers den Blick auf die historisch variablen Körpervorstellungen und Konstruktionen von Geschlecht.

Einblick 3: Anthropologie in Gender-Perspektive

In der *Anthropologie des Alten Testaments* von H. W. Wolff spielen die Geschlechter nur eine untergeordnete Rolle. In *§ 19 Mann und Frau* behandelt er *Grundzüge des Eherechts*, *Das Liebesverhältnis* und *Störungen der Liebe.*[90] Unter Störungen der Liebe subsumiert er Prostitution, Vergewaltigung, Ehelosigkeit und Homosexualität und nimmt damit aus heutiger Sicht höchst problematische Wertungen vor. In seiner anthropologischen Sprachlehre fehlt der Zentralbegriff der Gebärmutter (hebr. רֶחֶם *ræḥæm*), der als Bezeichnung für Erbarmen und Mitgefühl von großer Bedeutung für die metaphorische Beschreibung Gottes ist. Weiblichkeit wird so marginalisiert. Daher wurde H. W. Wolff entgegengehalten, dass er „eigentlich nur die männliche Existenz im Blick hat".[91]

Dieser Androzentrismus der wissenschaftlichen Darstellung einer Anthropologie des Alten Testaments, also die Tatsache, dass das Sein des Menschen mit dem Sein des Mannes identifiziert wurde, wird von der feministischen Exegese kritisiert. Dabei sind die Entwicklungen hin zu einer Anthropologie in Gender-Perspektive im Zusammenhang von feministischer Theologie und Exegese, Gender und Queer Studies zu sehen. Die Zahl der Publikationen ist groß; Themen, Methoden und Hermeneutik unterscheiden sich mitunter sehr stark.

Im Folgende können daher nur einzelne Schlaglichter zur Einordnung gegeben werden, die sich mit den Begriffen *feministisch – Gender – queer* verbinden lassen.

1. Im deutschsprachigen Raum finden sich seit den 1970ern vermehrt feministisch-theologische und -exegetische Arbeiten.[92] Dabei wird sowohl die patriarchale Vorstellungswelt der biblischen Texte als auch deren einseitig androzentrisch geprägte Auslegungsgeschichte kritisch in den Blick genommen. Gleichermaßen werden die biblischen Texte aber auch zum Ausgangspunkt, sich gegenwärtig für die religiöse, soziale und politische Gleichstellung von Frauen und Männern einzusetzen. Insofern ist feministische Exegese einerseits geprägt von der Zweiten Frauenbewegung und der feministischen Theorie, andererseits durch die Befreiungstheologie, die sich in den 1960ern und 1970ern in Südamerika entwickelt. Feministische Exegese ist in emanzipatorischer Absicht explizit parteiisch und politisch. Sie ist keine Methode der Bibelauslegung – analog z.B. der historisch-kritischen Exegese –, sondern sie ist „eine kritische Hermeneutik, d.h. eine Lehre und Praxis des kritischen Umgangs mit der Bibel, die das Ziel der Mensch-Werdung von Frauen nicht aus den Augen verliert".[93] Sie kann daher in verschiedener Weise etablierte Methoden rezipieren.

Seit den 1980er Jahren werden die unterschiedlichen Ausschließungsmechanismen der Frauenbewegung und auch der feministischen Theologie und Bibelwissenschaft wahrgenommen: Ihre Perspektive ist erstens die der christlichen, weißen, westlichen, heterosexuellen Mittelschichts-Frau. Die Gegenüberstellung von männlichen Tätern und weiblichen Opfern im patriarchalen System legt zweitens einerseits Frauen auf die Opferrolle fest, andererseits ignoriert sie, dass auch Frauen dieses System aufrechterhalten und Mittäterinnen sind. Die essentialistische Vorstellung, es gebe (die) eine weibliche Natur, schließt drittens die Pluralität von Frauen-Realitäten aus.

In Bezug auf die Exegese bedeutet dies, dass nun der Antijudaismus und Rassismus der christlich-feministischen Theologie kritisiert werden. Hinterfragt werden einerseits Stereotype, die die angebliche Überlegenheit christlicher Vorstellungen gegenüber jüdischen festschreiben, wie z.B. in der behaupteten jesuanischen

Überwindung jüdischer Reinheitsvorstellungen. Andererseits entsteht aus der Kritik afroamerikanischer Theologinnen aufgrund von Rassismus und Ethnozentrismus westlicher Bibelauslegung die womanistische Exegese. Im Zug der Etablierung des *postcolonial criticism* werden Machtstrukturen und Konzepte, die im Kolonialismus gründen, aufgedeckt und bewusst die Lebenskontexte von Frauen in Mittel- und Lateinamerika, in Afrika und in Asien im Zusammenhang der kritischen Lektüre biblischer Texte in den Vordergrund gestellt.

Hier ist auch das Stichwort *Intersektionalität* zu nennen. Das Konzept der Intersektionalität geht davon aus, dass Diskriminierung durch vielerlei Faktoren entsteht: Gender, Ethnizität, Klasse, Alter, Krankheit, Religion usw. Das Ausmaß der Benachteiligung kann dabei nicht einfach addiert werden, sondern die verschiedenen Kategorien sind miteinander verwoben und bilden *intersections*. Die Metapher der „Straßenkreuzung“ (amerik. *intersection*) verweist darauf, dass Mehrfach-Diskriminierungen möglich sind.

2. Mit der Etablierung der Kategorie „Gender“ seit den 1980ern, zunächst in den USA, dann in Nordwesteuropa, ändert sich die Perspektive der Frauenbewegung und der feministischen Theologie und Exegese. S. de Beauvoir gilt als diejenige, die 1949 erstmals die soziale und kulturelle Prägung von *gender* im Unterschied zum biologischen Geschlecht *sex* in den Mittelpunkt rückt. Zum Klassiker avanciert ist in diesem Zusammenhang die Aussage: „Man kommt nicht als Frau zur Welt, man wird es.“[94] Die soziale Geschlechterrolle lässt sich damit nicht zwangsläufig aus dem biologischen Geschlecht ableiten, sondern sie ist Produkt gesellschaftlicher Prozesse, damit symbolisch konstruiert und kontingent. In den 1980ern und 1990ern dominiert nun die *sex-gender*-Debatte. Prominent ist die Theorie J. Butlers, der zufolge gar kein biologisches Geschlecht unabhängig von kulturellen Konventionen denkbar ist.[95] Geschlechtsidentität sei nicht prädiskursiv, sondern entstehe erst im gesellschaftlichen Diskurs durch vorgegebene symbolische Wertungen. Durch die Vorstellung eines natürlichen (biologischen) Geschlechts werde die binäre Ordnung, die zwischen zwei und nur zwei Geschlechtern, zwischen Frauen und Männern, unterscheidet, stabilisiert.

Die Frage, wie Geschlecht in den biblischen Texten konstruiert wird, wird auch von der Exegese aufgegriffen. Dabei wird die kulturell kodierte Entstehung der Geschlechtsidentität von Frauen und von Männern in den Blick genommen. In der Genderforschung ist die wissenschaftliche Reflexion klarer von einer auf ihr aufbauenden Bewegung getrennt. Sie wirkt daher auf den ersten Blick auch unpolitischer als die Frauenbewegung. Spätestens aber wenn die binäre Ordnung selbst und die mit ihr verbundene Heteronormativität in Frage gestellt werden, wird deutlich, dass die Genderforschung von immenser politischer Bedeutung ist, wenn es um die Anerkennung von Diversität in Bezug auf Geschlecht und Sexualität geht. Die Exegese leistet hier einen Beitrag, wenn Kritik geübt wird an der Praxis, mit Rekurs auf biblische Texte wie Lev 18,22 und 20,13 Homosexualität zu diffamieren, oder wenn sie fragt, ob es Lektüren der Schöpfungserzählungen gibt, die Geschlecht jenseits binärer Vorstellungen denken.

3. Damit sind auch Anliegen der Queer Studies genannt. Der Begriff *queer* „seltsam, sonderbar, homosexuell" war ursprünglich eine diskriminierend gemeinte Bezeichnung und avancierte zur positiv verstandenen Selbstbezeichnung in der Absicht, heterosexuelle Normalitätskonzepte zu unterlaufen. Sie ist offen für weitere sexuell und geschlechtlich marginalisierte Gruppen wie transgender Personen. Die Queer Studies entstanden in den 1990ern in den USA aus den Gay and Lesbian Studies, die ihrerseits eine zweigeschlechtliche Ordnung noch selbstverständlich voraussetzten. Queer Studies hingegen nehmen die Vielfalt und Performativität von sexueller Orientierung und Geschlecht in den Blick.[96] In der Exegese wurden Anliegen und Konzeptionen der Queer Studies wenig, im deutschsprachigen Raum noch kaum aufgenommen.[97]

Im Rückblick wird deutlich, dass sich seit den 1970ern und den Anfängen der feministischen Bibelauslegung der Fokus verschoben hat. Stellte die Forschung zunächst biblische Frauengestalten in den Vordergrund und unternahm den Versuch einer Rekonstruktion von Frauenrealitäten in biblischer Zeit – folgte damit also dem Anliegen, vergessene und marginalisierte Präsenz von Frauen sichtbar zu machen –, so haben sich Inhalte und methodisches Vorgehen gewandelt. Unter Aufnahme der Forschung der Gender Studies wird danach gefragt, wie Geschlecht konstruiert wird und wie Konstruktionen von Geschlecht und Machtverhältnisse miteinander verstrickt sind. In jüngerer Zeit werden im deutschsprachigen Raum diese Fragen auch im interreligiösen Gespräch von jüdischen, islamischen und christlichen Theolog:innen erörtert. So beschloss die ESWTR (European Society of Women in Theological Research), ihre interreligiöse Ausrichtung auf allen Ebenen zu verstärken.[98]

Anliegen, Methoden und Hermeneutik der feministischen Exegese bzw. einer Exegese in Gender-Perspektive wurden in der deutschsprachigen Exegese in unterschiedlichem Maße und in verschiedener Weise aufgenommen. Dies zeigt sich auch im Bereich der biblischen Anthropologie. Exemplarisch werden hier drei Arbeiten vorgestellt, die – auf sehr unterschiedliche Weise – verschiedene Anliegen einer Anthropologie in Gender-Perspektive aufgreifen bzw. verfolgen.

1. *Die Körpersymbolik der Bibel* von S. Schroer und T. Staubli (1. Aufl. 1998) hat sich in besonderer Weise den feministischen Perspektiven biblischer Anthropologie zugewendet:

> „Der Androzentrismus der abendländisch-philosophischen und -theologischen Tradition hat sich auch in den Begriffssystemen selbst niedergeschlagen. Die feministische Philosophie hat nachgewiesen, dass die Grunddualismen der westlichen Philosophie der Geschlechterdifferenz entsprechen. Weiblichkeit wird in den folgenden Paarbegriffen explizit oder implizit mit dem Rangniedrigeren verbunden, Männlichkeit mit dem Ranghöheren oder Besseren: Seele und Leib, Geist und Körper oder Materie, Verstand und Begehren, Vernunft und Gefühl […]. Im biblischen Menschenbild liegt eine Chance, die Androzentrismen unserer abendländischen Tradition an einigen Punkten aufzubrechen. Der Grund dafür ist nicht, dass die israelitische Gesellschaft nicht patriarchal gewesen wäre. Aber in der stereometrischen und an der Dynamik interessierten Denkweise dieser Kultur, die sich in ihrer Sprache wie ihren Bildern manifestiert, ist ein Widerstandpotential gegen unsere verfestigten Begriffssysteme und verinnerlichten Bilder verborgen, das aktiviert werden könnte.“[99]
> (S. Schroer/T. Staubli)

Die Benachteiligung der Frau sei tief mit dem abendländischen Denken verbunden. Die Ganzheitlichkeit, das stereometrische Denken, wie es sich in den alttestamentlichen Texten widerspiegelt, wird als

Chance begriffen, Dualismen zu überwinden, die eine Geschlechterhierarchie bedingen. Dieser Ansatz verbindet also die historische Betrachtung mit feministischen Anliegen.

2. Auch andere Arbeiten einer Anthropologie in Gender-Perspektive wenden sich historischen und sozialgeschichtlichen Aspekten zu. Wird Geschlecht als Konstruktion und kulturell geprägt verstanden, so kann im Sinne einer historischen Anthropologie gefragt werden, wie Geschlecht und Körper konstruiert werden und welche Bedeutung die Lebensumstände im alten Israel für die Übernahme sozial geprägter Geschlechterrollen haben.

So beginnt B. Janowski in seiner *Anthropologie des Alten Testaments* (2019) das Kapitel „Frauen und Männer“[100] mit dem Hinweis auf die Variabilität und Kulturbedingtheit dessen, was als weiblich und männlich verstanden wird. Der Begriff der „Geschlechterdifferenz“ ziele auf die Verschiedenheit der Lebenswirklichkeiten von Mann und Frau. Im Folgenden rekonstruiert er die geschlechtsspezifische Differenzierung mittels Beschneidung unmittelbar nach der Geburt und die damit verbundene unterschiedliche Sozialisation in Kindheit und Jugend, die zu einer geschlechtsspezifischen Arbeitsteilung führt. Auch im Hinblick auf den religiösen Handlungsspielraum sei eine spezifisch für Frauen und Männer getrennte Zuständigkeit nachzuweisen. Diese Anthropologie in historischer Perspektive ist nach B. Janowski aber nicht ohne gegenwärtige Bedeutung:

> „Trotz dieses Sachverhaltes [der geschlechtsspezifischen Arbeitsteilung] wird die Sicht des Geschlechterverhältnisses immer wieder von Reflexionen begleitet, die für eine patriarchale Gesellschaft überraschend sind, weil sie von der fundamentalen Gleichheit der Geschlechter ausgehen und auch heute ein kritisches Korrektiv zu traditionellen Rollenbildern darstellen.“[101] (B. Janowski)

Damit wendet sich B. Janowski der Schöpfungserzählung in Gen 2–3 zu, die das Konzept einer schöpfungsgemäßen Gleichheit der Geschlechter kennt.

Beiden Ansätzen ist also gemeinsam, dass sie feministisches Anliegen bzw. die Einsicht in die Konstruiertheit von Geschlecht mit einem historischen Blick auf die alttestamentlichen Texte verbinden. Während das feministische Anliegen bei S. Schroer/T. Staubli deutlich zu spüren ist, spielt die Frage nach Geschlecht bei B. Janowski nur eine untergeordnete Rolle. Dennoch wird deutlich, dass die Sensibilität für Genderfragen in der gegenwärtigen Exegese eine größere Rolle spielt.

3. Davon unterscheiden sich Lektüren, die sich zwar der historischen Bedingtheit der Texte und ihrer anthropologischen Konzepte bewusst sind, die aber gezielt die Offenheit, Mehrdeutig- und Widersprüchlichkeit biblischer Texte nutzen, um sie in Gender-Perspektive oder *queer* zu lesen. So fragt K. Stone in *The Garden of Eden and the Heterosexual Contract* (2006) im Sinne eines *queer reading* nach den Instabilitäten und Inkohärenzen der Texte, die vermeintlich Heterosexualität normieren:

> „While such a rereading can never turn Genesis into a queer manifesto, it may reveal potential openings for queer contestation of the heterosexual contract or, in any case, of biblical justifications given for that contract."[102] (K. Stone)

Auch wenn die zweite Schöpfungserzählung auf den ersten Blick die binäre Geschlechterdifferenz und deren Bedeutung für die Fortpflanzung, die Unterordnung der Frau und Heterosexualität festzulegen scheint, kann K. Stone an einigen Stellen auf Inkonsistenzen verweisen, die in keine geschlossene Anthropologie, sondern dem Programm einer queeren Lektüre gemäß vor allem in Beobachtungen und Fragen münden: Das weibliche Begehren, das auf den Mann gerichtet ist, wird wie auch die Herrschaft des Mannes über die Frau erst im Kontext der sogenannten Strafsprüche erwähnt. Sind damit Heterosexualität – dass also das Begehren der Frau sich auf den Mann richtet – und mit ihr verbunden die Unterordnung der Frau ursprünglich nicht vorgesehen? Eine sexuelle Differenzierung in Mann und Frau findet sich erst, als ein zweites Geschöpf entstanden ist. Kann man dann das erste Geschöpf mit binären Geschlechtsbezeichnungen beschreiben? Für K. Stone ist Ziel einer queeren Lektüre biblischer Texte also gerade nicht, eine konsistente Anthropologie zu entwerfen, sondern vermeintlich selbstverständliche Zweigeschlechtlichkeit aufzubrechen und Normierungen von Sexualität zu hinterfragen.

Solche Ansätze finden sich in der deutschsprachigen Exegese bislang kaum. Allerdings gibt es auch Arbeiten, die nach Lektüren der

Schöpfungserzählungen jenseits einer binären Ordnung fragen. So schlägt z.B. R. Scoralick in „Als Mann und Frau geschaffen? Die Bibel und ihre Leser*innen“ vor, Gen 1,27 als „spannende Leerstelle“[103] zu lesen und die Formulierung „männlich und weiblich“ als Merismus zu verstehen, der wie „Himmel und Erde“ (Gen 1,1) mit der Nennung der Pole die Ganzheit beschreibt, die diese umfassen. Damit sei die Verwirklichung von „männlich und weiblich“ offen für verschiedene Formen der Geschlechtsidentität.

Einblick 3: Ältere Entwürfe einer Anthropologie des Alten Testaments schenken der Frage nach der Geschlechterdifferenz keine oder kaum Aufmerksamkeit. Erst die feministische Exegese kritisiert dies als Androzentrismus. Seit den 1970er Jahren findet in der Exegese eine Entwicklung hin zu einer Anthropologie in Gender-Perspektive statt. Diese Entwicklung ist beeinflusst von der allgemein-gesellschaftlichen Entwicklung und kulturwissenschaftlichen Theorien und Erkenntnissen. So greift auch die Exegese Anliegen der feministischen Theorie, des Postkolonialismus, der Intersektionalitäts- und Genderforschung und der Queer Studies auf. Mittlerweile ist Geschlecht in anthropologischen Arbeiten eine etablierte Analysekategorie, die mit der historischen Kontextualisierung verbunden wird. Die z.B. im anglophonen Bereich bekannten Auslegungsverfahren eines queer reading finden sich in der deutschsprachigen Exegese bisher selten.

Literatur

M. Geiger/S. Schäfer-Bossert, Körperkonzepte im Ersten Testament – Aspekte einer Feministischen Theologie, in: Hedwig-Jahnow-Forschungsprojekt (Hg.), Körperkonzepte im Ersten Testament. Aspekte einer Feministischen Anthropologie, Stuttgart 2003, 10–28.

A. Kiesow, Auf der Suche nach dem Menschen. Forschungsüberblick zu „Anthropologien des Alten Testaments“, in: Körperkonzepte, 29–43.

M.-T. Wacker, Geschichtliche, hermeneutische und methodologische Grundlagen, in: L. Schottroff/S. Schroer/Dies. (Hg.), Feministische Exegese. Forschungserträge zur Bibel aus der Perspektive von Frauen, Darmstadt 1997, 3–79.

M.-T. Wacker, Frauen ins Zentrum stellen, in: Herder Korrespondenz 1 (2016), 22–25.

5.2 Liebe und Erotik als Kraft des Lebens (Hld 4)

Die Sehnsucht nach körperlicher Nähe und Begegnung, nach Anerkennung und Liebe ist zentral im Leben des Menschen. Sexualität erscheint als naturgegeben, als Bedingung für die Generationenfolge, als zu befriedigendes Bedürfnis oder als Ausdruck der Selbstübereignung und Bindung an einen anderen Menschen. Gleichermaßen steht sie in Zusammenhang mit Macht und Dominanz, wenn asymmetrische Geschlechterverhältnisse in sexualisierte Gewalt umschlagen. Was als Sexualität verstanden wird, wie Sexualität erlebt, gelebt und gewertet wird, ist abhängig von ihrem soziokulturellen Kontext und den mit diesem verbundenen Vorstellungen von Geschlecht.

Die legislativen Texte der Hebräischen Bibel zielen in Bezug auf Sexualität vor allem darauf, den Status des Mannes zu sichern. Es soll gewährleistet werden, dass der Mann freies Subjekt seines sexuellen Handelns ist und Sexualität und Fortpflanzung seiner Frau und seiner unverheirateten Töchter bestimmt.[104] So wird nur Sex mit verheirateten oder verlobten Frauen verboten (Dtn 22,22–27); im Fall der Vergewaltigung einer nicht-verlobten Tochter wird dem Vater eine Kompensationsleistung gezahlt (Dtn 22,28–29), und das Verbot des Analverkehrs zwischen Männern schützt den penetrierten, damit verweiblichten Mann vor Status-Verlust (Lev 18,22; 20,13). Dieses System patriarchaler und sexueller Hierarchie, das auf die Sicherung der Generationenfolge ausgerichtet ist, sieht eine aktive und selbstbestimmte weibliche Sexualität nicht vor.

Im Gegensatz dazu steht das Hohelied, das Gegenseitigkeit des Begehrens und eine aktive weibliche und männliche Sexualität kennt. Bevor eines seiner Lieder (Hld 4,1–5,1) auslegt wird, soll erstens die kontroverse Auslegungsgeschichte des Hohelieds vorgestellt werden. Zweitens wird gezeigt, wie das Hohelied Sexualität und Liebe konzipiert, und drittens wird die Frage gestellt, wie sich erklären lässt, dass im Hohelied Frau und Mann Rollen einnehmen, die traditionelle Zuordnungen überschreiten.

1. Im Blick des Hohelieds auf den weiblichen und männlichen Körper und in der Mehrdeutigkeit seiner Metaphern entsteht ein gegenseitiges erotisches Begehren, das realen Verhältnissen historisch nicht entsprach und vielerorts nicht entspricht.[105] Das Hohelied wurde daher lange allein allegorisch-typologisch verstanden und die in Bezug auf Frau und Mann beschriebene Liebe auf Israel und JHWH bzw. die Kirche und Christus hin ausgelegt. Damit ginge es gar nicht um die Liebe zwischen Mann und Frau. Die Tatsache, dass Gott im Hohelied als Figur nicht auftritt und dass v.a. in prophetischen Texten das Verhältnis von JHWH und Israel explizit als Beziehung von Mann und Frau beschrieben wird, begünstigt diese Lektüre. Seit der Aufklärung und mit J. G. Herder und seiner Übersetzung des Hohelieds (1778) gelten die „Lieder der Liebe“, also das Hohelied, jedoch als Sammlung profaner Liebeslieder. Als solche wurden sie auch in der Exegese lange Zeit betrachtet, während in jüngerer Zeit diskutiert wird, ob der Text nicht schon zu seiner Entstehungszeit auf die Liebe von Gott und Israel bezogen wurde.

2. Unabhängig von dieser Frage kommen im Hohelied Vorstellungen über menschliche Sexualität und gegenseitige Zuneigung und Liebe zur Sprache. Im Hohelied findet sich kein Verweis auf eine institutionelle Einbindung der Sexualität im Rahmen einer Ehe, kein Verweis auf die in einer patriarchalen Kultur dominante Figur des Vaters, kein Verweis auf eine auf Fruchtbarkeit und Fortpflanzung ausgerichtete Sexualität. Vielmehr wird der Text eröffnet mit der Rede der Frau: „Er küsse mich mit Küssen seines Mundes, denn deine Liebe (hebr. דודים *dodim*) ist besser als Wein.“ (Hld 1,2). Von Anfang an stehen weibliches Begehren und Handeln sowie die Rauschhaftigkeit und damit auch die Unkontrollierbarkeit der Sexualität im Vordergrund. Der Übergang von ersehnter und erfolgter Begegnung ist dabei fließend. Während die legislativen Texte auf den Status-Erhalt des Mannes abzielen und eine hierarchische Sexualität kennen, beruht das Verhältnis der Liebenden im Hohelied auf

Gegenseitigkeit: „Mein Geliebter ist mein, und ich bin sein, der in den Lilien weidet." (Hld 2,16; vgl. 6,3; 7,11).

3. Aufschlussreich für das Verständnis des Hohelieds sind ethnologische Forschungen im antiken und gegenwärtigen Mittelmeerraum und Mittleren Orient. Sie zeigen in Kulturen, in denen weibliche Sexualität patriarchal gesteuert wird, „alternative women's discourses",[106] die sich in erotischer Liebeslyrik widerspiegeln. Diese sei nicht als Protest zu verstehen, sondern „singing intimate poetry is symbiotically related to the honor norms of the dominant culture".[107] Auf diese Weise könnten Gefühle geäußert werden, die die vorherrschende Kultur nicht erlauben würde.

Analog sieht D. Carr im Hohelied einen alternativen Diskurs gegenüber der bestimmenden sozialen Ordnung. Das Hohelied kann als Ausdruck weiblicher Selbstbestimmtheit und der Sehnsucht nach einem ebenbürtigen Liebesverhältnis verstanden werden. Es finden sich aber auch Hinweise auf männliche Dominanz und Gewalt. Diese werden durch das Kollektiv der Brüder und das der Wächter verkörpert. Die Brüder kontrollieren einerseits das Verhalten der Schwester, also das weibliche Ich (Hld 1,6; 8,8–10), andererseits sind sie die einzigen legitimen männlichen Kontakte einer Frau in der Öffentlichkeit (Hld 8,1). Die Wächter werden sogar dem weiblichen Ich gegenüber gewalttätig und schlagen es (Hld 5,7). Beide Diskurse, der dominierende öffentliche und der alternative private Diskurs, finden sich folglich im Hohelied:

> „and its depictions [gemeint ist das Hohelied] of female vulnerability are but one sign that it is symbiotically related to the broader culture with which it contrasts. […] This is not to suggest that the Song of Songs is a transcript of actual intimate interchange between lovers. Rather it is an imaginative work that builds a poetic world in part on discourses known to its audience […]. Originally, the Song of Songs was probably designed for entertainment […]. Yet the written imitation of nonpublic discourse had profound implications. For it took a depiction of what would normally be an intensely private exchange and resituated it in the public realm."[108] (D. Carr)

Das Bild, das im Hohelied von Sexualität gezeichnet wird, darf also nicht verwechselt werden mit *dem* Verständnis von Liebe im alten

Israel. Es kann vielmehr verstanden werden als „Sehnsuchtsliteratur“ im doppelten Sinn: Es bringt die Sehnsucht der Geliebten nach einander zur Sprache, und es drückt die Sehnsucht nach einem Liebesverhältnis aus, das gesellschaftlichen Konventionen widerspricht.

Parallelen zum Hohelied lassen sich sowohl im mesopotamischen, im altägyptischen als auch im griechischen Raum finden, wobei die größte Nähe zu Liebesliedern aus dem alten Ägypten besteht. Einzelne Lieder des biblischen Hohelieds und auch die Sammlung der Lieder mögen schon in spätvorexilischer Zeit entstanden sein; letztlich kann als Argument für die Datierung jedoch nur die Sprache des Textes gelten, die in die hellenistische Zeit, in das 3. Jh. v. Chr., verweist.

Im Folgenden sei ein Lied des Hohelieds (Hld 4,1–5,1) vorgestellt, das sich aus mehreren Einheiten zusammensetzt und einen Einblick in Körperkonzeptionen, erotisch-metaphorische Sprache und damit in die Konzeption von Sexualität gibt. Die einzelnen Abschnitte werden jeweils von Wortfeldern bestimmt, die die Einheiten wiederum verbinden:

4,1–7	*Die Schönheit der Geliebten*	Siehe, du bist schön, meine Freundin! (V. 1.7) Augen, Haar, Zähne, Lippen, Mund, Wange, Hals, Brüste (V.1–5)
4,8–11	*Abstieg vom Libanon*	meine Schwester, Braut (V.8.9.10.11) Libanon (V. 8.11) Augen, Hals, Lippen, Zunge (V. 9–11) Liebe (V. 10); Wein (V. 10)
4,12–5,1	*Eintritt in den Garten der Liebe*	Garten (V. 12.15.16) meine Schwester, Braut (V. 12; 5,1) Libanon (V. 15) Wein (V. 1); Liebe (V. 1)

V. 1–7: Am Anfang steht ein sogenanntes Beschreibungslied (arab. *wasf*), in dem in typisierter Sprache wie in der altorientalischen und altägyptischen und auch in der arabischen Volksdichtung bis in die Gegenwart die körperliche Schönheit des geliebten Gegenübers beschrieben wird. Dabei werden einzelne Körperteile (Augen, Haar,

Zähne, Brüste) mit Vergleichen aus Fauna (Tauben, Ziegen), Flora (Granatapfel), Kultur (Karmesinfaden, Schilde) und Architektur (Turm) beschrieben. Bewegung erhält das Bild durch Aktivitäten, die den Tieren zugeschrieben werden:

> Dein Haar – wie die Herde der Ziegen, die herabwallten vom Gebirge Gilead. (Hld 4,1)

So werden einerseits Grenzen zwischen Mensch, Natur und Kultur aufgelöst und Räume geschaffen, anderseits werden durch die Evokation von Farben, Gerüchen und Formen alle Sinne angeregt. Gerahmt wird das Lied von dem Ausruf:

> Du bist schön, meine Freundin! (Hld 4,1.7)

Die Beschreibung zielt nicht auf Individualität oder exakte Wiedergabe des Körpers. Deutlich wird, dass das beschreibende Ich sein Gegenüber mit all seinen Sinnen erfasst und von diesem fasziniert ist, so dass es den Vorsatz fasst, sich der Geliebten zu nähern:

> Ich will gehen zum Myrrhenberg und zum Weihrauchhügel. (Hld 4,6)

Die dabei gewählte Sprache ist offen für eine erotische Begegnung zwischen den beiden. So können Myrrhenberg und Weihrauchhügel als metaphorische Umschreibung der Frau bzw. genauer der Vulva verstanden werden. Mit der Nennung von Myrrhe und Weihrauch wird auf das Erleben von Sexualität mit allen Sinnen angespielt.

Im Hohelied findet sich neben drei Beschreibungsliedern der Frau (Hld 4,1–7; 6,4–10; 7,2–6) auch ein Beschreibungslied des Mannes (Hld 5,10–16), in dem dieser wie eine Götterstatue beschrieben und gepriesen wird: Kopf, Arme, Lenden, Schenkel sind aus Feingold, Gold mit Tarschisch, Elfenbein mit Saphiren, Marmor und Feingold. Es finden sich dabei auch dieselben Naturvergleiche wie bei der Frau: Tauben, Lotusblumen, Myrrhe. Der Blick auf den weiblichen und männlichen Körper unterscheidet sich also; er wird aber nicht grundlegend anders verstanden, und die austauschbaren Metaphern veruneindeutigen Geschlechtszuweisungen.

V. 8–11: In der nächsten Einheit spricht das männliche Ich sein Gegenüber direkt als „Braut“ und „Schwester“ an und fordert es auf, mit ihm gemeinsam vom Libanon (V. 8.11) herabzukommen. Beide Anreden verweisen auf den dominierenden Gesellschaftskontext: Nur zwischen Geschwistern und in der Ehe sind Kontakte zwischen Frauen und Männern im öffentlichen Raum legitim. Jedoch zeigt sich ausgerechnet in dieser Passage eine Verletzlichkeit des männlichen Ichs, die den gesellschaftlichen Vorstellungen vom überlegenen Mann widerspricht. So sagt es:

> Du hast mir das Herz genommen, meine Schwester Braut, […] mit einem einzigen deiner Blicke. (Hld 4,9)

Im Hebräischen steht ein vom Substantiv לֵב *lew* „Herz“ abgeleitetes Verb. Da mit dem Lexem die innere Erregung, aber auch Verstandestätigkeit bezeichnet wird, könnte man übersetzen: „Du hast mich verrückt gemacht.“ Das männliche Ich bekennt, dass es der Geliebten vollkommen ausgeliefert ist. Im sexuellen Begehren werden traditionelle Geschlechterzuschreibungen von männlicher Dominanz und weiblicher Unterordnung also unterlaufen.

In Entsprechung zur Eröffnung des Hohelieds (Hld 1,2) greift nun das männliche Ich den Vergleich der Liebe mit dem Wein auf:

> Wie schön ist deine Liebe (hebr. דּוֹדִים *dodim*), meine Schwester Braut, wie viel besser ist deine Liebe als Wein und der Duft deiner Öle als aller Balsam. (Hld 4,10)

Hier wie auch in Hld 1,2 ist nicht von אַהֲבָה *'ahawāh* (Hld 2,4.5.7 u.ö.), sondern von דּוֹדִים *dodim* die Rede. אַהֲבָה *'ahawāh* bezeichnet „Liebe“ in einem weiteren Sinn, kann sich auf Gott (Dtn 4,37; 6,5), andere Menschen (Lev 19,18), Kinder (Gen 22,2) oder sogar Fremde (Lev 19,34) beziehen. Der Sklave liebt aber auch seinen Herrn (Ex 21,5–6) und das Volk den König (1 Sam 18,16). אַהֲבָה *'ahawāh* bedeutet also nicht nur eine positive emotionale Gestimmtheit, sondern auch ein loyales Verhältnis. דּוֹדִים *dodim* hingegen bezieht sich auf die sexuelle Begegnung, die erotische Liebe. Die Sinnlichkeit der körperlichen Nähe, Geschmack und Geruch werden durch den Vergleich mit Wein und Öl hervorgehoben. Sexualität ist gesteigerter Genuss.

4,12–5,1: Die nächste Passage wird vom Bild des Gartens dominiert. In V. 12–14 finden sich nur den Garten beschreibende Nominalsätze, ab V. 16 wird das Bild dynamisch: Die Winde werden aufgefordert, den Garten zu durchwehen, und der Geliebte, in den Garten zu kommen (V. 16). Dieser Aufforderung leistet er Folge und fordert auch die Freunde auf, sich an der Liebe zu berauschen (Hld 5,1).

Garten und auch Weinberg (Hld 1,6; 8,12) sind im Hohelied Ort des Zusammentreffens und Körper der Frau zugleich. Der Garten ist mit Quellen, süßen Früchten und duftenden Kräutern und Blumen Ort des Lebens, der Schönheit und der Genüsse. Für das Ich präsentiert sich der Garten zunächst als verschlossen, die Geliebte als unzugänglich (V. 12). Dabei wird mit der Doppeldeutigkeit gespielt: Im Hebräischen ist das Kommen des Mannes zur Frau ein Euphemismus für den Geschlechtsverkehr. Hier fordert die Frau den Mann auf, in den Garten zu kommen und dort die köstlichen Früchte zu essen (V. 16). Diesem Wunsch entspricht das männliche Ich. In seiner Antwort

> Ich komme zu meinem Garten, meine Schwester Braut,
> ich pflücke meine Myrrhe samt meinem Balsam,
> ich esse meine Wabe mit Honig,
> ich trinke meinen Wein samt meiner Milch. (Hld 5,1)

sind pflücken, essen und trinken, Myrrhe, Wein und Milch durchlässig für eine erotische Bedeutung. Der eigene Genuss führt schließlich zur Aufforderung an die Freunde, sich ebenfalls an der Liebe zu berauschen. Die Freunde bleiben unbestimmt; der Aufruf zu Liebe und Genuss kann durchaus als Hörer:innenaufforderung verstanden werden. Uneindeutig bleibt auch, ob in der vorgestellten Welt des Hohelieds die sexuelle Vereinigung stattfindet oder imaginiert wird. Allerdings ist dies auch insofern unerheblich, als jede in der sexuellen Begegnung gestillte Sehnsucht nach dieser sofort wieder erwacht, wie die nächste Szene zeigt (Hld 5,2–8).

Im Gesamtkontext des Alten Testaments liest sich die Begegnung der beiden Liebenden im Garten und die Aufforderung, von den Früchten zu essen, als Rückkehr in den Garten Eden (Gen 2–3). In der Garten-Eden-Erzählung ist die Asymmetrie der Geschlechter Folge der Gebotsübertretung. In Bezug auf die Frau heißt es:

> Nach deinem Mann ist dein Verlangen, und er wird über dich herrschen. (Gen 3,16)

Demgegenüber beschreibt die Frau im Hohelied ein egalitäres Verhältnis der Geschlechter und betont gerade das Begehren des Mannes nach der Frau:

> Ich bin meinem Geliebten, und nach mir ist sein Verlangen. (Hld 7,11)

Die Verbindung von Garten-Eden-Erzählung und Garten-Metaphorik des Hohelieds wurde bereits in der Antike hergestellt. So verbindet das Buch Jesus Sirach (Sir 24) Anspielungen auf Genesis und Hohelied, und auch im Targum zum Hohelied, im Midrasch *Canticum rabba* und im Midrasch *Tanchuma* wird bei der Auslegung von Hld 4,12 bzw. 5,1 eine entsprechende Verbindung hergestellt. In Hld 4,13 lautet das hebräische Lexem פַּרְדֵּס *pardes*. Es ist persischen Ursprungs und findet sich als „Paradies" im Deutschen wieder. Biblisch ist also nicht der Garten Eden das Paradies, für das er gemeinhin gehalten hat, sondern das Hohelied besingt das Paradies.

Liebe und Erotik erscheinen im Hohelied als lyrischer Gegenentwurf zu einer sozial normierten Sexualität, die auf Fruchtbarkeit ausgerichtet ist und die Asymmetrie der Geschlechter aufrechterhält. Zwar bleibt diese soziale Ordnung sichtbar, aber im Hohelied überschreitet die Sexualität gesellschaftliche Normen und weibliche und männliche Rollenbilder: Das Begehren der Frau spiegelt den männlichen Wunsch, begehrt zu werden, die Beteuerungen der gegenseitigen Verbundenheit den nach einem ebenbürtigen Gegenüber. *Sex* und *gender* werden so neu konstruiert. In den Körperbildern zeigt sich die Sehnsucht nach Entgrenzung, wenn sich im Blick auf den Körper Grenzen von Menschen und Welt verflüssigen und über austauschbare Metaphern Zuweisungen von Geschlecht uneindeutig werden. Erotik, Sexualität und Liebe sind Genuss mit allen Sinnen, Quelle von Freude und Lebendigkeit sowie Ausdruck einer gegenseitigen Verbundenheit. Sie sind eine eigene Macht und Kraft, damit stets auch vom Kontrollverlust bedroht. Sie werden am intensivsten im Begehren, nicht in der Erfüllung erlebt. Unzugänglichkeit und Sehnsucht sind damit konstitutiv für Sexualität. Insofern ist es kein Zufall, dass über Sexualität in Metaphern gesprochen wird. Im Mehrdeutigen, im Spiel von Ablehnung und Zuwendung entsteht das sexuelle Begehren. Die Sprache des Hohelieds beschreibt nicht Begehren, sondern konstruiert es.

Einblick 4: Altorientalische Ikonographie

Im Hohelied wird an drei Stellen die körperliche Schönheit der Frau (Hld 4,1–7; 6,4–10; 7,2–6), an einer die des Mannes gepriesen (Hld 5,10–16). Im Vergleich mit altorientalischen und altägyptischen Beschreibungsliedern wird deutlich, dass dabei konventionellen Vorgaben gefolgt wird. Ziel ist nicht eine Beschreibung der individuellen Person, sondern kulturell bedingte Vorstellungen zu Weiblichkeit und Männlichkeit kommen in Körperbildern zur Sprache. Als Beispiel kann ein ägyptischer Text aus der 20. Dynastie bzw. der Zeit zwischen 1150 und 1050 v. Chr. dienen:

> Leuchtend vor Tugend, glänzend an Aussehen,
> beide Augen blicken so klar.
> Bezaubernd sind ihre Lippen beim Sprechen,
> sie sagt kein Wort zu viel.
> Sie ist hoch gewachsen, mit herrlicher Brust,
> wie echter Lapislazuli ihr Haar:
> Ihre Arme sind schöner als Gold,
> und ihre Finger wie Knospen des Lotus.
> Weich gerundet die Hüften und schmal die Taille,
> und ihre Schenkel tragen das Schönste.
> Edel ist ihr Gang, wenn sie schreitet.
> Durch ihren Gruß stiehlt sie mein Herz. (pChester Beatty I)[109]

Wie im Hohelied werden einzelne Körperteile herausgegriffen und zum Teil mit Edelsteinen und Metallen verglichen. Auch hier findet sich das Motiv des gestohlenen Herzens. Im Vergleich zu Hld 4,1–7 ist die Beschreibung jedoch wesentlich weniger dynamisch.

Die biblischen Texte können aber nicht nur im Licht anderer biblischer oder zeitgenössischer antiker Texte aus dem alten Ägypten oder dem alten Orient gelesen werden, sondern werden auch durch Bilder erhellt.[110] Diese dürfen allerdings nicht als bloße Illustration verstanden werden, sondern bieten einen eigenen Zugang zum Symbolsystem der jeweiligen Gesellschaft, Kultur und Religion. Ziel ist nicht, punktuelle Korrelationen zwischen Bildern und Texten aufzudecken, sondern die bildlichen Zeugnisse sind Quelle für das Verständnis der religiösen Symbolik der Bibel und ihrer Umwelt. Zwar können mit Bildern auch Bezüge zur Ereignisgeschichte hergestellt werden und biblische Realien im Alltagsleben, in Landwirtschaft und Handwerk, Kriegsführung und Kult, und damit die Lebensumstände der antiken Menschen veranschaulicht werden, aber primär sollen religiöse und kulturelle Konzepte und Vorstellungen erschlossen werden, die gleichermaßen von sprachlicher und bildlicher Quelle bezeugt werden. Besonders instruktiv ist es, ikonographische Zeugnisse heranzuziehen, wenn es um sprachliche Bilder und metaphorisches Sprechen geht. Dabei ist zu berücksichtigen, dass im altägyptischen und altorientalischen Kulturraum Bilder aspektivisch typische und charakteristische Konstellationen darstellen, sie nicht auf detaillgetreue Abbildung zielen, sondern Wirkung und Funktion des Abgebildeten im Vordergrund stehen (vgl. *Kap. 1.1*). Räumliche Tiefe wurde nicht bewusst gestaltet, sondern Größenunterschiede von Figuren können auf Rangunterschiede verweisen.

Der Begriff „Ikonographie“ (aus griech. εἰκών *eikón* „Bild“ und γράφειν *gráphein* „schreiben“) meint die Bildbeschreibung und als biblische Ikonographie speziell die Beschreibung und Bestimmung von Bildmotiven und -themen ikonographischen Materials aus Palästina, auch unter Heranziehung der Zeugnisse aus Ägypten und Mesopotamien. Während die ikonographische Exegese sich als Auslegung biblischer Texte mit Hilfe des Bildmaterials versteht, für sie also die Ikonographie eine Hilfswissenschaft bleibt, zielt die biblische Ikonographie als eigenständige Wissenschaft mit eigener Methodologie auf das Verstehen symbolischer Kodierungen der Welt und auf die Rekonstruktion religionsgeschichtlicher Zusammenhänge. In der deutschsprachigen Exegese sind es v.a. die seit den 1970er Jahren veröffentlichten Arbeiten O. Keels und seiner Schüler:innen, der sogenannten Freiburger Schule (Schweiz), die als Pionierarbeiten gelten können. So stellt O. Keel in „Die Welt der altorientalischen Bildsymbolik und das Alte Testament" (1972) und in „Deine Blicke sind Tauben. Zur Metaphorik des Hohen Liedes" (1984) die alttestamentlichen Texte in Beziehung zu ikonographischen Zeugnissen und zeigt, wie diese das Verständnis der Texte erhellen.

Bildmaterial aus Palästina, Ägypten und dem Orient ist zahlreich und vielfältig. Bilder waren auch für die mehrheitlich des Lesens und Schreibens nicht kundige Bevölkerung verständlich und spielten im alltäglichen Leben eine große Rolle. Hier sind v.a. die am häufigsten als Bildquelle zu findenden Siegel bzw. Siegelamulette zu nennen, die aus Stein, Elfenbein oder Metall gefertigt waren. Diese Amulette in Form von Tieren, Göttern oder Symbolen wurden z.B. mit einer Schnur um den Hals getragen. Sie waren einerseits zu Dämonenabwehr und zum Schutz der Person gedacht, andererseits wurde ihnen eine Segen und Kraft spendende Wirkung zugeschrieben. Siegel hatten auch wirtschaftliche Bedeutung, z.B. um Eigentum zu markieren oder den Besitzer auszuweisen. In der Frühzeit Mesopotamiens spielte v.a. das Stempelsiegel eine große Rolle, später wurde es vom Rollsiegel abgelöst. Während das Bild des Stempelsiegels zentral ausgerichtet ist, ermöglicht das linear orientierte Rollsiegel, dessen Abrollung in Ton oder Wachs prinzipiell unendlich ist, komplexere Kompositionen. In Ägypten und auch in Palästina waren außerdem ab dem 2. Jt. v. Chr. Skarabäen, also Amulette in Form eines Käfers, weit verbreitet. Neben den Siegeln finden sich Elfenbeinschnitzereien und in späterer Zeit Münzen als Bildquellen. Figurinen, z.B. aus Terrakotta, und Statuen aus Stein oder Holz, u.a. auch mit Goldverkleidung, ermöglichen dreidimensionale Repräsentationen von Tieren, Göttern oder menschlichen Figuren, die im Kult eine große Rolle spielten. Flachbilder, also Wand- oder Felsreliefs, Stelen bzw. Obelisken, Orthostaten, Wandmalerei und Grabausmalungen sind weitere großformatigere Bildquellen.

Die Bilder sind nicht aus sich selbst heraus verständlich, sondern müssen ebenso wie Texte interpretiert werden. Die Ikonographie geht dabei methodengeleitet vor. So stehen am Anfang Sammlung, Dokumentation und Beschreibung der ikonographischen Quellen und ihrer Bildkompositionen. Die dargestellten Motive müssen ferner in ihrer Bedeutung entschlüsselt werden. Dabei zeigt sich ein bestimmtes Repertoire an konventionellen Darstellungsformen. So stehen z.B. im alten Orient Wellenlinien für Wasser oder Bergschuppen für Gebirge. Hörnerkronen weisen anthropomorphe Figuren als Götter aus; und Göttern sind bestimmte ikonographische Attribute zugeordnet, z.B. lässt sich die Darstellung einer Frau mit einer bestimmten Lockenfrisur als die ägyptische Göttin Hathor identifizieren. Im Vergleich möglichst vieler Belege erschließt sich die Bedeutung der dargestellten Elemente wie auch die Konzentrierung bzw. Reduktion der Darstellung und die Wandlung von Bildthemen. Auf diese Weise können die Bilder in ihrer Bedeutung für eine Kultur- und Religionsgeschichte Palästinas ausgewertet werden. Erst in einem zweiten Schritt wird nach möglichen Korrelationen mit biblischen oder außerbiblischen Texten gefragt.

Am Beispiel des Hohelied-Kommentars von O. Keel[111] soll gezeigt werden, wie die Auswertung ikonographischen Materials zum Verständnis der alttestamentlichen Texte und ihrer Anthropologie beiträgt. Das methodische Vorgehen der Freiburger Schule hat sich zwar seit der Erscheinung des Kommentars 1986 weiterentwickelt. Dennoch ist der Kommentar nach wie vor für das Verständnis der Metaphorik des Hohelied erhellend. Dies soll an drei Motivbeispielen gezeigt werden.

1. Sowohl die Augen der Frau (Hld 1,15; 4,1) als auch die des Mannes (Hld 5,12) werden mit *Tauben* verglichen. Die Taube ist ikonographisch breit belegt. Sie gilt als Attributtier der Liebesgöttin. So zeigt die Abrollung eines Rollsiegels auf einem altsyrischen Siegel (Abb. 4) eine stehende, sich vor einer sitzenden männlichen Figur entblößende Liebesgöttin. Eine Taube fliegt von ihrem Gesicht weg auf den männlichen Partner zu. Daneben sind Capriden („Ziegenartige" von lat. *capra* „Ziege") und Hasen als Fruchtbarkeitssymbole abgebildet. Eine sogenannte Bankettszene (Abb. 5) zeigt eine Frau und einen Mann, die sich einander zugewandt gegenübersitzen und sich mit (alkoholischen) Getränken zuprosten. Eine Taube fliegt vom Mann zur Frau. Dieses Symbol für die Liebesgöttin lädt die Szene somit erotisch auf.

In einer Kombination aus göttlicher und menschlicher Szene (Abb. 6) präsentiert sich die Liebesgöttin vor einer männlichen Figur, wobei ihre Vulva betont ist. Die männliche Figur trägt eine Hör-

Abb. 4: Rollsiegel (um 1750 v. Chr.), Syrien
Entkleidungsszene

Abb. 5: Rollsiegel (um 1750 v. Chr.), Syrien
Erotische Bankettszene

nerkrone, hält ein Blitzbündel in Händen und schreitet über Berge. Damit ist sie als Wettergott gekennzeichnet. Die Taube, die als Botin von der weiblichen auf die männliche Figur zufliegt, gibt diese als Liebesgöttin zu erkennen. Im rechten oberen Bildfeld findet sich die Entsprechung der erotischen Begegnung auf menschlicher Ebene: Zwei Gestalten sitzen und trinken aus einem Krug. Auch das gemeinsame Trinken wird so erotisch konnotiert.

Abb. 6: Rollsiegel (um 1750 v. Chr.), Syrien
Kombinierte Bankett- und Entkleidungsszene

Das Motiv der Taube ist ab der zweiten Hälfte des 2. Jt. v. Chr. im gesamten östlichen Mittelmeerraum nachweisbar und erweist sich als zeitlich konstant. Als Attributtier kann die Taube die Liebesgöttin auch ohne anthropomorphe Darstellung verkörpern; als Liebesgöttin galt Ischtar bzw. Astarte, die Göttin des Siebengestirns. Ein Skarabäus aus Palästina (Abb. 7) zeigt auf der Unterseite eine Taube. Über ihr zeigen Sichelmond und Sonne den astralen Charakter der von der Taube repräsentierten Göttin an. Auch in späterer Zeit noch ist die Taube als Attribut der Liebesgöttin Aphrodite bzw. Venus belegt.

Die Taube ist somit Symboltier der Göttin der Liebe und Botin von deren Liebe. Wenn im Hohelied davon die Rede ist, dass die Augen der Frau oder des Mannes Tauben sind, dann verweist dies darauf,

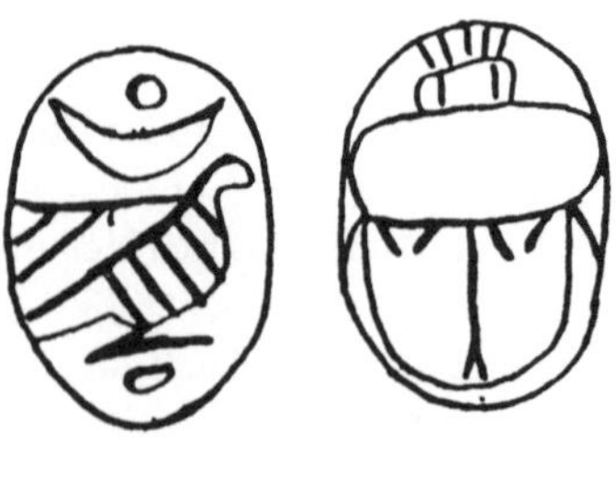

Abb. 7: Skarabäus (8./7. Jh. v. Chr.), Lachisch
Taube unter Mond und Sonne oder Stern

dass die Blicke des geliebten Gegenübers dessen Liebe und Hinwendung zum sprechenden Ich offenbaren, quasi deren Liebe verkünden. O. Keel übersetzt entsprechend: „Deine Blicke sind Liebesboten."

2. Häufig tauchen im Hohelied *Lotosblume* und *Gazellen* auf (Hld 2,9.16.17; 4,5; 6,2 u.ö.). Sowohl Lotosblume als auch Gazelle bzw. Capride sind breit belegte Motive im Alten Orient.

Hebr. שׁוֹשַׁנִּים *šošannim* ist hierbei nicht mit „Lilie" (EÜ 2016), sondern mit „Lotos" zu übersetzen. Lotos ist eine Seerosenart, die nachts den Kelch verschließt und ihn am nächsten Morgen wieder öffnet. Sie galt daher als Regenerationssymbol und war als Bildmotiv weitverbreitet (Abb. 8). In Ägypten kombinierte man den Lotos mit dem jugendlichen Sonnengott, der wie der Lotos jeden Morgen neu zum Leben erwacht (Abb. 9).

Abb. 8: Elfenbeinintarsie (8. Jh. v. Chr.), Samaria *Lotosblume als Zierelement*

Abb. 9: Elfenbein (8. Jh. v. Chr.), Samaria *Jugendlicher Prinz in der Lotosblume*

Gazellen und andere ziegenartige Tiere können trotz Hitze und Trockenheit in Steppen und Wüsten leben, an Orten, an denen Menschen nur mit Mühe überleben können, und sie erklimmen steile Hänge und Berge mit Leichtigkeit. Sie stehen also den Mächten des Todes und des Chaos entgegen und sind somit ebenfalls Ausdruck von Lebenskraft und Stärke. Insofern können sie auch Fruchtbarkeit symbolisieren. Capriden erscheinen daher seit dem 2. Jt. v. Chr. (Abb. 10) und auch noch in späterer Zeit (Abb. 11) in Kombination mit Lotosblume und Zweigen. Die Zweige sind nicht bloß schmückendes Beiwerk, sondern auch sie verkörpern die ständige Erneuerung. In der Natur weiden keine Gazellen unter Lotosblumen, aber in der symbolischen Kombination wird der Verweis auf Todesüberwindung und Lebensmacht gesteigert. Capridendarstellungen finden sich auch in der Sphäre der Liebesgöttin (Abb. 4). Die Liebe gilt somit als todesüberwindende Kraft.

Abb. 10: Skarabäus (1750–1550 v. Chr.), Südlevante
Capriden, Lotusblume und Zweige

Abb. 11: Siegel (7. Jh. v. Chr.), Bet-Schemesch
Lotosblume und Capride

Wenn im Hohelied die Brüste der Frau mit zwei Gazellen, die unter Lotosblumen weiden, verglichen werden (Hld 4,5), dann wird durch die Nennung der agilen Tiere Bewegung und Leichtigkeit evoziert. Im Vergleich mit Gazelle und Lotosblume werden die Brüste zum Ausdruck von Lebendigkeit und Erneuerung. Dem erotischen Blick auf den Frauenkörper zeigen sich Lebenskraft und Macht der Sexualität.

3. Im Anschluss an das Beschreibungslied findet sich im Hohelied die Aufforderung an die Frau, gemeinsam mit dem Mann von den *Bergen*, den Wohnungen der *Löwen* und *Panther* hinabzusteigen (Hld 4,8).

Ikonographisch finden sich zwar seltener, aber doch einige Belege dafür, dass eine Göttin, erkenntlich an der Hörnerkrone, auf Bergen thront, die durch Schuppen dargestellt sind (Abb. 12). So galt auch der Libanon mit einer Höhe von über 3000m als Gottesberg (Ez 31) bzw. „Berg der Zeder, die Wohnstatt der Götter, der Göttinnen Sitz" (Glg V 6).

Abb. 12: Rollsiegel (2000 v. Chr.), Ur
Auf Bergen thronende Göttin

Löwen und Panther sind wiederum seit dem Neolithikum (7./6. Jt. v. Chr.) als Attributtiere weiblicher Gottheiten nachgewiesen. Vor allem auch Ischtar, die gleichermaßen als Göttin der Liebe wie des Krieges gilt, wird oft von einem Löwen oder Panther begleitet oder durch sie repräsentiert. Sie gilt als Beherrscherin der Raubtiere, wodurch ihre Wildheit, Kraft und Herrschergewalt, aber auch Unabhängigkeit und Unnahbarkeit angezeigt werden. So wird sie mit dreifacher Hörnerkrone und Waffen dargestellt, wie sie einen Löwen an der Leine hält, dem sie als Zeichen von Dominanz den Fuß aufsetzt (Abb. 13). Links neben ihr befindet sich ein Stern als typisches Attribut der Astralgöttin und vor ihr steht, den Arm im Adorationsgestus erhoben, eine sie verehrende Gottheit, deren Göttlichkeit mit einer einfachen Hörnerkrone dargestellt wird.

Abb. 13: Rollsiegel, Akkadzeit (um 2200 v. Chr.)
Ischtar setzt einen Fuß auf einen Löwen

Abb. 14: neuassyrisches Rollsiegel (7. Jh. v. Chr.)
Ischtar auf Löwe oder Panther

Auch ein Rollsiegel aus neuassyrischer Zeit zeigt die kriegerische Ischtar mit Hörnerkrone sowie mit Pfeil und Bogen, Köchern und Schwertern ausgestattet (Abb. 14). An ihren Waffen und ihrer Kopfbedeckung weisen sie Sterne als Astralgottheit aus. Sie steht auf einer Löwin oder einem Panther. Vor ihr befindet sich ein Verehrer. Zur göttlichen Sphäre gehören auch die Palme und sich kreuzende Steinböcke oder Wildziegen.

Im Bild der vom Libanon, von den Wohnungen der Löwen und Panther herabsteigenden Frau wird diese im Hohelied mit der Liebesgöttin assoziiert. In diesem Zusammenhang wird auch von „Theomorphie", „Göttertravestie" oder „divine fiction" gesprochen.[112] Hierbei ist der polytheistische Kontext, aus dem die Bilder stammen, nicht mehr religiös verbindlich, die Bildsprache aber noch wirksam. Macht und Stärke der Frau, die gleichzeitig auch Macht und Stärke der Sexualität sind, kommen ebenso zum Ausdruck wie ihre Distanz und Unnahbarkeit, die sich ja auch im Bild des verschlossenen Gartens ausdrückt. In der Bitte des Mannes spiegelt sich gleichermaßen dessen Wunsch, diese Unnahbarkeit zu überwinden. Der Libanon mit seinen Löwen und Panthern ist also keinesfalls reine Szenerie, sondern offenbart das Verhältnis der Liebenden und die Eigenart des erotischen Begehrens. Das männliche Ich ist der Macht und Kraft des sexuellen Verlangens und der Frau ausgeliefert. Seine anschließende Klage, die Frau habe ihm das Herz genommen (Hld 4,9), gründet in der Unterlegenheit gegenüber dieser Macht und Stärke.

Eher zur Illustration im Sinne einer Realienkunde sei noch auf eine Gartendarstellung aus neuassyrischer Zeit verwiesen: Im Zentrum des Königsgartens befindet sich ein kleiner Tempel, der von einem Park mit Bäumen umgeben ist. Von rechts führt ein Aquädukt Wasser herbei, das sich in verschiedene Kanäle verzweigt (Abb. 15).

Abb. 15: Relief aus dem Palast Assurbanipals in Ninive (um 640 v. Chr.)
Garten mit Aquädukt, Kanälen, Bäumen und Tempel

Hier wird anschaulich, inwiefern mit der Rede vom Garten im Kontext von Liebe und Sexualität Aspekte von Fülle, Wohlergehen und Schönheit evoziert werden.

Einblick 4: Von der Ikonographie her erschließen sich Motive in ihrer Bedeutung, kollektive Konzepte und Vorstellungen sowie das religiöse und kulturelle Symbolsystem des Vorderen Orients. Diese Motive und Vorstellungen bieten auch den Hintergrund für die Motivwelt und Metaphernsprache alttestamentlicher Texte. Insofern können biblisch-anthropologische Konzepte im Dialog mit der Ikonographie profiliert werden. In Bezug auf die gewählte Passage des Hohelieds mit seiner erotischen Bildwelt wird deutlich, dass über gewählte Vergleiche, Bilder und Metaphern die Kraft und Stärke des erotischen Begehrens, Lebendigkeit und Macht zum Ausdruck kommen. Liebe und sexuelle Anziehung sind Mächte, die dem bedrohlichen und todbringenden Chaos entgegenstehen und Leben und Lebendigkeit bringen. Allerdings wird Sexualität im Begehren auch zu einer Kraft, die in Dominanz umschlagen und das Gegenüber verletzen kann.

Literatur

J. Eggler/O. Keel/S. Schroer/C. Uehlinger, Art. Ikonographie, 2006, unter: www.wibilex.de.

F. Hartenstein, Altorientalische Ikonographie und Exegese des Alten Testaments, in: S. Kreuzer/D. Vieweger u.a. (Hg.), Proseminar I Altes Testament. Ein Arbeitsbuch, Stuttgart ^{2}2005, 173–186.

O. Keel, Deine Blicke sind Tauben. Zur Metaphorik des Hohen Liedes (SBS 114/115), Stuttgart 1984.

T. Staubli, Altorientalische Bildquellen als Schlüssel zur erotischen Metaphorik des Hohenliedes, in: U. Jung-Kaiser (Hg.), Das Hohelied. Liebeslyrik als Kultur(en) erschließendes Medium? 4. Interdisziplinäres Symposion der Hochschule für Musik und Darstellende Kunst in Frankfurt am Main 2006, Bern 2007, 27–42.

T. Staubli, Ikonographische Quellen als Grundlagenmaterial für die Rekonstruktion anthropologischer Themen der Südlevante, in: J. v. Oorschot/A. Wagner (Hg.), Anthropologie(n) des Alten Testaments (VWGTh 42), Leipzig 2015, 241–264.

5.3 Perversion von Sexualität und Gewalt (2 Sam 13)

Menschliche Sexualität steht in einem engen Verhältnis zu Gewalt und Macht. Sexuelle Befriedigung kann in gewaltsamer Form, in sexueller Gewalt, gesucht werden; Gewalt wird über sexuelle Handlungen ausgeübt, so dass andere Menschen mittels sexualisierter Gewalt erniedrigt und gedemütigt werden, oder das Recht auf sexuelle Selbstbestimmung wird auf andere Weise verletzt. Was allerdings als sexuelle bzw. sexualisierte Gewalt verstanden wird, ist kontext- und kulturabhängig und ist in der Rechtsprechung Ergebnis gesellschaftlicher

Aushandlungsprozesse. So galt bis 1997 im geltenden Strafrecht der Bundesrepublik Deutschland nach § 177 ehelicher Geschlechtsverkehr auch bei sexualisierter Gewalt nicht als Vergewaltigung. Die Ausübung sexualisierter Gewalt ist nicht nur auf den individuellen Täter zurückzuführen und betrifft nicht nur das einzelne Opfer. Sexualisierter Gewalt geht es nicht nur um Triebbefriedigung, sondern sexualisierte Gewalt hat überindividuelle systemische Aspekte und betrifft Macht- und Herrschaftsstrukturen einer Gesellschaft und deren Verständnis von Geschlecht. Auch diese Strukturen sind wiederum zeit- und kontextgebunden. Dass sexualisierte Gewalt, Macht und eine Asymmetrie der Geschlechter enge Verbindungen eingehen, lässt sich auch in biblischen Texten beobachten.[113]

Im Alten Testament finden sich mehrere Erzählungen, die sexualisierte Gewalt zum Thema haben. In einigen von ihnen wird diese auch als solche verurteilt (Ri 19; 2 Sam 13 und auch Gen 34). Bei anderen findet sich auf Ebene der Erzählung kein negatives Urteil (Gen 16 und Gen 12; 20; 26), auch wenn die erzählten Konstellationen an gegenwärtigen Maßstäben gemessen als sexuelle Gewalt bzw. Gefährdung erscheinen. Indikator für die Zeitgebundenheit dessen, was als sexualisierte Gewalt verstanden wird, ist, dass das Hebräische kein Lexem für „vergewaltigen“ kennt. Zwar kennen die rechtlichen Regelungen auch die Unterscheidung zwischen sexuellen Handlungen, die auf beiderseitigem Einverständnis beruhen, und sexualisierter Gewalt, als deren Kriterium der Hilferuf gilt (Dtn 22,23–24). Aber entscheidend ist der Verstoß gegen das sexuelle Besitzverhältnis des Ehemannes oder Vaters: „sexual assault violates the man who holds the rights to a woman’s sexuality, typically her father or her husband, and not the woman herself.“[114]

So wird sexualisierte Gewalt auch mit einer Kombination verschiedener Verben umschrieben, die auf die verschiedenen Aspekte des Gewalthandelns verweisen. In 2 Sam 13 zeigen die Verben „ergreifen“ (hebr. חזק *ḥāzaq*), „entrechten / erniedrigen“ (hebr. ענה pi. *ʿinnāh*) und „liegen“ (hebr. שׁכב *šākab*) physische, sexuelle und soziale Gewalt an (2 Sam 13,14). Entsprechend der Einsichten der konstellativen Anthropologie ist eine Person immer eingewoben in soziale Zusammenhänge. Insofern betrifft sexualisierte Gewalt nicht nur die körperliche und persönliche Integrität, sondern hat auch soziale

Konsequenzen. Das Verb „entrechten / erniedrigen“ (hebr. ענה pi. *ʿinnāh*) bezeichnet diesen sozialen Aspekt der Schande, den Ehr- und Statusverlust.

2 Sam 13 kann als eigenständiger Erzählkomplex gelesen werden, dessen Thema sexualisierte Gewalt an der Tochter eines Vaters ist, dem zwar ein sozial hoher Status zukommt, der aber handlungsunfähig ist, so dass deren Rache durch ihren durchsetzungsstarken Bruder übernommen wird. Bereits auf dieser Ebene wird deutlich, dass sexualisierte Gewalt hier in ein patriarchales System eingebunden ist, in dem Männer Kontrolle über den Körper der Frau ausüben und entscheiden, wie auf sexualisierte Gewalt reagiert wird. Noch deutlicher werden die systemischen Verbindungen zu Macht und Herrschaft, wenn der Kontext der Erzählung in 1/2 Sam in den Blick genommen wird. Daher soll der Erzählkomplex erstens aus dem Kontinuum der Samuelbücher ausgegrenzt und zweitens in dieses eingeordnet werden, bevor drittens die Erzählung V. 1–22 ausgelegt wird.

1. Bei 2 Sam 13 handelt es sich um zwei kunstvoll aufgebaute Erzählungen, die sich aus dem Erzählkontext von 1/2 Sam lösen, in dem der Übergang von der königslosen dezentralen Organisation hin zum Königtum beschrieben wird. Mit V. 1–3 liegt eine Exposition vor, die die zentralen Figuren Abschalom, Tamar, Amnon und Jonadab erstmals als Handelnde vorstellt und in den Konflikt einführt. Tamar wird, noch bevor ihr Name fällt, als „schöne“ Schwester Abschaloms vorgestellt. Sie wird von ihrem Halbbruder Abschalom geliebt, ist jedoch für ihn unerreichbar, so dass dieser krank vor Begehren ist. Jonadab wiederum wird als Freund Amnons und „sehr kluger“ Mann präsentiert. Mit diesen Charakterisierungen ist das Feld für die weiteren unheilvollen Ereignisse abgesteckt, und entsprechende Leser:innenerwartungen sind geweckt.

Thema der ersten Erzählung (V. 1–22) ist die Vergewaltigung Tamars, Thema der zweiten die Ermordung Amnons durch seinen Bruder Abschalom, die Jonadab damit begründet, dass dieser seine entehrte Schwester gerächt habe (V. 23–39). Beide Erzählungen sind thematisch und über die Akteure verbunden. Tamar tritt allerdings als handelnde Figur ab, und die Handlung setzt nach einem Zeitraum von zwei Jahren wieder neu ein (V. 23). Damit ergibt sich folgende Gliederung:

2 Sam 13

V. 1–22 Sexualisierte Gewalt an Tamar

V. 1–3	Exposition: Amnon liebt seine Schwester Tamar
V. 4–9	Amnon bedrängt David auf den Rat Jonadabs hin: Tamar soll ihm Krankenkost zubereiten
V. 10–14	Amnon vergewaltigt Tamar trotz deren Abwehr
V. 15–19	Amnon vertreibt Tamar
V. 20–22	Abschalom gebietet Tamar zu schweigen

V. 23–39 Abschaloms Rache an Amnon

V. 23	Exposition: Abschalom lädt die Königssöhne zu seinem Fest ein
V. 24–27	Abschalom bedrängt David, seine Söhne zu schicken
V. 28–29	Abschalom lässt Amnon töten
V. 30–33	Jonadab stellt gegenüber David entgegen eines Gerüchtes richtig, dass nur Amnon getötet ist
V. 34–39	David trauert und Abschalom flieht

2. Auch wenn beide Erzählungen jeweils in sich und als Erzählfolge abgeschlossen sind, sind sie fest in den Kontext der David- bzw. Abschalom-Erzählungen eingebunden. Bereits auf den ersten Blick lassen dies die Bezeichnungen der Figuren erkennen. Abschalom und Amnon, die beide bislang nur in einer Notiz, die die sechs Söhne Davids aufzählt, Erwähnung fanden (2 Sam 3,2–3), werden als Söhne Davids, des Königs, vorgestellt, und Jonadab als Sohn eines Bruders Davids. Was sich hier in einer Familie ereignet, hat politische Bedeutung und gehört in den Kontext von Macht und Herrschaft sowie der Etablierung des Königtums und der Dynastie Davids. Amnon, der Erstgeborene, konkurriert mit Abschalom, der ihm in der Thronfolge nachgeordnet ist, um die Nachfolge Davids. Wenn Abschalom ihn aus Rache ermordet, dann ebnet er damit seinen Weg zum Thron und instrumentalisiert auf diese Weise die Vergewaltigung Tamars. Die Erzählungen in 2 Sam 13 bilden somit auch den Auftakt des Abschalom-Zyklus (2 Sam 14–20). Dieser erzählt von dem am Ende gescheiterten Versuch, die Königswürde durch einen Aufstand zu erlangen.

Die Auseinandersetzungen um die Thronfolge werden auf Ebene der Erzählung als Konsequenz der Verfehlungen Davids, des Ehebruchs mit Batseba und der Ermordung Urias (2 Sam 11), gedeutet. So kündigt der Prophet Nathan im Namen JHWHs an, dass sich das Unheil gegen David aus seinem eigenen Haus erhebt (2 Sam 12,11).

Nicht nur der Aufstand Abschaloms, sondern bereits die Tat Amnons stellt einen Übergriff in den Herrschaftsbereich des Vaters dar. Die Bemerkung der Erzählstimme, dass Tamar eine junge Frau (hebr. בְּתוּלָה *b*[e]*tulāh*) ist und es Amnon unmöglich ist, ihr etwas anzutun (V. 2), bezieht sich genau darauf. Hier wird nicht auf sexuelle Unberührtheit angespielt – wie die traditionelle Übersetzung mit „Jungfrau“ suggeriert –, sondern auf die soziale Stellung Tamars: Als heiratsfähige junge Frau gehört sie in den Machtbereich ihres Vaters. Wenn Amnon ihr Gewalt antut, dann stellt er sich gegen seinen Vater und damit gegen den König. Umgekehrt zeigt die sexualisierte Gewalt, die Amnon ausübt, die Machtlosigkeit Davids an, der sie nicht verhindert und nicht auf sie reagiert. Nicht David ist es, der Tamar rächt, sondern ihr Bruder Abschalom. Was als durch die Vergewaltigung ausgelöste Rache erscheint, ist allerdings der Versuch, sich den Thron zu sichern.

Auch im weiteren Kontext der David-Erzählungen besteht ein Konnex von Sexualität und Herrschaftspolitik. David sichert seine Herrschaft und seinen Einflussbereich durch kluge Heiratspolitik. Abschalom wiederum demonstriert seinen Machtanspruch, indem er auf dem Dach „vor den Augen ganz Israels“ mit den zehn Nebenfrauen Davids schläft (2 Sam 16,22). Der gealterte David schließlich ist nicht mehr fähig, mit der jungen Abischag zu schlafen (1 Kön 1). Sexuelle und politische Machtlosigkeit gehen bei ihm am Ende des Lebens Hand in Hand. Nach seinem Tod begehrt Adonja, der ebenfalls den Thron beansprucht, von Salomo, den David als Nachfolger bestimmt, Abischag zur Frau. Indem er einen Frauenkörper besitzen möchte, erhebt er Anspruch auf die Königswürde. Daher lässt Salomo ihn als Konkurrenten ermorden.

3. In der Erzählung von der Vergewaltigung der Tamar (2 Sam 13,1–22) zeigen sich Verschränkungen von Sexualität, Herrschaft, Macht und Politik. Sexualisierte Gewalt zielt nicht allein auf die Befriedigung sexueller Lust eines Einzelnen, sondern ist unlösbar verbunden mit der Art und Weise, wie das Geschlechterverhältnis konzipiert wird, mit den patriarchalen Ansprüchen auf den weiblichen Körper, mit dem als legitim erachteten Einsatz von Sexualität als Herrschaftsinstrument und mit der politischen Bedeutung von Geschehnissen auf familiärer Ebene.

V. 1–3: Alle handelnden Figuren gehören der Familie Davids an. Tamar wird über die Beziehungen zu ihren Brüdern bestimmt und gehört als junge Frau in den Machtbereich des Vaters. Ihre Schönheit und ihre Unerreichbarkeit machen sie für ihren Bruder Amnon begehrenswert.

V. 4–9: Sowohl die Erzählstimme als auch Amnon sprechen von Liebe (V. 1.4). Im Kontext zeigt sich, dass es um sexuelle Befriedigung geht, die gleichzeitig ein Machtmittel im Zusammenhang der Thronfolge ist. Amnons Freund Jonadab ersinnt eine List: Er solle sich krank stellen und vom Vater erbitten, dass Tamar ihm Krankenkost bringe, um allein mit ihr sein zu können. Als kulturelle Konvention ist vorausgesetzt, dass Frauen und Männern verschiedene Räume zugewiesen sind. Diese Trennung kann durch den Befehl des Vaters überwunden werden. Als Tamar bei Amnon Kuchen zubereitet, schickt dieser alle hinaus. Auch hier zeigt sich die systemische Dimension sexualisierter Gewalt. Es bedarf der Unterstützung Jonadabs, der Mitwirkung des Vaters und der Bereitstellung eines exklusiven Ortes, der für andere unzugänglich ist, damit es zu Amnons Übergriff kommt.

V. 10–14: Als Tamar die Kuchen bereitet hat, kommt es zum physischen Übergriff. Amnon ergreift (hebr. חזק *ḥāzaq*) Tamar und fordert sie zu sexueller Intimität auf (hebr. שׁכב *šākab* „liegen"). Anders als in allen anderen Texten des Alten Testaments, kommt an dieser Stelle die Stimme des Opfers zu Gehör. Jonadab ist der, der von der Erzählstimme als „klug" charakterisiert wird. Er ist „klug", insofern er einen Plan ersinnt, der sein Ziel erreicht.[115] Tamar ist jedoch diejenige, die sich durch ihre Rede als klug erweist:

> Sie aber sagte zu ihm:
>
> „Nicht, mein Bruder, entrechte mich nicht (ענה pi. *'innāh*)!
> Ja, so etwas wird nicht getan in Israel.
> Tue nicht diese Schandtat (נְבָלָה *n^ewālāh*)!
> Und ich: Wohin könnte ich die mir zugefügte Schmach (חֶרְפָּה *ḥærpāh*) bringen?
> Und du: Du wirst sein wie einer der Schändlichen (נְבָלִים *n^ewālim*) in Israel.
> Aber nun, sprich doch zum König,
> ja, er wird mich dir nicht vorenthalten." (2 Sam 13,12–13)[116]

Tamar weist Amnons Aufforderung zurück und benennt mit großer Klarsicht die sozialen Folgen, die die Tat für sie hätte, nämlich ihre Entrechtung und Schmach (hebr. חֶרְפָּה *ḥærpāh*). Sie trägt keine Schuld, aber sie werden die Schmähungen und die Abwertung der anderen treffen. Sie benennt keine psychischen Folgen, die die Vergewaltigung für sie hat. Offensichtlich spielen sie für das Verständnis sexualisierter Gewalt keine Rolle. Gleichzeitig verweist sie auf die Konsequenzen für Amnon: Mit seiner Tat wird er zum Schändlichen, zum Verbrecher (hebr. נְבָלָה *n^ewālāh* als Bezeichnung für die Handlung, hebr. נְבָלִים *n^ewālim* als Bezeichnung für die handelnden Personen). Mit der Tat stellt er sich außerhalb von Israel und auch gegen das Familienoberhaupt und den König. Er verspielt also mit seinem ethischen Tun ethnische Zugehörigkeit. Die Lösung, die sie vorschlägt, zielt auf den Erhalt ihres sozialen Status durch eine Heirat, der der König zustimmt. Auch hier wird deutlich, dass persönliche Gefühle diesem Verständnis von Sexualität zufolge unerheblich sind. Tamars Rede bleibt aber ohne Konsequenzen; sie wird zum Opfer sexualisierter Gewalt.

V. 15–19: Nach der Tat schlägt Amnons Liebe in Hass um, so dass er sie wegschickt. In einer zweiten Rede wirft Tamar Amnon vor, dass er damit noch größeres Unrecht tue. Denn mit der Vertreibung ist der soziale Statusverlust Tamars endgültig besiegelt. Er wird durch Trauerriten und das Zerreißen des Kleides symbolisch zum Ausdruck gebracht.

V. 20–22: Nun betritt Abschalom als handelnde Figur die Bühne. Er weiß um die Tat Amnons, verurteilt Tamar aber zum Schweigen. Die Nötigung der Opfer zu schweigen ist systemische Bedingung für sexualisierte Gewalt:

> „Das Schweigegebot ist bis heute Teil der Systeme sexualisierter Gewalt, insbesondere dort, wo Täter und Opfer zu einem übergreifenden sozialen Zusammenhang gehören, der eigentlich positiv bewertet wird: Familie, Nachbarschaft, Kirche, Sportverein – die Loyalität mit dem übergeordneten Ganzen macht es oft noch schwerer, die erfahrene Gewalt in Worte zu fassen und an die Öffentlichkeit zu bringen."[117] (I. Müllner)

Zwar nimmt Abschalom Tamar in sein Haus, schützt sie also, aber gerade dadurch degradiert er sie zum Objekt seines Handelns. Der

König erfährt von der Tat und wird zwar zornig, bleibt jedoch schwach und tatenlos. Die Erklärung der Erzählstimme, dass Abschalom Amnon wegen der Tat hasse, bereitet die Ereignisse der folgenden Episode, die Ermordung Amnons, vor.

Die Erzählung führt die Verbindung von Sexualität, Macht, Gewalt und asymmetrischen Geschlechterverhältnissen klar vor Augen. Wie diese jeweils konzipiert werden, unterscheidet sich über Zeiten und Räume hinweg:

> „Auch wenn sexualisierte Gewalt in so vielen unterschiedlichen Gesellschaften über so weite Zeiträume hinweg vorkommt, selbst wenn sich bestimmte Muster – wie etwa das Schweigegebot – in sehr unterschiedlichen historischen Kontexten immer wieder abzeichnen, haben wir es doch nicht mit einem ahistorischen, überzeitlichen Phänomen zu tun. Sexualisierte Gewalt buchstabiert sich in immer neuen Kontexten aus. Der epochenübergreifende Vergleich und damit auch die Lektüre biblischer Texte kann dabei helfen, heuristische Instrumentarien zu entwickeln, um die Systeme der Gewalt zu verstehen.“[118] (I. Müllner)

Allgemeingültige anthropologische Aussagen können nicht getroffen werden. Jedoch kann den biblischen Texten durchaus eine anthropologische Relevanz zugesprochen werden, indem sie mit der Aufgabe konfrontieren, Konzepte von Sexualität sowie Verbindungen von Sexualität, Macht und Gewalt zu hinterfragen.

5.4 Homosexualität im Alten Testament? (1 Sam 18–2 Sam 1)

Die geläufige Gegenüberstellung von Heterosexualität und Homosexualität suggeriert, dass es eine naturgegebene Unterscheidung in Menschen gäbe, die Beziehungen mit Menschen des jeweils anderen Geschlechts führen, und in solche, die gleichgeschlechtliche Partner bzw. Partnerinnen wählen, und dass Menschen nur entweder hetero- oder homosexuell sein könnten. Jedoch erweist es sich als fragwürdig, ob es zeit- und kulturunabhängige Konzepte von Homosexualität und Heterosexualität gibt. Die Begriffe werden ebenso wie auch der Begriff „Sexualität“ erst im letzten Drittel des 19. Jhs. geprägt.

Erotische Erfahrungen wurden so binär geordnet, wobei Homosexualität zu dieser Zeit als Normabweichung von einer normalen Sexualität verstanden wurde. Davon unterscheidet sich die gegenwärtige Vorstellung, dass verschieden- wie gleichgeschlechtliche Sexualität und Partnerschaft gleichermaßen Varianten menschlicher Sexualität und persönlichkeitsbildend und identitätsstiftend sind.

Dem gegenüber kennen die biblischen Texte weder Begriff noch Konzept von Hetero- und Homosexualität. Als Basisunterschiede dienen für die Kulturen des Alten Orients vielmehr für alle sexuellen Beziehungen Differenzierungen von sozialem Status, von Macht und Ehre sowie von Aktivität und Passivität, die mit Genderkonstruktionen verknüpft und die im Rahmen einer konstellativen Anthropologie zu sehen sind. Nach Hetero- oder Homosexualität im Alten Testament zu fragen, ist daher ein Anachronismus.[119]

Dennoch wird es getan – und zwar entweder in der Absicht, Homosexualität zu diskreditieren, oder in apologetischer Absicht. Die diskutierten Belege sind dabei spärlich und sollen hier kurz vorgestellt werden. Es handelt sich im Wesentlichen erstens um zwei Passagen aus dem Heiligkeitsgesetz (Lev 18,22; 20,13) und zweitens um zwei narrative Texte (Gen 19; Ri 19).

1. Als Verbot homosexueller Beziehungen werden vielfach die beiden Verse aus dem Buch Levitikus verstanden:

> Und mit einem Mann sollst du nicht schlafen,
> wie man mit einer Frau schläft.
> Das ist ein Gräuel. (Lev 18,22)
>
> Und wenn jemand mit einem Mann schläft,
> wie man mit einer Frau schläft,
> so haben beide ein Gräuel verübt.
> Sie müssen getötet werden; ihr Blut sei auf ihnen. (Lev 20,13)

Die biblischen Rechtssammlungen richten sich an freie Menschen, nicht an Sklaven, und angesprochen ist ein männliches und kein weibliches Du (Lev 18,22). Der soziale Status des Partners wird nicht präzisiert. Der sexuelle Verkehr zwischen Männern gilt in beiden Fällen als Gräuel, also als Abweichung von der kultisch-reinheitlichen Norm. Der Todessatz (Lev 20,13) ist wohl als *passivum divinum*, als Gottesstrafe, zu verstehen, also nicht als ein von einer menschlichen Instanz zu vollziehendes Todesurteil.[120]

In der gegenwärtigen Exegese werden beide Regelungen jedoch als Verbot von Analverkehr und nicht als Verbot von Homosexualität verstanden. Das Verhältnis der Geschlechter in der Antike wird durch die asymmetrische Zuordnung von einem aktiven, sozial höher gestellten und penetrierenden männlichen Partner gegenüber einem passiven, sozial niedrigeren und penetrierten weiblichen Partner geprägt. Beim Analverkehr zweier Männer übernimmt einer der beiden Männer den passiven Part und wird damit feminisiert. Vor dem Hintergrund dieser Vorstellung legt es sich nahe, die Regelungen in Lev 18,22 und 20,13 so zu verstehen, dass sie den Rollentausch und die Grenzüberschreitungen zwischen den Geschlechtern verhindern wollen. Auch wenn sich der schwer zu übersetzende Zusatz „wie man mit einer Frau schläft" wohl auf diese spezielle Form des sexuellen Kontakts zwischen Männern bezieht, kann daraus nicht abgeleitet werden, dass damit andere sexuelle Praktiken zwischen Männern positiv gewertet würden. Die Ablehnung von sexuellen Handlungen zwischen Männern ist jedoch im Rahmen der antiken Vorstellungen zu Sexualität, sozialem Status, Macht und Geschlecht zu sehen, die sich von heutigen Vorstellungen von Sexualität, Beziehung und Partnerschaft unterscheiden. Insofern taugt der Rekurs auf Lev 18,22 und 20,13 nicht für eine Bewertung von Homosexualität.

2. Gleiches gilt für die beiden narrativen Texte (Gen 19; Ri 19), die sich von ihrem Setting her sehr ähneln. In beiden Erzählungen droht Fremden, die in einer Stadt (Sodom bzw. Gibea) übernachten wollen, die Vergewaltigung durch die Bewohner. Deren Gastgeber (Lot bzw. der Ephraimiter) bieten den Männern, die zu sexualisierter Gewalt bereit sind, ihre Töchter bzw. ihre Tochter und die Nebenfrau, wenn diese ihre Gäste verschonen. Der kollektive Vergewaltigungsversuch bzw. die Vergewaltigung und Ermordung der Nebenfrau führen zur Zerstörung der Städte. In beiden Fällen geht es also nicht um Homosexualität, die – so die christliche Rezeption von Gen 19 – als Sünde abgewertet würde. Verurteilt wird vielmehr ein schwerwiegender Verstoß gegen die Gastfreundschaft, der mittels sexualisierter Gewalt, die auf Statusminderung der Gäste zielt, illustriert wird.

Die wenigen Stellen, an denen biblische Texte explizit sexuelle Handlungen zwischen Männern zum Thema machen, zeigen diese – wie auch sexuelle Handlungen zwischen heterosexuellen Menschen – eingebunden in Konzepte von Geschlecht, Status und Macht und können nicht als Hinweis auf Homosexualität im heutigen Sinn verstanden werden. Diese historische Kontextualisierung, die darauf zielt, eine auf die Bibel gestützte homophobe Argumentation zu entkräften, wird jedoch aus queerer Perspektive nicht nur positiv gesehen. So fragt K. Stone:

> „Is it possible that even this continued focus on biblical views of same-sex relations could have the unintended and paradoxical effect of actually contributing to heteronormativity?“[121] (K. Stone)

Wenn der Rekurs auf die Bibel zur Frage der Bewertung von Homosexualität nichts beiträgt, trotzdem aber immer wieder dieselben Texte unter diesem Fokus untersucht werden, dann werde dadurch die binäre Opposition von Hetero- und Homosexualität gerade erst hervorgebracht und (allein) Homosexualität zum Untersuchungsgegenstand, der legitimierungsbedürftig ist. Im gegenwärtigen Diskurs sei es daher zielführender, offenzulegen, wie gleich- und verschiedengeschlechtliche Beziehungen in Genderkonzepte eingebunden sind. Indem Vorstellungen von naturgegebener Weiblichkeit und Männlichkeit hinterfragt würden und auf Inkohärenzen und Grenzüberschreitungen in biblischen Texten verwiesen würde, könne Heteronormativität destabilisiert werden.

Ein Beispiel für solche Inkohärenzen und Grenzüberschreitungen von Geschlechterrollen und den Gebrauch von erotischer Bildsprache im Zusammenhang von Macht und Herrschaft sind die biblischen Figuren David und Jonatan. Die Beziehung der beiden ist nicht Thema einer abgeschlossenen Erzählung, sondern steht im Kontext der Erzählungen zur Etablierung des Königtums in Israel. Dieser Kontext soll erstens im Folgenden vorgestellt werden, bevor zweitens gezeigt wird, wie bei der Darstellung der Figuren und ihrer Beziehung Geschlechterrollen konstruiert und überschritten werden.

1. Saul, der erste König Israels, wird von Gott verworfen, der David, den jüngsten Sohn Isais, erwählt hat und durch den Propheten

Samuel zum König salben lässt. Saul weiß nichts von seiner Verwerfung und der Erwählung Davids, nimmt aber David zunächst als Harfespieler, dann nach seinem Sieg über den Philister Goliat als Kämpfer an den Königshof auf. David ist der von allen Geliebte: Er wird von Saul geliebt (1 Sam 16,21), von Sauls Sohn Jonatan (1 Sam 18,1), von ganz Israel und Juda (1 Sam 18,16) und von Sauls Tochter Michal (1 Sam 18,20.28). Die kollektive Liebe Israel und Judas und die individuelle Liebe der beiden Kinder Sauls haben jeweils politische Bedeutung: Mit ihr wird die Legitimität Davids als König anerkannt. Beide Kinder Sauls lieben David; beide Kinder vereiteln die Mordpläne ihres Vaters, der mittlerweile erkannt hat, dass er verworfen, David hingegen erwählt ist, und beide retten David das Leben (1 Sam 19,1–7.8–17). Jonatan schließt einen Bund mit David (1 Sam 18,1–4); Saul gibt David nach einem militärischen Sieg über die Philister Michal zur Frau (1 Sam 18,28). Jonatan stirbt im Kampf gegen die Philister (1 Sam 31,2); Michal stirbt kinderlos (2 Sam 6,23). Beide sind somit – obwohl Kinder Sauls – Wegbereiter des Königtums Davids.

2. Zwar ist auch zweimal von der Liebe Michals für David die Rede, ausführlicher wird aber die Beziehung Jonatans und Davids erzählt. Die zentralen Begegnungen seien im Folgenden vorgestellt.

1 Sam 18: Zu einem ersten Zusammentreffen kommt es unmittelbar nach dem Sieg Davids über Goliat, der Demonstration von dessen Stärke und Kampfesmut:

> Und es geschah, als er aufgehört hatte, mit Saul zu reden, da verband sich die נֶפֶשׁ *næfæš* Jonatans mit der נֶפֶשׁ *næfæš* Davids, und Jonatan liebte ihn wie sich selbst [= seine eigene נֶפֶשׁ *næfæš*]. Und Saul nahm ihn an jenem Tag zu sich und ließ ihn nicht in das Haus seines Vaters zurückkehren. Und Jonatan und David schlossen einen Bund, weil er ihn liebte wie seine eigene נֶפֶשׁ *næfæš*. Und Jonatan zog das Oberkleid aus, das er anhatte, und gab es David, und seinen Waffenrock und sogar sein Schwert, seinen Bogen und seinen Gürtel. (1 Sam 18,1–4)

Die Liebe Jonatans zu David wird als politisches Bündnis beschrieben, wie auch Liebesmetaphorik zur altorientalischen Bundesterminologie gehört. So werden die Vasallen des assyrischen Königs aufgefordert, ihn wie sich selbst zu lieben.[122] Allerdings bezeichnet auch das weibliche Ich im Hohelied ihren Geliebten als den, „den meine *næfæš* liebt“ (Hld 1,7; 3,1–4). Als Zeichen der Submission und Anerkennung Davids als nachfolgenden König entkleidet sich Jonatan und übergibt Kleidung und Waffen und damit das Königtum an David. In der Liebessprache verbinden sich emotionale Zuneigung und politische Loyalität.

1 Sam 19: Als Saul beschließt, David zu töten, hintergeht Jonatan seinen Vater und informiert David über dessen Mordpläne. Als geheimer Treffpunkt dient das Feld (1 Sam 19,1–3), das zumindest im Hohelied Ort der Zusammenkunft der Liebenden (Hld 1,7; 3,1–4; 7,12) ist. Begründet wird das Handeln Jonatans damit, dass er David begehrt (hebr. חפץ *ḥāfeṣ* in 1 Sam 19,1), womit sexuell-erotische Assoziationen geweckt werden (Gen 34,19; Dtn 21,14).

1 Sam 20: David muss erneut wegen der Mordpläne Sauls fliehen. Wieder ist das Feld der geheime Treffpunkt. Jonatan wird zunächst von einem Diener begleitet, den er mit seinen Waffen nach Hause schickt, um David unbeobachtet zu treffen:

> Als der Knabe weggegangen war, stand David hinter dem Steinhaufen auf und fiel auf sein Gesicht zur Erde und beugte sich dreimal nieder. Und sie küssten einander und weinten miteinander, David aber am allermeisten. Und Jonatan sagte zu David: „Geh hin in Frieden. Was wir beide im Namen JHWHs geschworen haben, dafür wird JHWH zwischen mir und dir, zwischen meinen und deinen Nachkommen auf ewig sein.“ (1 Sam 20,41–42)

Wie die beiden Liebenden im Hohelied treffen sich David und Jonatan heimlich. Ihre Begegnung und der Abschied sind mit Küssen und Weinen emotional aufgeladen. Das Aufeinandertreffen ist von politischer und theologischer Bedeutung. Bekräftigt wird der Bundesschluss, der nicht nur zwischen ihnen, sondern der gesamten Dynastie gilt und im Namen JHWHs erfolgt. Die Übergabe der Königswürde an David ist somit gottgewollt. David und Jonatan müssen sich endgültig trennen.

2 Sam 1: Saul und seine Söhne, darunter auch Jonatan, sterben im Kampf gegen die Philister. Als David davon erfährt, zerreißt er seine Kleider, führt also die Trauerriten aus, und singt die Totenklage für die Gefallenen:

23 Saul und Jonatan, die Geliebten und Liebenswerten,
in ihrem Leben und Tod sind sie ungetrennt;
Sie waren schneller als Adler, stärker als Löwen.
24 Ihr Töchter Israels, weint um Saul;
er hat euch in köstlichen Purpur gekleidet,
hat goldenen Schmuck an eure Kleider geheftet!
25 Ach, die Helden sind gefallen mitten im Kampf!
Jonatan liegt erschlagen auf deinen Höhen.
26 Weh ist mir um dich, mein Bruder Jonatan!
Du warst mir sehr lieb.
Wunderbarer war deine Liebe für mich
als die Liebe von Frauen.
27 Ach, die Helden sind gefallen,
die Waffen des Kampfes verloren! (2 Sam 1,23–27)

Auch hier mischen sich die Trauer um den persönlichen Verlust und um die öffentlichen Würdenträger, Liebesmetaphorik und militärische Sprache: Zu beklagen sind Jonatan und Saul als Geliebte und als Helden und Kriegsführer. Beide werden betrauert, aber in der individuellen Klage um Jonatan ist der Ausdruck emotionaler Betroffenheit am größten (V. 26): Jonatan wird als „Bruder" bezeichnet, um die Nähe der Beziehung zu verdeutlichen. Seine Liebe sei für David größer als die der Frauen gewesen. Mehr als jede kluge Heiratspolitik ist politisch der Verzicht Jonatans auf die Thronfolge zugunsten Davids für David von Bedeutung. Gleichzeitig erhält die Aussage durch den Vergleich mit der „Liebe von Frauen" auch eine erotische Dimension. Durch die Gegenüberstellung von „Frauen" im Plural mit der Liebe Jonatans allein wird die Exklusivität der Beziehung Davids mit Jonatan hervorgehoben.

In den Erzählungen um David und Jonatan vermischen sich in der sexuell-erotisch getönten Liebesmetaphorik die politische und die persönliche Ebene. Die Parallelität, mit der über die Heirat mit Michal und das Bündnis mit Jonatan erzählt wird, und der Vergleich mit der Liebe der Frauen lässt Jonatan auf Ebene der Beziehung eine weibliche Rolle einnehmen. Im Zusammenhang der antiken Vorstellungen vom aktiven, sozial höher gestellten männlichen Partner und einem passiven, sozial niedriger gestellten, typischerweise weiblichen Partner wird Jonatan die Rolle des untergebenen und weiblichen Parts zugewiesen.

> „Against the backdrop of such conventions, Jonathan's love for David (which has connotations of both political covenant *and* personal affection) underscores Jonathan's *submission* to David. And it does so in terms of mixed gender. Jonathan is a man, indeed a warrior prince, whose characterization here can nevertheless be described […] as 'wife-like' […] and 'womanlike'."[123] (K. Stone)

Jedoch erscheint auch David als Objekt der Liebe Jonatans, wodurch die Männlichkeit Davids – so K. Stone weiter – in Frage gestellt wird. Auch in Bezug auf David sind die Geschlechterrollen also weniger stabil, als es auf dem ersten Blick erscheint. Aus anthropologischer Perspektive wird die Frage nach den Konstruktionen von Weiblichkeit und Männlichkeit so zur Möglichkeit, die heteronormative Ordnung anzufragen:

> „For even if we believe (as I do) that the story of David comes to us from a world in which modern notions about gay identity and gay relationships were not presupposed in the conceptualization of homoeroticism, the presence in 1–2 Samuel of 'ambiguously gendered characters' who love one another has long made the relationship between David and Jonathan a kind of 'iconic text' […] for gay men who find in that relationship points of identification."[124] (K. Stone)

Kapitel 5: Versteht man Geschlecht nicht (allein) als biologische Größe, sondern als soziales Konstrukt, zeigt sich, wie auch in alttestamentlichen Texten Geschlecht diskursiv hergestellt wird. So sind es insbesondere Körperbilder wie in Lev 15, die weibliche und männliche Körper hervorbringen. Diese sind Teil des religiösen Symbolsystems, insofern sich an ihnen Kultfähigkeit abbildet. Körper und Geschlecht sind von Bedeutung für die Begegnung mit dem Heiligen. Auch wenn dies hier für beide Geschlechter gilt, lassen andere narrative und legislative Texte ein asymmetrisches Verhältnis der Geschlechter erkennen. Das Verständnis von Sexualität ist dadurch bestimmt, den sozialen Status des Mannes zu sichern, und ist geprägt durch Kategorien von Besitz, Macht und Ehre. Zwar steht männliche Dominanz auch im Hintergrund des Hohelieds, dennoch erscheint hier Liebe und erotisches Begehren als gegenseitig und Frau und Mann agieren selbstbestimmt. Im Gegensatz dazu steht die Erzählung von der Vergewaltigung der Tamar: Sexuelle Gewalt ist eingebunden in ein patriarchales System, das Männern Gewalt über den Körper der Frau zugesteht und in dem dies als legitimes Machtmittel gesehen wird. Auch in der Erzählung von David und Jonatan zeigt sich die enge Verbindung von persönlicher Beziehung und politischem Handeln. Dabei wird die Beziehung der beiden Männer mit erotischer Bildsprache beschrieben, und traditionelle Geschlechterrollen werden unterlaufen. Als kanonischen Texten kommt alttestamentlichen Texten wie 2 Sam 13 oder 1 Sam 18–2 Sam 1 ein hoher Stellenwert zu. Eine kritische gendersensible Lektüre, die den Zusammenhang von Geschlecht, Macht und Gewalt offenlegt und auf egalitäre Zuordnungen der Geschlechter bzw. auf Grenzüberschreitungen in Bezug auf Geschlecht hinweist, bietet Anknüpfungspunkte für gegenwärtige Diskurse.

Literatur

D. Carr, Gender and the shaping of desire in the Song of Songs and its interpretation, in: JBL 119 (2000) 2, 233–248.

D. Ebele-Küster, Die Körperbestimmungen in Leviticus 11–15, in: A. Berlejung/J. Dietrich/J. F. Quack (Hg.): Menschenbilder und Körperkonzepte im Alten Israel, in Ägypten und im Alten Orient. Tübingen (ORA 9) 2012, 209–224.

M. Leuenberger, Geschlechterrollen und Homosexualität im Alten Testament, in: EvTh 80 (2020) 3, 206–229.

I. Müllner, Zwischen Geschlechteregalität und göttlicher Gewalt – allegorische Lektüren des Hohelieds, in. L. Schwienhorst-Schönberger (Hg.), Das Hohelied im Konflikt der Interpretationen (ÖBS 47), Frankfurt 2017, 209–231

I. Müllner, Erzählen gegen das Schweigen. Narrative Darstellungen sexueller Gewalt im Ersten Testament, in: M. Jakobs (Hg.), Missbrauchte Nähe. Sexuelle Übergriffe in Kirche und Schule (Theologische Berichte 34), Fribourg/Schweiz 2011, 51–91.

T. Römer, Homosexualität in der Hebräischen Bibel? Einige Überlegungen zu Leviticus 18 und 20, Genesis 19 und der David-Jonathan-Erzählung, in: M. Bauks/K. Liess/P. Riede (Hg.), Was ist der Mensch, dass du seiner gedenkst? (Psalm 8,5). Aspekte einer theologischen Anthropologie, Festschrift für Bernd Janowski zum 65. Geburtstag, Neukirchen-Vluyn 2008, 435–455.

K. Stone, Queer Reading between Bible and Film. Paris Is Burning and the „Legendary Houses" of David and Saul, in: T. J. Hornsby/Ders. (Hg.), Bible Trouble. Queer Reading at the Boundaries of Biblical Scholarship (Semeia Studies 67), Atlanta 2011, 75–98.

Einblick 5: Altorientalische Vorstellungen vom Menschen (Gilgamesch-Epos)

Die Erzählungen von David und Jonatan stehen im Kontext der biblischen Geschichtsschreibung. Anthropologische Themen kommen zur Sprache, gleichwohl zielt die Darstellung auf die Legitimierung der davidischen Königsdynastie. Das Gilgamesch-Epos reflektiert als epische Dichtung noch weitaus stärker auf anthropologische Grundbedingungen und gibt Einblick in altorientalische Vorstellungen vom Menschen. Der Blick auf Texte des altorientalischen oder altägyptischen Kulturraums hilft oft, biblische Konzepte besser einordnen und verstehen zu können. So wird es im Folgenden nicht darum gehen, *das* Menschenbild des Gilgamesch-Epos zu skizzieren. Vielmehr soll auch im Hinblick auf die Freundschaft von Gilgamesch und Enkidu aufgezeigt werden, wie Geschlechterrollen überschritten und das Verhältnis der beiden mittels erotischer Bildsprache beschrieben wird.[125]

Die Erzählung von den Abenteuern Gilgameschs, des Königs von Uruk, kreist um das Wesen des Menschen, seine soziale Rolle und Aufgabe sowie die Möglichkeiten eines sinnvollen Lebens angesichts der eigenen Sterblichkeit. Gilgamesch wird zunächst als ungestümer und verantwortungsloser junger König präsentiert. Mit seinem Freund Enkidu zieht er aus, sich durch Heldentaten einen Namen zu machen. Der Tod Enkidus wird zum Wendepunkt: Gilgamesch begibt sich auf der Suche nach Unsterblichkeit allein an die

Grenzen der Erde. Er scheitert und erkennt erst wieder in Uruk, dass es seine Aufgabe ist, den Menschen der Stadt Schutz zu bieten.[126]

Das Gilgamesch-Epos ist voll von erotischen Anspielungen und inszeniert sexuelle Begegnungen von Gilgamesch und den Frauen von Uruk sowie Enkidus sexuelle Initiation durch die Prostituierte Schamchat. Grenzen werden ständig überschritten: Gilgamesch ist zwei Drittel Gott, ein Drittel Mensch (I,48); Enkidu ist zunächst mehr Tier als Mensch und labt sich mit den wilden Tieren am Wasser (I,12); Schamchat, die Prostituierte, hat die Macht eines Mannes (I,140), um nur einige Beispiele zu nennen. Erotische Anspielungen und Grenzüberschreitungen im Hinblick auf Geschlechterrollen seien an einigen Beispielen erläutert.

1. Gilgamesch wird als großer Held eingeführt. Er tyrannisiert jedoch sein Volk in Uruk so sehr, dass die Götter ihm in Enkidu einen ebenbürtigen Gefährten an die Seite stellen. Er soll ihm Einhalt gebieten. Zunächst lebt Enkidu mit den Tieren in der Wildnis, wird dann durch die Begegnung mit der Prostituierten Schamchat von der Natur entfremdet. Sie erzählt Enkidu auch, nachdem sie sich sieben Tage und Nächte gepaart haben, von Gilgamesch, der schön an Männlichkeit und dessen Leib voller Reize ist. Er habe bereits von ihm, Enkidu, geträumt. Im Folgenden beschreibt Gilgamesch seiner Mutter zwei Träume: Im ersten fällt ein Meteor auf ihn nieder, im zweiten liegt eine Axt in den Straßen von Uruk. Den Meteor und die Axt liebt und liebkost er „wie eine Gattin" (I,255.284). Seine Mutter bezieht die beiden Träume auf die Ankunft eines Genossen, eines Freundes:

> Mein Sohn, die Axt, die du liebtest, das ist ein Mensch!
> Du wirst ihn lieben wie eine Gattin und ihn liebkosen.
> Ich aber werde ihn mit dir auf eine Stufe stellen! (I,288–290)[127]

Die gewählten Verben „liebkosen" (akkad. *ḫabābu*) und „lieben" (akkad. *râmu*) beschreiben kurz vorher und kurz nachher im Text die sexuelle Vereinigung von Schamchat und Enkidu. So fällt auch auf die zukünftige Freundschaft von Gilgamesch und Enkidu ein erotisches Licht.

2. Gilgamesch und Enkidu finden sich als Gefährten. Zusammen begeben sie sich auf der Suche nach Ruhm und Ansehen zum Ze-

dernwald. Dort töten sie Humbaba, den Wächter des Zedernwaldes, um die Bäume zu fällen. Wieder in Uruk macht die Göttin Ischtar, Göttin der Liebe und des Kriegs, Gilgamesch erotische Avancen:

> Komm doch her, Gilgamesch, du, sei Bräutigam!
> Mir schenke, ja, schenke deine Früchte!
> Du, sei mein Mann, und ich will deine Gattin sein! (VI,7–9)

Sie bietet ihm Luxus und Besitz, den Tribut und die Unterwerfung von Königen als Brautgaben. Gilgamesch jedoch weist sie zurück. Er verweist auf ihre vielen vergangenen Liebhaber, die sie tyrannisiert hat:

> Auch mich würdest du nur lieben (akkad. *râmu*), um mich dann zu verwandeln genau wie jene! (VI,79)

Indem Ischtar Gilgamesch bittet, ihr Bräutigam zu sein, und über ihre Liebhaber dominiert, nimmt sie männliche Rollen ein und verbindet Sexualität und Gewalt. Gilgamesch unterliegt weder der Verführungskraft von Macht und Reichtum noch ihren sexuellen Reizen, verweigert sich ihrem Rollentausch und schützt so seine Männlichkeit. Insofern verkörpert er hier die traditionelle Geschlechterordnung.

3. Voller Zorn veranlasst Ischtar ihren Vater, den Himmelsgott Anu, den Himmelsstier zu senden, damit dieser Gilgamesch erschlage. Doch Gilgamesch und Enkidu töten den Himmelsstier. Die Götter beschließen daraufhin für ihre frevelhaften Taten den Tod eines der beiden Freunde. Die Wahl fällt auf Enkidu. Gilgamesch betrauert den Tod seines Freundes zutiefst, vergleicht sich selbst mit einem Klageweib und singt weinend die Totenklage für ihn:

> Jener aber [= Enkidu], er erhebt sein Haupt nicht mehr.
> Er [= Gilgamesch] fühlte nach dessen Herz, doch es schlägt nicht mehr.
> Da verhüllte er den Freund so wie das Antlitz einer Braut. (VIII,57–59)

Der Schleier, mit dem Gilgamesch Enkidu verhüllt, ist Anzeige für den Status einer verheirateten Frau. Beim Tod Enkidus wird mit der Ehemetaphorik das Bild der anfänglichen Träume, in denen Gilgamesch Meteor und Axt liebt „wie eine Gattin“, wieder aufgenommen, und Gilgamesch und Enkidus Beziehung wird als die von Braut und Bräutigam gezeichnet. Auf diese Weise wird Gilgamesch eine männliche, Enkidu eine weibliche Geschlechterrolle zugewiesen.

4. Gilgamesch begibt sich voller verzweifelter Trauer und getrieben von der Angst vor dem eigenen Tod auf die Suche nach Uta-napischti, dem Helden der Sintflut. Gilgamesch will wie er zu Unsterblichkeit gelangen. Seine Reise führt ihn zur Schankwirtin Siduri, die ihn fragt:

> Warum sind denn deine Wangen so ausgezehrt und eingefallen ist dein Gesicht?
> (Warum) ist (denn) dein Herz so betrübt und deine Erscheinung zugrunde gerichtet? (X,47–48)

In seiner Antwort wiederholt Gilgamesch mehrfach, dass „Enkidu, mein Freund, den ich so sehr liebte (akkad. *râmu*)“ (X,56) tot ist. Die Liebe Ischtars hat Gilgamesch zurückgewiesen; diese Zurückweisung führt zum Tod Enkidus. Die Liebe zu Enkidu lässt Gilgamesch schließlich den Wert des Lebens angesichts des Todes erkennen.

Schließlich findet Gilgamesch Uta-napischti. Dieser weist sein Verlangen nach Unsterblichkeit zurück. Gilgamesch solle vielmehr die ihm anvertrauten Menschen schützen und durch die Sintflut vergessenen Kult- und Opferregeln wiederherstellen. Lebenssinn könne Gilgamesch nur in der Erfüllung seiner sozialen Aufgaben als König finden (X,257–277). Der Weg zur Unsterblichkeit sei den Menschen verschlossen. Der Tod ist das Schicksal des Menschen. Erst am Ende, wieder in Uruk, als er alles verloren glaubt, besinnt sich Gilgamesch der Lehre Uta-napischtis und kann stolz auf die gewaltigen Mauern von Uruk verweisen, mit denen er sein Volk als guter Hirt schützt.

Die sumerischen Vorläufer des Gilgamesch-Epos entstanden Ende des 3. Jt. v. Chr. Eine altbabylonische Fassung entstand im 18. Jh. v. Chr., das 12-Tafel-Epos wird um 1200 v. Chr. datiert. Spätbronzezeitliche mittelbabylonische Fragmente aus Megiddo und Ugarit und die Erwähnung Gilgameschs im Buch der Giganten aus Qumran zeigen, dass Gilgamesch auch in der Levante bekannt war. Spätestens mit dem babylonischen Exil bestand unmittelbarer Kontakt mit der mesopotamischen Kultur. Insofern ist durchaus plausibel, dass das

Gilgamesch-Epos und seine Vorstellungswelt im Hintergrund der biblischen Erzählungen steht oder diese sogar direkt beeinflusste.

Noch deutlicher als in den Erzählungen von David und Jonatan wird im Gilgamesch-Epos ersichtlich, wie die Beziehung von Gilgamesch und Enkidu mit erotischen Anspielungen und sexueller Metaphorik aufgeladen wird, auch wenn keine sexuelle Begegnung direkt geschildert wird. Dabei nehmen beide Freunde sowohl weibliche als auch männliche Rollen ein: Sie exemplifizieren männlichen Kampfesmut und Stärke; Gilgamesch wehrt sich gegen eine Feminisierung durch Ischtar und behauptet seine Männlichkeit. Enkidu ist auf Bildebene Gilgameschs Braut und Ehefrau; Gilgamesch beklagt seinen Tod wie ein Klageweib.

Für D. Halperin sind Gilgamesch und Enkidu, David und Jonatan und auch Achilles und Patrokles Beispiele für eine Verbindung zwischen zwei Männern, die als heroische oder brüderliche Freundschaft beschrieben werden kann und für deren Beschreibung Analogien im Bereich sexueller und verwandtschaftlicher Beziehungen herangezogen werden.[128]

Einblick 5: Im Vergleich mit dem Gilgamesch-Epos wird für die alttestamentliche Erzählung deutlich, dass auch die persönliche und politische Verbindung von David und Jonatan über die Analogie einer Frau-Mann-Beziehung ausgelotet wird. Jenseits der Frage, ob eine direkte literarische Abhängigkeit zwischen beiden Texten besteht, zeigt sich, dass ein Blick auf altorientalische Zeugnisse hilft, alttestamentliche Vorstellungen, Konzepte und Bildsprache adäquat zu verstehen: Freundschaft und politische Beziehungen werden mit erotischer Sprache beschrieben, so dass Geschlechterrollenzuschreibungen aufweichen. Beide antiken Texte eröffnen Raum für die anthropologische Frage, wie vielgestaltig Geschlecht konzipiert wird, wie vielgestaltig gleichgeschlechtliche Beziehungen und Beziehungen zwischen den Geschlechtern sein können und welche Rolle in diesem Zusammenhang Sexualität und sexuelle Bildsprache spielen.

Literatur

Das Gilgamesch-Epos. Neu übersetzt und kommentiert von Stefan M. Maul, München [5]2012.

S. Ackerman, When Heroes Love. The Ambiguity of Eros in the Stories of Gilgamesh and David, New York 2005.

J. S. Cooper, Buddies in Babylonia. Gilgamesh, Enkidu, and Mesopotamian Homosexuality, in: T. Abusch (Hg.), Riches Hidden in Secret Places. Ancient Near Eastern Studies in Memory of Thorkild Jacobsen, Winona Lake 2002, 73–85.

D. Halperin, Heroes and their Pals, in: Ders., One Hundred Years of Homosexuality and Other Essays on Greek Love (New Ancient World Series), New York/London 1990, 75–87.

N. Walls, Desire, Discord and Death. Approaches to Ancient Near Eastern Myth (ASOR), Boston 2001.

6. Die Vergänglichkeit des Menschen

Die Vergänglichkeit des Menschen gehört ebenso wie die Geschöpflichkeit zu den Grundüberzeugungen der alttestamentlichen Texte. Der Tod wird dabei als unausweichlich und sein Zeitpunkt als unverfügbar verstanden. Als Ideal gilt ein langes und erfülltes Leben. Die Vergänglichkeit des Menschen und die Endgültigkeit des Todes werden dann zum Thema, wenn das Leben eben nicht als erfüllt und gelungen empfunden wird, sondern es an Gerechtigkeit mangelt. So ist auch die Vergänglichkeitsklage Ijobs, in der er die Endgültigkeit des menschlichen Todes angesichts der Erneuerung und des Wiederauflebens der Natur beklagt, als Appell an Gott zu verstehen, von Ijob abzulassen, der sich zu Unrecht vom Leid geschlagen fühlt (Kap. 6.1). Auch Kohelet beschreibt das Altern des Menschen, an dessen Ende der Tod steht. Für ihn sind Vergänglichkeit und Lebensfreude untrennbar miteinander verbunden (Kap. 6.2). Die alttestamentlichen Texte sind sehr zurückhaltend gegenüber Vorstellungen eines jenseitigen Lebens. Doch lässt sich ein Prozess beobachten, in dem herkömmliche Vorstellungen aufgegriffen und transformiert werden, so dass sich in der Zeit der hellenistischen Religionsverfolgungen eine Hoffnung auf Auferstehung herausbilden kann. Der Tod wird dann als Transitus und als Ermöglichungsgrund von Gerechtigkeit gedeutet (Kap. 6.3).

6.1 Die Endgültigkeit des Todes (Ijob 14)

Angesichts der Unausweichlichkeit des Todes stellt sich die Frage, wann ein guter Zeitpunkt für den Tod ist. Dabei gilt oft ein langes Leben, auf das man in Zufriedenheit zurückblicken kann, als Ideal. Wie das Leben im Rückblick bewertet wird, hängt wesentlich davon ab, ob der Mensch das Gefühl hat, ihm sei im Leben Gerechtigkeit widerfahren. Die alttestamentlichen Texte kennen ebenfalls die Vorstellungen eines Todes „im guten Alter, alt und lebenssatt“ (Gen 25,9) und nach einem gelungenen Leben (Dtn 30,15; Spr 3,2.16–17). Im Ijobbuch beklagt Ijob jedoch die Vergänglichkeit des Menschen in Anbetracht seines leidvollen Lebens. Er klagt für das Leben Gerechtigkeit ein – angesichts der Endgültigkeit des Todes und der Vorstellung eines Schöpfers, der seinem Geschöpf zugewandt ist, ihm also Gerechtigkeit widerfahren lassen sollte.

Die Vergänglichkeit des Menschen und die Unausweichlichkeit des Todes bringt Ijob 14 in einer poetisch verdichteten Form wie kaum ein anderer Text zum Ausdruck. Dabei ist zu beachten, dass es sich um keine systematische anthropologische Reflexion des Todes handelt, sondern der Text Teil des klagenden Umgangs Ijobs mit seinem Leid ist. Er ist im Zusammenhang mit anderen anthropologischen Aussagen des Ijobbuches zu sehen. Indem Ijob in seinen Reden Bezug auf die Scheol nimmt, werden zudem Unterweltsvorstellungen eingespielt. Im Folgenden soll daher vor der Auslegung des Textes erstens Ijob 14 in seinen Kontext eingeordnet, zweitens weitere relevante Passagen des Ijobbuches vorgestellt und drittens Hinweise zur Scheol als Ort der Toten gegeben werden.[129]

1. Ijob 14 ist Teil der *Rede Ijobs (Ijob 12–14)*, mit der der erste sogenannte Redegang, das erste Streitgespräch Ijobs mit seinen drei Freunden (Ijob 4–14), beendet wird. Die Ijob-Rede stellt insofern einen Wendepunkt dar, als Ijob nach seiner Antwort an die Freunde (Ijob 12,1–13,16), zu denen die Distanz immer größer wird, Gott selbst zum Rechtsstreit herausfordert (Ijob 13,17–14,22). Dabei beteuert er erneut seine Unschuld:

> Wie viel habe ich an Sünden und Vergehen? Meine Schuld und mein Vergehen sag mir an! (Ijob 13,23)

Die folgende Klage über die Vergänglichkeit (Ijob 14) ist somit ein Rechtsargument und Appell an Gott, von Ijob abzulassen.

2. Ijob 14 steht dabei in enger Beziehung zu der Klage über Mühsal und Elend des menschlichen Lebens (Ijob 7) und der Anklage Gottes, der ihn unschuldig verfolge (Ijob 10).

Der Mensch ist – so klagt Ijob in *Ijob 7* – wie ein Tagelöhner (V. 1), der sein Leben nicht selbst bestimmt und nicht weiß, ob er für seine Arbeit auch den gerechten Lohn erhält. Das Leben des Menschen ist flüchtig und von Kürze gezeichnet:

> Bedenke, dass mein Leben ein Hauch ist. (Ijob 7,7)

Die Möglichkeit eines gerechten Ausgleichs ist nach dem Tod nicht mehr gegeben. Menschliches Leben ist unwiederbringlich:

> Die Wolke schwindet und vergeht; so geht, wer in die Scheol hinabsteigt, nicht wieder herauf. (Ijob 7,10)

Im Hintergrund von *Ijob 10* steht ebenfalls die Vorstellung vom endgültigen Tod des Menschen, der außerhalb seines eigenen Verfügungsbereiches liegt:

> Du [= Gott] lässt mich zum Staub zurückkehren! (Ijob 10,9)

Ijob bittet um ein Ende des Leids,

> ehe ich gehe und nicht wiederkomme – in das Land der Finsternis und des Todesschatten. (Ijob 10,21)

Jedoch wird hier nicht von der Vergänglichkeit des Menschen gesprochen, ohne gleichzeitig auch den Beginn und Grund menschlichen Lebens in den Blick zu nehmen:

> Deine Hände haben mich gebildet. […] Gedenke doch, dass du mich wie Ton gemacht hast! (Ijob 10,8–9; vgl. Gen 2,7; 3,19; 2 Makk 7, vgl. *Kap 6.3*)

Von Geburt und Tod her wird die Abhängigkeit des Geschöpfes von seinem Schöpfer deutlich. Mit dem Appell an Gott, dessen zu gedenken, wird dieser an die damit einhergehende Verantwortung für den Menschen und unbedingte Verwiesenheit des Menschen auf Gott erinnert:

> Leben und Gnade hast du mir gewährt und durch deine Zuwendung meinen Geist bewahrt. (Ijob 10,12)

Die Erinnerung Gottes an die Geschöpflichkeit des Menschen führt in Ijob 10 zur Bitte, von ihm abzulassen. Daran wird Ijob 14 anknüpfen.

3. Auch die alttestamentlichen Texte bezeugen verschiedene Deutungen des Todes und Jenseitsvorstellungen. Allerdings sind diese bei Weitem nicht so ausdifferenziert und positiv besetzt wie z.B. die des alten Ägypten. Insgesamt stehen sie mit der Vorstellung des Jenseits als „Land ohne Wiederkehr“ denen Mesopotamiens näher. Konkrete Vorstellungen einer Auferstehung der Toten bilden sich erst spät heraus.

Dennoch finden sich auch früher schon Vorstellungen, z.B. von der Verbundenheit von Lebenden und Toten oder der Aufnahme in die Gemeinschaft der Vorfahren im Tod, die zeigen, dass der Tod zwar als Ende verstanden wurde, trotzdem jedoch auch an eine Art Weiterexistenz gedacht wurde. Diese ist verbunden mit der Vorstellung von der Scheol als Ort der Toten. Auch wenn der Begriff mehr als sechzigmal in den hebräischen Texten der Bibel zu finden ist, werden wenig konkrete Angaben gemacht. Die Scheol ist ein lebensfeindlicher Bereich, zu dem Staub (Ps 22,16), Stille (Ps 94,17) und Finsternis (Ps 88,7) gehören, und wird unterhalb der Erde lokalisiert (Jes 38,18). Sie ist mit Toren und Riegeln versehen (Jes 38,10; Ps 9,14; Ijob 38,17); der Übergang von der Welt der Lebenden in die der Toten, der Totengemeinschaft, ist somit unumkehrbar. Allerdings geben Erfahrungen des Todes, Krankheit, soziale Isolation, Feindschaft, dem Menschen bereits im Leben Anteil an der Scheol, die „geradezu räumlich ins Diesseits hineinragt“.[130] Insofern kommt der Scheol als Macht des Todes auch ein dynamischer Charakter zu.[131]

Die Klage Ijobs in *Ijob 14* gliedert sich in vier Teile, von denen zwei die Endgültigkeit des Todes in poetischen Bildern und mit Naturvergleichen beschreiben:

Ijob 14

V. 1–6	Klage über die menschliche Vergänglichkeit: verwelkende Blume und fliehender Schatten
V. 7–12	Endgültigkeit des menschlichen Todes im Kontrast zum Neuaufleben des Baumes
V. 13–17	Bitte um Verschonung und göttliches Erbarmen
V. 18–22	Endgültigkeit des Todes: einstürzende Berge und zerriebene Steine und Ende der sozialen Beziehungen

V. 1–6: Als Signum des Menschen erscheint sein Geborenwerden, das ihm ebenso wie der Tod unverfügbar ist. Sein Leben ist kurz und unruhig (V. 1). Von Anfang an, mit der Geburt, ist dem Menschen der Tod gewiss. Sein Leben gleicht der verwelkenden Blume (Ijob 8,12; Ps 102,12; 109,23; Jes 40,6–8; Sir 14,18) und dem fliehenden Schatten (Ps 39,5–7; 102,12; 144,4; Koh 6,12), so die traditionellen Vergänglichkeitsmotive (V. 2). Die Flüchtigkeit und Brüchigkeit des menschlichen Lebens wird bei Ijob zum Argument, dass Gott Nachsicht walten lassen soll. Stattdessen öffnet Gott über ihm die Augen und führt ihn ins Gericht (V. 3). Ijob plädiert also für eine „Einstellung des Verfahrens wegen Nichtigkeit – und zwar wegen Nichtigkeit des *Angeklagten*".[132]

Ijob versteht sein Leiden als göttliche Strafe trotz seiner Unschuld. Während er an anderer Stelle immer wieder explizit seine Unschuld beteuert, argumentiert er hier damit, dass grundsätzlich kein Reiner vom Unreinen kommen könne, Schuld bzw. Vergehen Gott gegenüber also wesensmäßig zum Menschen dazugehörten (V. 4). Eine Strafverfolgung ist, selbst für den Fall, dass er tatsächlich schuldig geworden sein sollte, somit überflüssig. Hinzu kommt wiederum, dass das Leben des Menschen begrenzt ist. Die Zahl der Lebenstage erscheint aus menschlicher Perspektive als Setzung Gottes (V. 5), da die Dauer des Lebens vom Menschen nicht beeinflussbar ist. Angesichts der menschlichen Vergänglichkeit und dem schuldbehafteten menschlichen Sein soll Gott von ihm ablassen, damit er sein Leben wenigstens kurz genießen könne (V. 6). Die elende Situation Ijobs kann nur durch Gott selbst geändert werden. Ruhe brächte nur die Gottesferne.

V. 7–12: Das Todeslos des Menschen kontrastiert Ijob mit den Lebensmöglichkeiten eines abgeschlagenen Baums. Für den Baum besteht die Hoffnung, dass aus dem Stumpf wieder neue Triebe entspringen (V. 7–9). Der Mensch hingegen stirbt und verschwindet, so die rhetorische Frage:

> Wenn ein Mensch verscheidet, wo ist er dann? (Ijob 14,10)

Ein weiteres Naturbild vergleicht die Endgültigkeit des Todes mit dem Verrinnen des Wassers aus dem Meer und einem vertrocknenden Fluss (V. 11). Der Tod gleicht den Lebensminderungen des Schlafes mit dem Unterschied, dass aus ihm kein Erwachen möglich ist (V. 12).

V. 13–17: Für den folgenden Abschnitt ist schwer zu entscheiden, wie er zu übersetzen ist. Die größte Schwierigkeit liegt darin, dass das Hebräische keine eigenen verbalen Marker kennt, um ein irreales Sprechen zum Ausdruck zu bringen. Es ist also nicht eindeutig zu entscheiden, ob es sich bei V. 13 um einen irrealen Wunsch – so die Mehrheitsmeinung – oder um eine negative bzw. rhetorische Frage[133] handelt. Trotz der terminologischen Unklarheiten und verschiedenen Übersetzungsmöglichkeiten im Einzelnen ist von der Stoßrichtung her jedoch deutlich, dass Ijob sich nach einer Pause bzw. einem Ende des göttlichen Zorns und nach dessen heilvoller Zuwendung, nach Gottesnähe, sehnt. Als Argument dient ihm der Wert des Menschen als Geschöpf Gottes.

13 Würdest du mich doch in der Scheol verwahren,
mich verbergen, bis sich dein Zorn gelegt,
eine Frist für mich setzen und dann meiner gedenken!
14 Wenn ein Mann stirbt, lebt er wieder auf?
Alle Tage meines Heeresdienstes würde ich ausharren,
bis meine Ablösung dann erfolgte.
15 Du würdest rufen und ich selbst würde dir antworten,
nach dem Werk deiner Hand würdest du dich sehnen.
16 Ja, dann wirst du meine Schritte zählen
und wirst nicht (mehr) auf meine Sünde achten.
17 Versiegelt ist dann in einem Beutel mein Vergehen
und so decktest du dann Kleister auf meine Schuld. (Ijob 14,13–17)[134]

Ijob formuliert hier den paradoxen Wunsch, Gott möge ihn vor sich selbst, also vor Gott, in der Scheol verstecken. Die Scheol erscheint als Versteck vor Gott und Ort der sicheren Verwahrung, auf den Gott keine unmittelbaren Zugriff hat. An diesem Ort hätte Ijob Ruhe vor dem Zorn Gottes. Dabei hofft er auf eine zeitliche Begrenzung des Zorns (V. 13). Ijob denkt hierbei nicht an einen Aufenthalt in der Scheol nach seinem Tod, wie die wohl als rhetorisch zu verstehende Frage „Wenn ein Mann stirbt, lebt er wieder auf?“ (V. 14) zeigt, sondern als Lebender. Tote können die Scheol nicht mehr verlassen. Der vorübergehende Aufenthalt Ijobs in der Scheol sei hingegen zu verstehen wie ein Kriegsdienst, den er abzuleisten habe, und an dessen Ende Gott seiner gedenkt (V. 13) und ihn ablöst (V. 14). Und hier nun dreht Ijob eine gängige Vorstellung der Psalmen um: Nicht der Mensch ruft, und Gott antwortet (z.B. Ps 4,4 u.ö.), sondern Gott würde nach Ijob in der Scheol rufen und dieser ihm antworten. Grund für den Neubeginn der Beziehung wären das göttliche Gedenken (hebr. זכר *zākar* in V. 13), das eine Wende von der Katastrophe bringt (Gen 8,1; 19,29) und die göttliche Sehnsucht nach dem „Werk deiner Hände" (V. 15). Damit spielt Ijob auf seine Geschöpflichkeit an (Ijob 10,3.8–12; 34,19), die Gott als Schöpfer in die Verantwortung nimmt und eine unkündbare Beziehung begründet. Mit einem modernen Begriff könnte man hier von der Vorstellung der Würde des Menschen sprechen. Das Gedankenspiel mit dem Aufenthalt in der Scheol als Ort der Gottferne zielt also auf die Möglichkeit einer Neubegründung der Gottesnähe. Gottes Erbarmen wäre letztlich größer als sein Zorn, so dass – zählt man diese Aussage noch zu den irrealen Annahmen – auch mögliche Sünden Ijobs aus dem Weg geräumt wären (V. 16–17).

V. 18–22: Das Todeslos des Menschen bleibt jedoch eine unhintergehbare Realität. Selbst das Dauerhafteste, das die Natur zu bieten hat, Berge und Steine, vergehen. Umso mehr gilt für den Menschen, dass er keine Hoffnung über den Tod hinaus hat (V. 18–19). Sein Ende ist „für immer" (V. 20). Damit brechen auch alle sozialen Beziehungen, so die zu seinen Kindern, ab. Der Tod bedeutet das physische Ende und vollkommene soziale Isolation (V. 21–22).

Die Klagen Ijobs über die Vergänglichkeit des Menschen und alle Aussagen zu Tod und Unterwelt zielen auf ein Ende des Leidens Ijobs und auf eine Wiederherstellung der Gottesnähe. „Geschaffensein und Würde wie Schuldverstrickung und Vergänglichkeit"[135] bestimmen nach Ijob das Menschsein. Der Anthropologie des Ijobbuches zufolge gibt es – auch wenn dies gelegentlich bestritten wird[136] – keine Hoffnung auf ein Leben über den Tod hinaus. Der Ort der Toten ist die Scheol, ein Ort der Gottesferne. Gleichwohl ist Gott Herr über Leben und Tod, insofern er den Menschen ins Leben ruft und sein Leben begrenzt. Der Tod markiert eine endgültige Grenze, so dass der „Gerechtigkeitsdruck"[137] auf dem diesseitigen Leben umso größer ist. Geburt und Tod sind dem Menschen unverfügbar; seine Lebenszeit kann er sich nicht aussuchen. Die Reflexionen Ijobs, die von seinem unverschuldeten Leiden ausgehen, zeigen umkehrt, dass sich mit der Vorstellung vom Tod als endgültigem Ende die Frage und Forderung nach Gerechtigkeit im Leben umso dringlicher stellt.

6.2 Alter und Tod (Koh 12)

Das Leben des Menschen spannt sich aus zwischen Geburt und Tod. Die Zeit zwischen diesen beiden Eckpunkten ist gezeichnet durch Wachstum und Verfall. Mit fortschreitendem Alter wird die Vergänglichkeit des Menschen immer deutlicher am Körper ablesbar. Sowohl die Lebenserwartung als auch die Wahrnehmung des Alters und Altwerdens sind dabei deutlich vom soziokulturellen Kontext abhängig. So dürfte die durchschnittliche Lebenserwartung im alten Israel bei knapp 40 Jahren gelegen haben. Biblisch finden sich sowohl eine hohe Wertschätzung des Alters, das mit Weisheit und Lebenserfahrung in Verbindung gebracht wird (Spr 16,31; 20,29), als auch Texte, die das Alter als Zeit der nachlassenden Kraft beschreiben (Ps 71,9; 2 Sam 19,35–38).

Am Ende des Koheletbuches findet sich mit Koh 11,9–12,8 ein zwar schwieriger, aber hochpoetischer Text, der mit vielschichtigen Sprachbildern das Altern des Menschen beschreibt, das unaufhaltsam auf den Tod zuläuft.[138] Dabei greift Kohelet ältere Vorstellungen und Bilder von Sterben und Tod auf, z.B. die Rückkehr des Staubs zur Erde und die Rückkehr des Atems, der רוּחַ *ruaḥ* zu Gott. Andere Motive, u.a. auch apokalyptische Bilder werden so transformiert, dass sie die anthropologischen Vorstellungen Kohelets vom individuellen Tod zum Ausdruck zu bringen.

Da sowohl erstens das Koheletbuch als Ganzes als auch zweitens der nähere Kontext zum Verständnis von Koh 11,9–12,8 beitragen, wird das sogenannte Schlussgedicht über Alter und Tod zunächst entsprechend eingeordnet, bevor es ausgelegt wird und seine Deutungen von Alter und Tod vorgestellt werden.

1. Lässt man die mehrheitlich als sekundär angesehenen Nachworte 12,9–11.12–14 außen vor, entspricht das Schlussgedicht (Koh 11,9–12,7) dem Gedicht über den Kosmos (Koh 1,3–10), und die

beiden Windhauch-Aussagen (Koh 1,2; 12,8) legen sich als Rahmen um das gesamte Koheletbuch. Sowohl lexematisch (Licht, Sonne, Wind, Wasser) als auch mit der Gegenüberstellung von Werden und Vergehen, der Beständigkeit des Kosmos und der Vergänglichkeit des Menschen ergeben sich Bezüge zwischen dem Anfangs- und dem Schlussgedicht, das Ziel- und Höhepunkt des Koheletbuches ist und den Aufruf zu Freude mit der Flüchtigkeit des Lebens verbindet:

Das Buch Kohelet

1,2	Motto-Vers	*Windhauch, Windhauch, sagte Kohelet,* *Windhauch, Windhauch, das alles ist Windhauch.*	
	1,3–11	**Gedicht über den Kosmos**	
	…		
	11,1–6	Aufruf zum Handeln	
	11,7–8	Aufruf zu Lebensfreude	
	11,9–12,7	**Schlussgedicht**	
		11,9–10	Aufruf des jungen Mannes zu Freude
		12,1–7	Aufruf zum Gedenken an den Schöpfer angesichts von Alter und Tod
12,8	Motto-Vers	*Windhauch, Windhauch, sagte der Kohelet,* *das alles ist Windhauch.*	

Für das Verständnis des Schlussgedichts sind einige weitere Passagen und anthropologische Überlegungen des Koheletbuches zum Glück und zur Freude sowie zur Deutung des Todes von Bedeutung:

Glück: In der sogenannten Königstravestie schlüpft Kohelet in die Rolle des (jugendlichen) Königs, der am Ende erkennt, dass das Projekt eines Lebens ohne Gott scheitert. Das Gute, das Glück ist bei aller menschlichen Mühe und Anstrengung nicht machbar, sondern eine Gabe Gottes (Koh 1,12–2,26).

Freude: Immer wieder ruft Kohelet daher dazu auf, sich des Lebens zu freuen: „Auf, iss mit Freude dein Brot und trink mit frohem Herzen deinen Wein!“ (Koh 9,7; vgl. 3,12–13; 5,17–19; 8,15; 11,9).

Tod: Das Todesgeschick wartet – wie Kohelet in der Rolle des Königs erkennt – gleichermaßen auf den Weisen wie den Toren (Koh 2,14–16). So stellt Kohelet die Überzeugung des Tun-Ergehen-Zusammenhangs in Frage, dass gerechtes Handeln sich letztlich auszahle. Vielmehr zeige der Tod, dass das Tun des Gerechten und des Ungerechten keinen Unterschied mache, denn beide sterben (Koh 9,1–6). In Bezug auf die Vergänglichkeit entsprächen sich Mensch und Tier. Der Mensch habe gegenüber dem Tier keinen Vorteil, sondern im Tod kehrt alles zu Staub zurück (Koh 3,18–20). In Bezug auf den Atem, die רוּחַ *ruaḥ*, fragt Kohelet: „Wer weiß, ob der Atem der Menschen nach oben in die Höhe steigt, der Atem des Viehs jedoch nach unten in die Erde steigt?“ (Koh 3,21).

2. Die Abgrenzung der Einheit Koh 11,9–12,8 nach vorn ist durch den Motto-Vers in V. 8, der sowohl als Ende des Schlussgedichts als auch als Rahmen des gesamten Buches dient, klar gegeben. Weniger offensichtlich ist die Frage, mit welchem Vers die Einheit beginnt. Der Imperativ „Freue dich“ (Koh 11,9) und die einzige direkte Anrede des Buches „junger Mann“ (Koh 11,9) markieren einen klaren Einschnitt im Duktus des Textes, so dass eine Abgrenzung beginnend mit Koh 11,9 zu rechtfertigen ist. Jedoch ist der Abschnitt eng an den Beginn des elften Kapitels angebunden: So gehören erstens der Aufruf zum tatkräftigen Handeln (Koh 11,1–6) und der zur Freude (Koh 11,9–10) zusammen. Kohelet ist kein Hedonist, sondern verfolgt durchaus ethische Ziele und kennt menschliche Verantwortung. Bevor mit Koh 11,9–10 der junge Mann angesprochen ist, spricht zweitens Koh 11,7–8 vom menschlichen Leben insgesamt: Der Mensch soll sich der vielen Jahre des Lebens freuen, zu denen zwangsläufig auch dunkle Tage gehören. Mit H. Irsigler sind die beiden Verse „ein hermeneutischer Schlüssel zum Verstehen von 11,9–12,7“.[139] Jeder Mensch ist in jeder Lebensphase zur Freude aufgerufen, nicht nur der junge Mann. Zwar wird im Schlussgedicht ein realistisches Bild von den Gebrechen des Alters gezeichnet, damit ist jedoch nicht ausgeschlossen, dass Freude nicht auch im Alter erlebt werden könnte. Vielmehr wird mit der Anrede des jungen Mannes darauf hingewiesen, die Chancen des Lebens zu nutzen, da diese mit dem Tod unweigerlich versiegen.

Vor diesem Hintergrund soll nun das Schlussgedicht gelesen werden. Dabei soll zunächst dessen Struktur vorgestellt und es dann den einzelnen Teilen folgend ausgelegt werden.

Im Schlussgedicht gliedern die beiden Imperative „Freue dich“ (Koh 11,9) und „Denke an“ (Koh 12,1) den Text in zwei ungleiche Teile. Diese sind über das Thema der Jugendzeit miteinander verbunden und beziehen die beiden Grundgedanken von Lebensfreude und Todesbewusstsein aufeinander. Sie werden oft mit den aus dem römischen Kulturkreis stammenden Wendungen *Carpe diem* und *Memento mori* bezeichnet. Im zweiten längeren Teil des Gedichts sind drei durch „ehe“ eingeleitete temporale Umstandsangaben in V. 1b.2.6 vom Imperativ „Denke an“ (V. 1a) abhängig, so dass sich aus formalen und inhaltlichen Gründen folgende Struktur ergibt:

Koh 11,9–12,8

<table>
<tr><td>11,9–10</td><td colspan="2">Aufruf des jungen Mannes zu Freude in den jungen Jahren</td><td>Freude</td></tr>
<tr><td rowspan="5">12,1–8</td><td>V. 1a</td><td>Aufruf, des Schöpfers in den jungen Jahren zu gedenken</td><td rowspan="4">Alter und Tod</td></tr>
<tr><td>V. 1b</td><td>„ehe…“: Tage des Bösen</td></tr>
<tr><td>V. 2–5</td><td>„ehe…“: Verfinsterung der Sonne
2 (apokalyptische) Naturbilder
3–4 Verfall des Hauses
5a Naturbilder
5b Gang zum ewigen Haus</td></tr>
<tr><td>V. 6–7</td><td>„ehe…“: Zerreißen der Schnur
6 Bilder des Zerbrechens
7 Rückkehr von Staub und Erde</td></tr>
<tr><td>V. 8</td><td colspan="2">Windhauch-Aussage / Motto-Vers</td></tr>
</table>

Koh 11,9–10: Kohelet richtet sich explizit an den jungen Mann mit der Aufforderung, seine Jugend zu genießen. Der Aufruf wird damit begründet, dass die Jugend „Windhauch“ (hebr. הֶבֶל *hæwæl*), also vergänglich ist. Im Folgenden wird der Gedanke daran, dass alles Leben auf den Tod hinausläuft, näher entfaltet. Der Hinweis auf das Gericht (V. 9) wird oft als literarisch sekundär angesehen. Mit der jüdischen Tradition kann er jedoch als Verschärfung der Aufforderung zu Freude verstanden werden: „Der Mensch wird Rechenschaft über alles geben müssen, was er sah und nicht genoss." (bNed10a)[140] bzw. mit Rückbezug auf den Anfang von Koh 11,1–8 so, dass Freude im Leben und Verantwortung Gott gegenüber Hand in Hand gehen.

Koh 12,1: Mit dem Aufruf, Gott als „deines Schöpfers" zu gedenken, wird der Blick auf das Leben zwischen Geburt und Tod gerichtet. Es wird gleichermaßen darauf verwiesen, dass der Mensch Leben nicht aus sich selbst heraus hat und dass seine Lebenszeit als Geschöpf begrenzt ist. Die Erinnerung an die souveräne Schöpferkraft Gottes und die Vergänglichkeit des Menschen gehören zusammen. Der hebräische Ausdruck „dein Schöpfer" (hebr. בְּרְאֶיךָ *bor'æchā*) ist phonetisch identisch mit „deine Grube / dein Grab" (hebr. בּוֹרֶךָ *boræchā*). In diesem Wortspiel klingt ebenfalls der Tod als Thema des Folgenden an, das erst mit V. 7 explizit gemacht wird. Außergewöhnlich ist im Kontext des Koheletbuches die Vorstellung eines persönlichen Gottes, die mit der Bezeichnung „dein Schöpfer" gegeben ist. Die individuelle Gottesbeziehung des Menschen wird angesichts von Vergänglichkeit und Tod deutlich.

V. 2–5: Die Tage des Übels (V. 1) werden mit kosmischen Bildern als Zeit der Dunkelheit beschrieben (V. 2). Die Finsternis ist in prophetischen Texten häufig Ausdruck für JHWHs Gericht (Jes 5,30; 13,10 u.ö.). Es scheint so, als würden hier bewusst apokalyptische Vorstellungen von Weltuntergang und universalem Gericht innerweltlich interpretiert, damit quasi entmythologisiert und auf den individuellen Tod bezogen.[141]

Im Folgenden beschreibt Kohelet den Verfall eines Hauses, dessen ehemals prächtigen Status anzeigt, dass zu ihm Wächter gehören (V. 3–4). Deren Zittern und die sich krümmenden Männer verweisen vielleicht auf einen Angriff von außen. Die reduzierte Zahl der Müllerinnen, die ihre Arbeit einstellen, zeigt, dass die Betriebsamkeit des Hauses zur Ruhe kommt. Die Verbindung nach außen wird abgebrochen: Es ist zu dunkel, um durch die Fenster zu schauen; die Türen sind verschlossen. Die Passage wurde schon früh in Targum, Talmud und Midrasch allegorisch mit Blick auf den alternden Körper des Menschen gedeutet: Arme und Hände zittern (Wächter); die Beine sind schwach und krumm (Männer); die Zähne fallen aus und haben nichts zu mahlen (Müllerinnen); die Augen sehen nicht mehr (Fenster); die Ohren werden taub (Türen).

Die folgenden Naturbilder (V. 5) werden entweder auf den Lebenslauf des Menschen bezogen oder als Gegenüberstellung der zyklischen Wiederkehr der Natur und des endgültigen Todes des Menschen verstanden. Bezogen auf ein Menschenleben zeigt der blühende Mandelbaum die Jugend an; die Heuschrecke schleppt sich wie der alte Mensch dahin; die Kaper platzt und ist damit am Ende ihres Lebens. Mandelbaum, Heuschrecke und Kaper beschreiben aber auch den Jahreslauf der Natur, die sich zyklisch erneuert, während der Mensch zu seinem ewigen Haus geht. Das ewige Haus ist das Grab des Menschen (Ps 49,12), worauf auch der Wechsel von der metaphorischen Rede zur Ebene der Beschreibung verweist: „Die Trauernden ziehen durch die Straßen." (V. 5)

V. 6–7: Mit weiteren Bildern wird das endgültige Zerbrechen des Lebens beschrieben (V. 6). Jeweils zwei Bilder können so verstanden werden, dass sie einen Vorgang beschreiben: Wenn die silberne Schnur, an der die goldene Schale, also eine Lampe, hängt, zerreißt, wird es dunkel – wie im Tod alles Licht erlischt. Wenn das Schöpfrad zerbricht, wird auch der Krug zerschmettert und fällt in die Grube. Alles, sei es noch so kostbar wie Gold und Silber oder technisch ausgefeilt wie die Vorrichtung zum Wasserschöpfen, kommt an sein Ende. Syntaktisch fügt sich in diese Bildreihe auch das Bild des zur Erde zurückkehrenden Staubes und des Atems, der zu Gott zurückkehrt, ein (V. 7). Kohelet greift hier auf traditionelle anthropologische Vorstellungen zurück. So ist der Mensch der zweiten Schöpfungserzählung aus Staub vom Ackerboden gemacht und ihm wird der göttliche Lebensatem eingehaucht (Gen 2,7). Im Tod kehrt der Mensch zu Staub zurück (Gen 3,19). In Bezug auf alle Geschöpfe, Tiere und Menschen, wird die Abhängigkeit des Lebens vom göttlichen Schöpfer in Ps 104 formuliert:

> Verbirgst du dein Gesicht, so erschrecken sie,
> nimmst du ihren Atem (hebr. רוּחַ *ruaḥ*) weg, dann vergehen sie und kehren zu ihrem Staub zurück. (Ps 104,29)

Vor diesem Hintergrund weist die Frage, ob der Atem des Menschen in die Höhe, der des Viehs nach unten steigt (Koh 3,21), die Vorstellung zurück, dem Menschen komme nach dem Tod ein anderes Schicksal zu als dem Tier. Das Bild von der Rückkehr des Atems zu Gott ist also weit entfernt von Vorstellungen einer Unsterblichkeit der Seele oder einer Auferstehung der Toten. Aber während Gen 3,17 und Ps 104,29 von der Rückkehr des Staubes zur Erde und dem Entzug des Atems sprechen, ist hier explizit von der Rückkehr des Lebensgeistes zu Gott die Rede. Dies stellt eine Neuerung dar:

> „Gleichwohl artikuliert sich hier die tief in der biblischen Tradition verwurzelte Erfahrung, dass Leben nur in der Gemeinschaft mit Gott als bleibendes gedacht und erfahren werden kann.“[142] (L. Schwienhorst-Schönberger)

Diese bleibende Gemeinschaft deutet sich auch in der Anrede „dein Schöpfer“ (V. 1) an.

V. 8: Der Motto-Vers unterstreicht die Flüchtigkeit und Vergänglichkeit des menschlichen Lebens, das unaufhaltsam auf Alter und Tod hinausläuft. Gleichzeitig bezieht es sich zurück auf den Anfang des Buches und setzt gewissermaßen den Kreislauf einer permanenten Relecture des Buches in Gang.

In der Konzeption Kohelets ist menschliches Leben wesentlich von seinem Ende her bestimmt. Von ihm her ergibt sich die Dringlichkeit der Aufforderung, das Leben zu genießen. Kohelet kennt verschiedene Phasen des Lebens und stellt der Jugend das Altern und den Tod gegenüber. In poetischer Sprache bringt er eindrücklich die körperlichen Verfallsprozesse vor Augen. Jedoch gilt in Jugend und Alter gleichermaßen der Aufruf zu Freude, zumal sich in beiden Phasen auch dunkle Tage finden. Vergänglichkeit und Lebensfreude sind mit Kohelet untrennbar verbunden. Angesichts des Todes wird der Blick auf die individuelle Gottesbeziehung gelenkt, die in der göttlichen Schöpfung des Einzelnen gründet.

6.3 Hoffnung über den Tod hinaus (2 Makk 7)

Das Faktum, dass am Ende des Lebens der Tod steht, kann einerseits zu einem „Gerechtigkeitsdruck“ auf das Leben vor dem Tod, andererseits zu der Vorstellung führen, dass sich Gerechtigkeit erst nach dem Tod einstelle. Diese wiederum impliziert, dass es eine Form der Weiterexistenz nach dem Tod geben müsse. Die Deutung des Todes, ob als definitives Ende oder als Transitus in ein neues Leben, wurzelt dabei in konkreten historischen und kulturellen Umständen. So entsteht die Überzeugung, es könne ein Leben nach dem Tod geben, im Judentum in einer bestimmten historischen Situation. Sie entsteht nicht ad-hoc aus sich heraus, sondern wird begünstigt durch andere Vorstellungen über den Gott Israels als Herrn über Leben und Tod, wie sie die alttestamentlichen Texte widerspiegeln. Im Folgenden sollen erstens traditionelle theologische Überzeugungen vorgestellt werden, die die Entstehung der Hoffnung auf Auferstehung begünstigen, zweitens die historischen Hintergründe erläutert werden, die die neue Vorstellung eines Lebens nach dem Tod hervorbringen, und drittens die alttestamentlichen Zeugnisse für diese Vorstellung vorgestellt werden.

1. Es sind verschiedene Konzepte und religionsgeschichtliche Entwicklungen, die die Entstehung von Auferstehungshoffnungen begünstigen.[143] So kannte das alte Israel zwar keine Vorstellung eines jenseitigen Lebens, aber zumindest die Überzeugung, dass die Lebenden und die Toten z.B. durch Ahnenverehrung und Totenkult (Ijob 26,5; 1 Sam 28) miteinander verbunden bleiben und die Toten eine schattenhafte Existenz in der Scheol fristen (Ijob 10,21–22; Jes 14,10 u.ö.). Zwar galt JHWH als Gott des Lebens (Dtn 5,26), der keinen unmittelbaren Zugriff auf die Unterwelt hat, aber ihm wurde vor allem in den Klage- und Dankpsalmen rettende Macht aus existentiell bedrohlicher Not zugeschrieben, die als Tod mitten im Leben verstanden wurde (Ps 88,4–10).

Im Zug der religionsgeschichtlichen Entwicklung hin zu Monolatrie und Monotheismus übernahm JHWH Zuständigkeitsbereiche, die in einem polytheistischen System von anderen Göttern ausgefüllt werden. So war es z.B. im religiösen Symbolsystem Ugarits der Gott Motu (ugarit. *mt* „Tod“), der für Tod und Unterwelt zuständig war. Im Laufe der Zeit, wohl ab dem Ende des 7. Jh. v. Chr., kam es zu einer „Kompetenzausweitung JHWHs“[144] und der Hoffnung, dass JHWHs Macht auch die Grenze der Todesschwelle überschreiten kann. Diese Entwicklung könnte mit der fortschreitenden Solarisierung JHWHs, also der Übertragung der altorientalischen Sonnengotttheologie auf JHWH, zusammenhängen, dessen Segen auch lichthaft in die Finsternis der Scheol strahlt. In persischer und hellenistischer Zeit wurden diese Vorstellungen vor allem in weisheitlichen Texten weiterentwickelt: Man dachte an eine dauerhafte Bewahrung vor dem Tod angesichts einer nicht endenden Gottesbeziehung (Ps 16,10–11) und an eine personale Aufnahme des Beters in Gottes Herrlichkeit nach dem Tod (Ps 49,16; 73,24). Weiterer Anknüpfungspunkt für die Vorstellung eines Weiterlebens nach dem Tod als kollektive Auferstehung war die metaphorische Rede von der politischen Restitution Israels nach dem babylonischen Exil als Wiederaufleben und Neuschöpfung der Totengebeine durch Gottes Atem (Hos 6,1–3; Ez 37,1–14).

Schließlich führte auch die sogenannte Krise des Tun-Ergehen-Zusammenhangs dazu, dass das Problem der innerweltlich nicht zu beobachtenden Gerechtigkeit, die Tatsache, dass es dem Frevler gut, dem Gerechten hingegen schlecht gehen kann, zur Ausdehnung der Vorstellung von der Entsprechung von Tun und Ergehen über die Todesgrenze hinaus. Wenn Gerechtigkeit sich schon nicht im diesseitigen Leben einstelle, dann doch postmortal – so die Hoffnung.

2. Die konkrete historische Situation, mit der die Erfahrung verbunden wird, dass gerade die Frommen leiden, und in der sich nun die Auferstehungshoffnungen herausbilden, ist die Zeit der seleukidischen Fremdherrschaft in Palästina.[145] Das Reich Alexanders des Großen war nach dessen Tod während der Diadochenkämpfe zerfallen. Seit Beginn des 2. Jh. v. Chr. stand Palästina unter der Herrschaft der Seleukiden und damit unter einem enormen Hellenisierungsdruck. Unruhen in Jerusalem führten wohl zu einer Wegnahme von religiösen Privilegien. Der Umfang der von dem seleukidischen Herrscher Antiochus IV. Epiphanes ausgehenden Maßnahmen ist umstritten. In der Darstellung der Makkabäerbücher erreichen die Auseinandersetzungen ihren Höhepunkt, als Antiochus 167 v. Chr. den Jerusalemer Tempel entweiht, Beschneidung und Observanz des

Schabbat verbietet und Juden zwingt, Schweinefleisch zu essen, was dem Verlust aller jüdischer *identity markers* gleichkommt.

Der Entzug religiöser Privilegien resultierte in Widerstand aus gesetzestreuen jüdischen Kreisen. Es kam zum erfolgreichen Aufstand der Makkabäer, die nach ihrem Anführer Judas Makkabäus benannt wurden, so dass 164 v. Chr. der Jerusalemer Tempel wieder eingeweiht werden konnte. Die Makkabäerbücher reflektieren diese Zeit der militärischen Auseinandersetzungen und bearbeiten die Frage, warum ausgerechnet die Juden, die an der Tora festhalten, ihre Treue zu Gott und ihren aktiven Widerstand mit dem Tod bezahlen müssen. Auch in apokalyptischen Kreisen reflektierte man dieses Fehlen einer innerweltlichen Gerechtigkeit. Es entstanden apokalyptische Hoffnungen auf eine Auferstehung der Toten, denen postmortal Gerechtigkeit widerfahren würde. Man erwartete das Ende der Welt und die Rettung der Opfer der Geschichte im neuen Äon.

3. Im Alten Testament finden sich nur zwei Schriften, die diese Ereignisse und die mit ihnen verbundenen Hoffnungen der Apokalyptik widerspiegeln. Zu nennen sind hier Dan 12 und 2 Makk 7. Daneben finden sich frühjüdische Texte wie v.a. das äthiopische Henochbuch (äthHen), die apokalyptische Auferstehungshoffnungen formulieren.

Aus der Zeit des Makkabäer-Aufstandes stammt Dan 12,1–3. Verheißen wird die Rettung des Volkes nach einer nie dagewesenen Zeit der Not:

> Und viele von denen, die im Land des Staubes schlafen, werden erwachen, die einen zu ewigem Leben und die anderen zu Schmach, zu ewigem Abscheu. (Dan 12,2)

Die Metapher vom Tod als Schlaf ist bildgebend für die Rede vom Erwachen aus dem Tod. Viele, nicht alle, werden auferstehen. Es kommt also zu einer doppelten Scheidung, eine erste zwischen denen, die auferstehen, und denen, die nicht auferstehen, und eine zweite zwischen den Auferstandenen: Die einen werden zum ewigen Leben auferstehen, die anderen zur ewigen Schmach. Damit handelt es sich um die Vorstellung einer partiellen Auferstehung mit einem anschließenden Gericht, wobei die Selektionskriterien nicht näher benannt werden. Von äthHen 22, das ebenfalls eine partielle Auferweckung kennt, ergibt sich eine Scheidung zwischen den Opfern, die gerecht gehandelt haben und die nun zu neuem Leben erweckt werden, und den unbestraften Tätern, die auferweckt werden, um bestraft zu werden.[146] Neben dem hebräischen Text in Dan 12 ist 2 Makk 7 ein weiterer Zeuge für die Vorstellung einer Auferweckung von Toten.

Das erste und das zweite Makkabäerbuch, die zusammen mit dem dritten und vierten Makkabäerbuch in der Septuaginta auf Griechisch überliefert sind, gehören im Kanon der katholischen Kirche zu den deuterokanonischen Schriften; in der protestantischen Kirche zählen sie zu den Apokryphen. Das zweite Makkabäerbuch und speziell 2 Makk 7 seien kurz vorgestellt, bevor die für die Vorstellung von einer Auferstehung der Toten entscheidenden theologischen Überzeugungen des Textes untersucht werden.[147]

1. Sowohl das erste als auch das zweite Makkabäerbuch erzählen vom makkabäischen Aufstand gegen die Seleukiden, jedoch auf unterschiedliche Weise. 2 Makk ähnelt mit Berichten über göttliches Eingreifen den Wundern und Erscheinungen der hellenistischen lehrhaften Geschichtsschreibung, die mit jüdischer Theologie verbunden wird, und wurde auch auf Griechisch verfasst. Es bietet zunächst zwei, wohl ursprünglich auf Hebräisch oder Aramäisch verfasste Briefe an die Juden in der ägyptischen Diaspora (2 Makk 1,1–2,18). Dann gibt es vor, ein Auszug (griech. ἐπιτομή *epitomé*) des fünfbändigen Werks von Jason von Cyrene (2 Makk 2,23) über die Ereignisse von der göttlichen Vereitelung des Raubes des Tempelschatzes durch den seleukidischen Kanzler Heliodor, über die Entweihung und Wiedereinweihung des Tempels durch Judas Makkabäus und über den Sieg des Judas über Nikanor, der ebenfalls drohte, den Tempel zu entweihen, zu sein. In das Zentrum seiner Theologie stellt 2 Makk den Tempel und das Tempelweihfest, für das auch die Diasporajuden gewonnen werden sollen.

2. Nach der Erzählung von der Entweihung des Tempels durch Antiochus IV. Epiphanes schieben sich zwei Erzählungen über Verfolgung und Tod von gesetzestreuen Juden ein (2 Makk 6–7), die auch ihre Adressat:innen zu Standhaftigkeit bewegen wollen.

2 Makk 7 schildert das anonyme Martyrium einer Mutter und ihrer sieben Söhne, die der König Antiochus zwingen will, Schweine-

fleisch zu essen (V. 1). Der erste Bruder erklärt ihm gegenüber, dass sie bereit seien, lieber zu sterben, als die Gesetze der Väter zu übertreten (V. 2). Dies erregt den Zorn des Königs und führt zur grausamen Verstümmelung des ersten, der schließlich in der Pfanne gebraten wird (V. 3–5). Mutter und Brüder sprechen sich Mut zu und erinnern einander an das göttliche Erbarmen, auf das sie hoffen (V. 6). Es folgen die Martyriumsberichte des zweiten bis sechsten Sohnes in fünf szenischen Einheiten (V. 7–9.10–12.13–14.15–17.18–19). Alle Söhne halten kurze Abschiedsreden als eine Art theologisches Vermächtnis, in denen sie ihr Leiden deuten; drei Söhne artikulieren die Hoffnung auf Auferweckung in ein neues Leben und zwei die auf Entmachtung und Bestrafung von Antiochus. Mit V. 20 ändert sich – quasi als retardierendes Moment – mit einer proleptischen Bewertung der Tapferkeit der Mutter die Erzählperspektive. Rückblickend werden die Worte, die die Mutter beim Tod von jedem ihrer Söhne spricht, wiedergeben: Sie leitet die Hoffnung auf Neuschöpfung, die sie den Söhnen in Aussicht stellt, von der göttlichen Schöpfung des Menschen ab (V. 21–23). Da sie die Worte in ihrer väterlichen Sprache spricht, werden sie von Antiochus nicht verstanden. Er versucht, den jüngsten Sohn mit der Aussicht auf Reichtum zum Abfall von der Lebensart seiner Väter zu verleiten. Als dieser standhaft bleibt, fordert der König die Mutter auf, ihn zu überreden, sich zu retten (V. 25). Erneut spricht sie in der väterlichen Sprache mit ihm und verleiht ihrer Hoffnung auf göttliche Gnade Ausdruck (V. 24–29). Die Rede des jüngsten Sohnes ist die längste und bildet den Höhepunkt der Erzählung. Sie fasst die vorhergehenden Überzeugungen zusammen und vertieft sie (V. 30–38). Die Erzählung schließt mit einer Schlussnotiz zum Tod der sieben Söhne und ihrer Mutter (V. 39–42).

3. Ziel der Erzählung von 2 Makk 7 ist weniger eine ausführliche Beschreibung des Martyriums, sondern die theologische Entfaltung der Hoffnung auf Auferstehung. Diese soll im Folgenden präziser beschrieben werden:

Toratreue als Grund des Martyriums: Die Rede des ersten Sohnes bringt stellvertretend für seine Mutter und Brüder in der 1. Person Plural gesprochen eine Art „Definition des Martyriums“,[148] die als „Hermeneutik“[149] für das folgende Kapitel dient. Eher stürben sie, als „die Gesetze unserer Väter“ (V. 2) zu übertreten. Die Deutung des Märtyrertodes als Tod für die göttlichen Gesetze (V. 9.11.23.30) bzw. die der Väter (V. 37) nehmen auch der zweite, dritte und jüngste Sohn und die Mutter auf. Es geht hier also mit der Treue zur Tora um die Treue zu Gott und „vollendetes Gottvertrauen“ (V. 40), aber damit verbunden auch um die Bewahrung der kollektiven jüdischen Identität, auf die die Überlieferung der Väter und auch die väterliche Sprache (V. 21.27), die Antiochus nicht versteht, verweist. Es geht um die Identität des Volkes, „unser Volk“ (V. 16, vgl. auch V. 37–38), zu dem sich die sieben Brüder und ihre Mutter als „Kinder des Himmels“ (V. 23) zugehörig rechnen.

Das göttliche Erbarmen als Grund der Hoffnung: Kollektiv leiten die Sieben mit ihrer Mutter die Hoffnung auf das Erbarmen Gottes aus der Schrift her. Sie beziehen sich dabei auf das Moselied (Dtn 32,36) mit seiner Kritik an Israels Götzendienst in der Fassung der Septuaginta. Diese wird so verstanden, dass Gott sein Volk als Ganzes richtet und sein Zorn auch das ganze Volk trifft, aber seine Diener, also die, die an seinem Gesetz festhalten, stärkt und mit ihnen Erbarmen hat.[150] Die heilsgeschichtliche Zuwendung Gottes ist also der theologische Grund für die Hoffnung auf Auferstehung. Das Heilshandeln Gottes an Israel in der Vergangenheit wird zum Argument für die eschatologische Hoffnung.

Individuelle Auferstehung als neues ewiges Leben: Der zweite und dritte Sohn sprechen in Analogie zum Schlaf von einer Auferweckung zu einem neuen ewigen Leben (V. 9.14). Subjekt der Auferweckung ist Gott. Dabei wird als Wiederaufleben von einer Identität und Kontinuität zum diesseitigen Leben ausgegangen.[151] Diese wird sowohl leiblich-körperlich als auch personal verstanden. So bietet der dritte Sohn seinen Folterern Zunge und Hände und artikuliert seine Hoffnung, sie von Gott wiederzuerhalten (V. 11; vgl. auch 2 Makk 14,46). Hier scheint also die Vorstellung einer körperlichen Wiederherstellung zugrunde zu liegen. Die Mutter spricht ebenfalls von der Rückgabe von „Atem und Leben“ (V. 23) und rechnet in der an ihren jüngsten Sohn gerichteten Rede auch mit einer personalen Wiedervereinigung nach dem Tod:

> Dann werde ich dich zur Zeit der Gnade mit deinen Brüdern wiedererhalten. (2 Makk 7,29)

Auferstehung als Neuschöpfung: In den Reden der Mutter wird Auferstehung in Analogie zur Schöpfung verstanden, die so zum Argument für die Hoffnung auf ein neues Leben wird. Sie geht dabei aus von der „Evidenz ihrer eigenen Körpererfahrung".[152] Sie könne weder den Grund für die Entstehung der Söhne in ihrem Leib benennen noch habe sie die Söhne aus den Elementen zusammengefügt und ihnen Atem und Leben gegeben (V. 22). Von der individuellen Ebene ihrer Erfahrung wechselt sie dann zum Allgemeinen:

> Nein, der Schöpfer der Welt hat den werdenden Menschen geformt. (2 Makk 7,23)

Da Gott die Entstehung aller Dinge kennt, werde er auch nach dem Tod Atem und Leben zurückgeben (V. 24). Auf die Schöpfung insgesamt nimmt sie explizit in ihrer zweiten Rede Bezug:

> Schau dir den Himmel und die Erde an; sieh alles, was es da gibt, und erkenne: Gott hat diese nicht aus Bestehendem geschaffen, und so entstehen auch die Menschen. (2 Makk 7,28)

Auch wenn die Tradition diese Passage als Hinweis auf die platonische Vorstellung einer *creatio ex nihilo* verstanden hat, dürfte diese mit Anspielung auf die erste Schöpfungserzählung („Himmel und Erde" in Gen 1,1) hier nicht vorausgesetzt sein. So verwendet auch Philo von Alexandrien ähnliche Formulierungen, um den Übergang von Chaos zu Ordnung zu beschreiben.[153] In jedem Fall zielt die Argumentation darauf, vom Anfang des Lebens und der Schöpfung auf das Ende und damit einen neuen Anfang zu schließen. Gott wird hier die Macht über alles Leben zugeschrieben und diese über die Todesgrenze hinaus verstanden. Aus der Tatsache der göttlichen Schöpfung ergibt sich die Hoffnung auf Auferstehung als Neuschöpfung.

Die Macht des Königs und die Macht Gottes: Der realen und diesseitigen Macht des Königs, der über das Leben der sieben Brüder und ihrer Mutter verfügen kann, stellen diese die Hoffnung auf die Macht Gottes gegenüber, die Gerechtigkeit herstellen wird und die an der Todesgrenze nicht aufhört. Die Tatsache, dass Antiochus nur einmal namentlich genannt wird (V. 24), zeigt, dass es hier um die weltliche Macht im Unterschied zur göttlichen als solche geht. Der zweite, fünfte und sechste Sohn bringen dies in ihren Reden zum Ausdruck: Zwar kann der König ihnen das diesseitige Leben nehmen, aber Gott als „der König der Welt" kann zu einem neuen Leben erwecken (V. 9). Zwar hat Antiochus „Macht unter den Menschen", aber er ist ein „vergänglicher Mensch" (V. 16). Indem er die Gotttreuen verfolgt, kämpft Antiochus mit Gott selbst (V. 19). Aus diesem Kampf wird er angesichts der Macht Gottes als Verlierer hervorgehen:

> Für dich aber gibt es keine Auferstehung zum Leben. (2 Makk 7,14)

Auch der jüngste Sohn spricht davon, dass der König Gottes Händen und dem Gericht nicht entrinnen kann und seine gerechte Strafe erhalten wird (V. 31.35–36). Antiochus stirbt der Logik der Spiegel-Strafe folgend unter zahlreichen Schmerzen (2 Makk 9,6.38). Durch die Tatsache dieses qualvollen Todes wird die Zuverlässigkeit der Hoffnungen der Brüder und ihrer Mutter bestätigt.[154]

Gerechtigkeit als Ziel der Hoffnung: Der drängendste Grund für die Ausbildung einer Auferstehungshoffnung liegt in der fehlenden Gerechtigkeit, die aus der Perspektive der gesetzestreuen Juden mit der Zeit der seleukidischen Herrschaft verbunden wird. Diese wird auf die eigene Schuld und Sünden gegen Gott zurückgeführt (V. 18). Insofern also können die Verfolgungen als gerechter Zorn Gottes, der aber nur kurze Zeit währe und ein pädagogisches Mittel Gottes sei, gedeutet werden (V. 33–34). Ihm wird die Hoffnung auf göttliche Gnade gegenübergestellt (V. 29.37). Diese Deutung der in 2 Makk erzählten Ereignisse darf man sicher vor dem Hintergrund des Bekenntnisses zu Gott deuten, der nicht ungestraft lässt, dessen Gnade aber umso größer ist (Ex 34,6–7 u.ö.). Die „Zeit der Gnade" (V. 29), wenn die Standhaften ihr Leben wiedererlangen, ist in der Rede der Mutter identisch mit dem individuellen Gericht im Tod, das Gerechtigkeit herstellen wird: So dürfen die Toratreuen auf das ewige Leben hoffen, die Übeltäter auf göttliche Strafe (V. 36).

Fürbitte und Stellvertretung: Die letzten Worte des jüngsten Sohnes können als Fürbitte für sein Volk verstanden werden. Er gebe Leib und Leben und rufe zu Gott, dass er sich seinem Volk wieder gnädig zuwendet. Mit seinem Tod und dem seiner Brüder möge der Zorn Gottes – in Konsequenz auch für das ganze Volk – enden (V. 37–38). Hier deutet sich also die Vorstellung eines stellvertretenden Leidens von Einzelnen für ein Kollektiv an. Die Sinnlosigkeit des Todes wird überwunden, indem er als Fürbitte für das Volk verstanden wird.

Die Hoffnung auf Auferstehung entsteht in einer bestimmten historischen Situation vor dem Hintergrund überkommener theologischer Überzeugungen, die weiterentwickelt und transformiert werden. Treibender Motor ist das Verlangen nach Gerechtigkeit für die, die sich als Opfer von Religionsverfolgungen sehen. Die spärlichen Zeugnisse, die diese theologisch formative Epoche widerspiegeln, zeigen, dass es sich dabei um keine einheitliche systematische Deutung des Todes als Übergang zu einem ewigen Leben handelt. Während apokalyptische Strömungen, wie sie Dan 12 repräsentiert, auf eine kollektive Auferstehung am Ende der Zeit setzen, formuliert die Geschichtsschreibung von 2 Makk 7 die Hoffnung auf ein individuelles Gericht im Tod, das für die Gerechten zur Auferstehung in ein neues Leben führt. Entscheidend ist, dass nicht auf ein Weiterleben nach dem Tod im Sinne einer Verlängerung des diesseitigen Lebens ins Unendliche gehofft wird, sondern die Verhältnisse des gegenwärtigen Lebens zu einem Ende kommen, so dass Gerechtigkeit hergestellt wird. Der Tod wird somit als Weg zur Gerechtigkeit gedeutet.

Kapitel 6: Der Tod ist Signum des Menschseins und gilt in den meisten alttestamentlichen Texten als unüberwindbare Grenze. Gehofft wird auf ein gelingendes Leben im Diesseits. Jedoch gibt es auch Vorstellungen einer Verbundenheit von Lebenden und Toten bzw. einer Art Weiterexistenz in der Unterwelt, der Scheol. Unweigerlich führt der Blick auf den Tod auch zurück zum Beginn der Existenz, die als göttliche Schöpfung und Beginn einer unverbrüchlichen Beziehung mit Gott verstanden wird. Es ist die Sehnsucht nach Gerechtigkeit und einem guten, einem glückenden Leben, die zur Klage über die Vergänglichkeit führt und die den Blick auf die Gestaltung des Lebens im Diesseits und schließlich über die Todesgrenzen hinausführt. So versteht Ijob den Tod als Grenze, angesichts der sich die Frage nach unverschuldetem Leid und nach Gerechtigkeit umso dringlicher stellt. Er beklagt die Vergänglichkeit, weil sein Leiden enden soll und er sich nach Gottes Nähe sehnt. Auch Kohelet setzt die Endgültigkeit des Todes voraus und ruft daher zum Genuss des Lebens und zu Freude auf. Er erfährt seine Lebenszeit als Geschöpf begrenzt, gleichwohl ist es der Tod, der ihn zum Gedenken an die mit der Geschöpflichkeit gegebene individuelle Gottesbeziehung bringt. Die fehlende Gerechtigkeit, die die Gesetzestreuen zur Zeit der Seleukidenherrschaft erfahren, führt in der Deutung der Makkabäerbücher dazu, in Analogie zur Schöpfung die Auferstehung der Toten als Neuschöpfung zu erwarten. Diese wird nicht als Verlängerung des Lebens in eine postmortale Existenz verstanden, sondern als Möglichkeit, dass den Opfern der Geschichte Gerechtigkeit widerfährt.

Literatur

G. Eberhard, Hiobs Wunsch. Gedanken zur Anthropologie von Hiob 14, in: M. Bauks/K. Liess/P. Riede (Hg.), Was ist der Mensch, dass du seiner gedenkst? (Psalm 8,5). Aspekte einer theologischen Anthropologie. Festschrift für Bernd Janowski zum 65. Geburtstag, Neukirchen-Vluyn 2008, 55–62.

B. Janowski, JHWH und die Toten. Zur Geschichte des Todes im Alten Israel, in: A. Berlejung/Ders. (Hg.), Tod und Jenseits im alten Israel und in seiner Umwelt. Theologische, religionsgeschichtliche, archäologische und ikonographische Aspekte (FAT 64), Tübingen 2009, 447–477.

I. Papst, „Ehe die bösen Tage kommen ...“. Zum Verständnis von Alter im Schlussgedicht des Koheletbuchs (12,1-8), in: U. Schmidt (Hg.), Zeit wahrnehmen. Feministisch-theologische Perspektiven auf das Erste Testament, Stuttgart 2010, 153–182.

B. Schmitz, Auferstehung und Epiphanie. Jenseits- und Körperkonzepte im Zweiten Makkabäerbuch, in: T. Nicklas/F. Reiterer/J. Verheyden (Hg.), The Human Body in Death and Resurrection (DCLY 2009), Berlin/New York 2009, 105–142.

7. Der Mensch vor Gott

So wie die Geschöpflichkeit des Menschen eine Grundannahme alttestamentlicher Anthropologie darstellt, ist überhaupt jede Vorstellung vom Menschen vor dem Hintergrund der Überzeugung zu sehen, dass Menschsein Sein vor Gott ist. Die Frage nach dem Menschen – ob als Frage nach der eigenen individuellen Existenz oder als generelle Frage nach dem Menschsein, dem Wert und der Stellung des Menschen in der Welt – ist immer eine Frage, die auch eine Frage nach Gott ist. Bemerkenswert ist nicht nur, dass sich im Alten Testament mit Ps 139 ein Text findet, in dem ein Ich seine individuelle Existenz reflektiert, sondern auch, dass dieses einen Reflexionsprozess beschreibt, in dem es erst zu einer sehr bewussten Annahme der eigenen Beziehung zu Gott findet. Es ist der Rückbezug auf den Beginn seiner eigenen individuellen Existenz, der erst zur vollumfänglichen positiven Bewertung der göttlichen Nähe führt (Kap. 7.1). Auch bei Ps 8 handelt es sich um eine Reflexion, die im Rahmen eines kollektiven Gebetes und der Anerkennung der Größe und Hoheit JHWHs erfolgt. Hier ist es eine individuelle kosmologische Betrachtung, die zur Bestimmung des Menschen als königlichem Herrscher in der Welt führt. Trotz der überlegenen Stellung, die der Mensch dieser Vorstellung folgend in der Welt hat, führt der Blick auf den Menschen zu dem, was außerhalb von ihm ist – zu Gott (Kap 7.2).

7.1 Bejahung der Beziehung zu Gott (Ps 139)

Die Frage „Was ist der Mensch?“ stellt sich konkret als Frage „Wer bin ich?“ Die Frage nach dem eigenen Ich, nach der eigenen Identität und Individualität führt zu den Kontinuitäten und Brüchen der eigenen Biographie. Der Mensch erfährt sich einerseits als unverwechselbar und unersetzlich. Andererseits übernimmt er in seinem Leben verschiedene soziale Rollen, verhält sich situativ je anders und nimmt sich somit auch als anders wahr. Er hat die Möglichkeit, sein Leben und sich selbst zu gestalten. Einheit erfährt der Mensch im Erzählen der eigenen Lebensgeschichte, in der ein die einzelne Erfahrung überschreitendes Ich das Wandelbare der eigenen Existenz zusammenhält. Mit der Frage nach der eigenen Identität macht der Mensch sich selbst zum Gegenstand seiner Reflexion. Er bestimmt sich selbst von seinen Erfahrungen mit den Menschen und der Welt her. Die Deutung der Wirklichkeit und das Weltverständnis sind somit wesentlich für das eigene Selbstverständnis und die Deutung der eigenen Existenz.

Selbst-Wahrnehmung und das Selbst-Verständnis des Menschen im alten Israel, so wie sie uns als konstellativer Personbegriff in den alttestamentlichen Texten begegnen, unterscheiden sich von unserem gegenwärtigen Verständnis von Identität und Individualität. Allerdings erscheint auch als fragwürdig, ob in anthropologischer Perspektive (allein) die soziale Identität und die sozialen Bezüge entscheidend sind, in die der Mensch eingebunden ist und von denen her er sich versteht. Eine diametrale Gegenüberstellung einer Moderne, in der der Mensch sich nur individuell verstehe, und des alten Israel, in der er vollkommen in seinen sozialen Bezügen und im Kollektiv aufgehe, lässt sich vom Textbefund her nicht rechtfertigen. Kollektivität und Individualität sind nicht gegeneinander auszuspielen. Zumindest in jüngeren weisheitlichen Texten tritt ein Ich auf, das die eigene Existenz sehr individuell reflektiert.[155]

So spricht in Ps 139 ein Ich, das mit großem Selbst-Bewusstsein sein eigenes Selbst- und Weltverständnis reflektiert. Was hierbei für den modernen Menschen keine Selbstverständlichkeit ist, ist die personale Deutung der Erfahrungswirklichkeit: Die Selbstreflexion des Ich erfolgt von Anfang an in Bezogenheit auf ein Du. Das Ich deutet die Welt und auch sich selbst von Gott her. Während die Nähe Gottes zunächst zumindest als ambivalent wahrgenommen wird, findet das Ich über die Reflexion der Anfänge seiner eigenen, individuellen Existenz zu einer Bejahung seiner Gottbezogenheit. Diese bewusste Zustimmung und Hinwendung zu Gott bleibt jedoch keine rein theoretische, sondern wird in ihrer Bedeutung auch für das eigene Handeln gesehen.[156]

Aufbau und Gedankenführung des Psalms lassen sich folgendermaßen darstellen:

Ps 139	
V. 1a	Zuordnung des Psalms
V. 1b–6	*Ambivalente Nähe Gottes: Gott erkennt das Innere des Ichs* V. 1b–5 Gottes uneingeschränkte Kenntnis des Ichs V. 6 Kommentar des Ichs
V. 7–12	*Unmöglichkeit der Flucht: Gott übersteigt die kosmischen Grenzen* V. 7–10 Gottes Präsenz im Raum V. 11–12 Kommentar des Ichs / Gottes Herrschaft über die Zeit
V. 13–18:	*Entzogenheit der eigenen Anfänge: Gott wirkt das Ich im Verborgenen* V. 13–16 Individuelle Schöpfung und Dank des Ichs V. 17–18 Bejahung der göttlichen Größe
V. 19–24:	*Gefährdung der Gemeinschaft mit Gott: Gott möge das Ich führen* V. 19–22 Bitte um Vernichtung der Frevler V. 23–24 Bitte um Prüfung und Rechtleitung

Auslegung und Verständnis von Ps 139 hängen stark davon ab, wie V. 1–6 verstanden werden. Bringt das Ich mit ihnen Geborgenheit und Vertrauen in göttlichen Schutz zum Ausdruck, so wie auch die Lutherbibel 2017 übersetzt: „Von allen Seiten umgibst du mich und hältst deine Hand über mir." (V. 5)? Oder beklagt das Ich vielmehr die permanente Überwachung und Kontrolle durch Gott?

V. 1b.23: Ein Schlüssel zum Verständnis des Psalms kann die Beobachtung sein, dass sich das Ende des Gebets auf seinen Anfang rückbezieht. So eröffnet das Ich seine Ansprache an Gott mit der Äußerung: „JHWH, du hast mich erforscht und erkannt." (V. 1b) und schließt mit der Bitte „Erforsche mich, Gott, und erkenne mein Herz!" (V. 23). Wie lässt sich erklären, dass das Ich am Ende Gott um etwas bittet, das dieser doch schon getan hat? Eine Erklärung bietet die folgende Deutung: Die Nähe Gottes erscheint dem Ich zunächst als ambivalent. Durch einen Reflexionsprozess kommt es jedoch zu einem anderen Verständnis seiner Selbst und seiner Beziehung zu Gott. Daher bewertet es nun die göttliche Gegenwart und sein Sein vor Gott positiv und bittet um göttliche Nähe und Rechtleitung. Dieser Prozess sei im Folgenden entlang der Abschnitte des Psalms vorgestellt.

V. 1b–6: Das Ich wendet sich in direkter Ansprache an Gott und beschreibt die umfassende Kenntnis, die JHWH von ihm hat. Gott prüft und kennt das äußerliche und alltägliche Tun, das mit den Merismen „Sitzen" und „Aufstehen" (V. 2) sowie „Gehen" und „Niederlegen" (V. 3) umschrieben wird. Ihm sind aber auch die inneren Einstellungen, die Absicht (V. 2) und die Wege (V. 4), sogar die Gedanken, bevor sie als Wort artikuliert werden (V. 4), bekannt. Mit der Wege-Metapher klingt der ethische Bereich des Lebenswandels und der Lebensführung an. Beschreibt das Ich die Präsenz Gottes zunächst noch neutral, kippt das nächste Bild ins Bedrohliche:

> Von hinten und vorne hast du mich eingeschlossen und hast auf mich deine Hand gelegt. (Ps 139,5)

Dem Ich ist jeder Bewegungsspielraum genommen („einschließen / belagern" hebr. צור *ṣur*). Auf ihm lastet die Hand Gottes. Zwar kann die Hand Gottes auch Schutz symbolisieren, so in Bezug auf Mose (Ex 33,22). Der Kontext legt jedoch nahe, dass das Ich sie wie Ijob als erdrückend wahrnimmt (Ijob 13,21): Es fühlt sich der Nähe Gottes ausgeliefert. Zwar bewertet das Ich das göttliche Wissen als „wunderbar" (V. 6), weil es die göttliche Macht widerspiegelt. Gleichzeitig ist es aber auch nicht zu erfassen und unerträglich. Ständig steht das Ich in der Verantwortung vor Gott und kann dieser nicht entkommen. Insofern also erscheint die göttliche Kenntnis des Ichs als bedrängende Nähe und die göttliche Präsenz als ambivalent.

V. 7–12: Das Ich erwägt nun, welche Fluchtmöglichkeiten ihm offenstehen. Dabei durchschreitet es den kosmischen Raum. Doch in den vertikalen Grenzbereichen von Himmel und Scheol (V. 8) und an den horizontalen Rändern, im Osten, wo die Morgenröte erscheint, und im Westen, am Ende des Meeres (V. 9), in den fernsten Bereichen des Kosmos, trifft es nur immer wieder auf Gott, der „leitet" und „ergreift" (V. 10). Auch hier bietet Gott Begleitung und ist zugleich Bedrohung. Deutlich wird die personale Deutung der Wirklichkeit. Gott erscheint als im Kosmos gegenwärtiges Du, über das personhaft gesprochen wird: Gott hat „Geist“ und „Angesicht“ (V. 7), „Hand“ bzw. „Rechte [Hand]“ (V. 10) und „Augen“ (V. 16).

Angesichts des grenzenlosen Machtbereiches Gottes wünscht sich das Ich, von der chaotischen, lebensfeindlichen Finsternis überwältigt zu werden (V. 11). Doch als Schöpfer ist Gott der, der in der *creatio prima* das Chaos ordnet und Finsternis in Licht verwandelt (Gen 1,1–5) sowie den zeitlichen Rhythmus von Tag und Nacht schafft (V. 12). Somit erstreckt sich die göttliche Herrschaft auch über die Zeit, der der Mensch nicht entkommen kann.

V. 13–18: Von den Grenzen des Kosmos und dem Beginn der Schöpfung lenkt das Ich nun den Blick auf seine eigenen Anfänge, die ihm selbst entzogen sind. Seine eigene Existenz führt es auf Gott zurück:

> 13 Ja, du, du hast meine Nieren geschaffen,
> hast mich gewoben im Leib meiner Mutter!
> 14 Ich will dir danken dafür, dass staunenswert und wunderbar ich bin!
> Wunderbar sind deine Werke, und meine *næfæš* (hebr. נֶפֶשׁ) erkennt es genau.
> 15 Nicht war mein Gebein verborgen vor dir,
> der ich gemacht wurde im Verborgenen,
> gewirkt wurde in den Tiefen der Erde!
> 16 Meinen *golæm* (hebr. גֹּלֶם) haben deine Augen gesehen,
> und in dein Buch schreibt man sie alle,
> die Tage, die geformt wurden, als nicht einer von ihnen war.
> (Ps 139,13–16)

Diese Reflexion auf sich selbst bringt die entscheidende Wende: Das Ich dankt Gott und erkennt sich selbst und alle göttlichen Werke als „wunderbar“ (V. 14) an. „Das Wunder der uranfänglichen Verbundenheit des Einzelnen mit seinem Gott erscheint als Argument der Selbstvergewisserung“,[157] gerade weil Gott das Verborgene erkennt und die Grenzen von Raum und Zeit überschreitet (V. 16). Die ständige Nähe Gottes gründet in der individuellen Schöpfung des Menschen. Insofern das Ich Gott als Grund seiner Existenz anerkennt, erkennt es seine eigene Größe. Von diesem Selbstverständnis her wird Gottes Gegenwart für ihn auch „kostbar“, so dass er sie vollumfänglich bejahen kann (V. 17–18). Da das Lexem „Absicht“ (hebr. רֵעַ *rea'*) in V. 2 im Kontext des inneren Handelns und der Lebensführung steht, berührt sicher auch das Staunen über die göttlichen Absichten (V. 17) den Bereich der Ethik und bereitet die Bitte um Rechtleitung (V. 23–24) vor.

Das Ich greift im Rückgriff auf den verborgenen Anfang seines Lebens verschiedene Schöpfungsvorstellungen auf und bezieht sie bereits auf seine vorgeburtliche Existenz (Jer 1,5; Ps 71,5–6). Gott hat es „erschaffen" (ursprünglich „käuflich erwerben", hebr. קנה *qānah* in V. 13) und „gewoben" (V. 13; vgl. Ijob 10,11); es wurde „gewirkt" (V. 15). Während das erste Lexem abstrakt verwendet ist, verweisen die beiden anderen Lexeme in den Bereich des handwerklichen Tuns und textilen Gestaltens, das zur Kreation von Neuem führt. Orte des Schöpfungshandelns sind „im Leib meiner Mutter" (V. 13), „im Verborgenen" und „in den Tiefen der Erde" (V. 15). Die Entstehung des einzelnen Menschen und seine vorgeburtliche Entwicklung werden als dem Menschen entzogenes Handeln Gottes verstanden, das sich in Analogie zu seinem urzeitlichen Schöpfungshandeln verstehen lässt. Auf sich selbst referiert das Ich als „meine Nieren" (V. 13), „mein Gebein" (V. 15) und „mein *golæm*" (V. 16). Die Nieren, als Innerstes des Menschen, das Gott prüft (Ps 7,10), weisen auf die Person und ihr ethisches Tun voraus. Gebein und Knochen geben dem Körper Halt, zeigen die Leibhaftigkeit der Person an. Bei *golæm* (hebr. גֹּלֶם) handelt es sich um ein Hapaxlegomenon. Da das Verb גלם *gālam* für das Zusammenwickeln eines Mantels gebraucht wird (2 Kön 2,8), käme eine Übersetzung als „Eingerolltes/Verhülltes/Knäuel/Formloses" in Frage. Die rabbinische Tradition verwendet das Lexem für das „Unfertige". Im Kontext von Ps 139 kann *golæm* als Bezeichnung für den sich entwickelnden Menschen, den Embryo verstanden werden. Das Ich versteht sich selbst in Kontinuität zu seiner vorgeburtlichen Existenz, was der Gebrauch der Possessivpronomina anzeigt. Mit „meine *næfæš*" referiert es im Reflexionsprozess auf sich selbst als erkennendes Subjekt.

V. 19–24: Der Rückblick auf die Anfänge der eigenen Existenz, die das Ich als Gott verdankt versteht, führt es dazu, sich und sein Leben auf Gott auszurichten. Diese Hinwendung beinhaltet eine entschiedene Parteinahme für Gott und damit die Abwendung von allen, die Gott infrage stellen:

> „Die vierte Strophe zeigt heute das Problem der Fluch- und Rachepsalmen an […]. Der Beter erkennt in seinen Todfeinden auch die Feinde Gottes und fordert deswegen das Gericht über diese als Todesstrafe, um die göttliche Gerechtigkeitsordnung wiederherzustellen. Die hart erscheinende Position des Beters, der sog. Mangel an Toleranz, ergibt sich aus dem Bestehen des Beters auf dem Errichten bzw. Durchsetzen der göttlichen Ordnung."[158] (F.-L. Hossfeld)

So erklärt sich vor dem Hintergrund des Motivs des berechtigten Hasses auf die Gottlosen (Ps 26,5; 31,7 u.ö.) das überraschende Auftreten der Frevler, um deren Ende das Ich bittet (V. 19). Weil sie sich gegen Gott stellen, sind sie auch Feinde des Ichs (V. 22). Die Feindschaft ihnen gegenüber entsteht durch ihre Gottlosigkeit. Die Entschiedenheit, mit der das Ich die Gemeinschaft mit Gott bejaht, führt schließlich zur Schlussbitte:

> 23 Erforsche mich, Gott, und erkenne mein Herz,
> prüfe mich und erkenne meine Gedanken.
> 24 Und sieh doch, ob ein Götzenweg an mir ist,
> und führe mich auf dem Weg der Ewigkeit. (Ps 139,23–24)

Als Kriterien der göttlichen Prüfung seines Inneren kontrastiert das Ich den „Götzenweg" mit dem „Weg der Ewigkeit". Die Abkehr von den Götzen impliziert die Hinwendung zu Gott. Die „Pfade der Ewigkeit" (Jer 6,16) und die „Stiegen der Ewigkeit" (Jer 18,15) bezeichnen rückwärtsgewandt „das moralische Verhalten Israels im Sinne eines Lebenswandels nach altbewährten Gesetzen".[159] Hier verweist der Weg der Dauer nach dem Rückblick auf die eigenen Anfänge auf die Zukunft. Die Gemeinschaft mit Gott impliziert die Ausrichtung des eigenen Wegs, der Lebensgestaltung und des ethischen Tuns an Gott. Die Nähe Gottes ist damit Grund und Ziel der Existenz.

Im Gebet von Ps 139 zeigt sich ein Ich, das selbstbewusst sein Unverständnis gegenüber einer Überwachung durch Gott zum Ausdruck bringt. Die Reflexion auf sich selbst und den Grund seines Seins führt es zur selbstbestimmten Annahme der göttlichen Gemeinschaft und Führung. Durch die „Erkundung des ‚inneren Menschen' […] wird auch die *Ich*-Werdung des Menschen"[160] beschrieben. Ps 139 ist also ein Beispiel dafür, dass sich auch in den alttestamentlichen Texten eine Ich-Identität zeigt, die individuell gefasst ist.

7.2 Der königliche Mensch und die Größe Gottes (Ps 8)

Die Frage „Was ist der Mensch?“ kann als Identitätsfrage gestellt werden. Der Einzelne wendet sich dann auf sich selbst zurück und fragt nach den Tiefen des eigenen Ich. Die Frage „Was ist der Mensch?“ kann der Mensch auch als generelle Frage nach dem Menschsein an sich selbst richten. In den Texten des Alten Testaments wird die Frage „Was ist der Mensch?“ jedoch an ein Du gerichtet, das nicht der Mensch ist. Der Mensch ist – in alttestamentlicher Perspektive – sich selbst eine offene Frage und kann sich nicht selbst sagen, wer er ist. In Ps 8 wird die Frage nach dem Menschen daher eingebunden in den Lobpreis Gottes.

Ps 8 wurde auch als „poetisches Kompendium klassischer psalmtheologischer Anthropologie“[161] oder etwas weniger absolut als „ein kleines Kompendium einer – nicht schlechthin der – biblischen Anthropologie“[162] bezeichnet. Zu dieser Würdigung ist dreierlei anzumerken: 1. Ps 8 fragt zwar nach dem Menschen, aber er tut dies in enger Verschränkung von Anthropologie, Theologie, Kosmologie und sogar Ethik. 2. Ps 8 leistet zwar eine Standortbestimmung des Menschen, aber wesentliche Aspekte menschlicher Existenz wie seine Hinordnung auf ein Gegenüber, seine Geschlechtlichkeit, seine Fehlbarkeit oder seine Vergänglichkeit werden nicht genannt.[163] 3. Die anthropologische Reflexion von Ps 8 erfolgt als an Gott adressierte Frage, die keine abschließende Antwort findet.

Die hohe Wertschätzung von Ps 8 als anthropologischer Text liegt nicht darin begründet, dass er umfassende oder gar systematische Aussagen zum Menschsein machen würde. Vielmehr dürfte sie darauf zurückzuführen sein, dass anders als in anderen anthropologisch bedeutsamen Texten des Alten Testaments die Frage „Was ist der Mensch?“ explizit gestellt wird, dass über den Menschen mit einer bemerkenswerten Hochachtung gesprochen und dass die Frage nach dem Menschen im Horizont Gottes gestellt wird: „Nur von Gott her lässt sich nach Ps 8 also sagen, was der Mensch ist.“[164] Es ist die Prägnanz, mit der Ps 8 alttestamentliche Anthropologie als theologische Anthropologie erkennen lässt, die ihn zu einem exemplarischen Beispiel alttestamentlicher Anthropologie macht. Neuere Arbeiten betonen zudem, dass das Bild vom Menschen, wie es Ps 8 zeichnet, anschlussfähig an die Rede von der Würde des Menschen ist:[165] Dem modernen Konzept von Menschenwürde liegt die Vorstellung zugrunde, dass jedem Menschen ohne Vorleistung, allein schon durch seine Existenz, ein unantastbarer Wert zukommt. Aus alttestamentlicher Perspektive korreliert dies mit der Überzeugung, dass jeder Mensch in eine Beziehung mit Gott geschaffen ist, die einen unveräußerlichen Wert bedingt (Ps 8,6).

Im Folgenden sollen Struktur und Inhalt von Ps 8 und zentrale Aussagen zu Anthropologie, Theologie, Kosmologie und Ethik vorgestellt werden:

Ps 8

1 Dem Musikmeister. Nach der gittischen Weise. Ein Psalm Davids.
2 *JHWH, unser Herr, wie gewaltig ist dein Name auf der ganzen Erde,*
der du deine Hoheit (hebr. הוֹד *hod*) über den Himmel gesetzt hast.
3 Aus dem Mund von Kindern und Säuglingen hast du eine Macht gegründet um deiner Bedränger willen,
um Feind und Rächer zum Aufhören zu bringen.
4 Wenn ich deinen Himmel sehe, das Werk deiner Finger,
Mond und Sterne, die du befestigt hast –
5 Was ist der Mensch, dass du seiner gedenkst (hebr. זכר *zākar*),
und das Menschenkind, dass du dich seiner annimmst (hebr. פקד *pāqad*)?
6 Du hast ihm wenig fehlen lassen von Gott,
und mit Ehre (hebr. כָּבוֹד *kāwod*) und Pracht (hebr. הָדָר *hādār*) hast du ihn gekrönt.
7 Du hast ihn zum Herrscher gemacht über die Werke deiner Hände,
alles hast du gelegt unter seine Füße:
8 Kleinvieh und Rinder, sie alle,
und auch die Tiere des Feldes,
9 die Vögel des Himmels und die Fische des Meeres,
was immer dahinzieht auf den Pfaden der Meere.
10 *JHWH, unser Herr, wie gewaltig ist dein Name auf der ganzen Erde!*

Ps 8 gliedert sich in eine Überschrift (V. 1) und einen rahmenden Lobpreis (V. 2a.10). Der Korpus des Psalms wird aus den zwei Abschnitten V. 2b–3 und V. 4–9 gebildet. Abschnittsgenerierend sind hierbei der Wechsel von der Wir-Du- (V. 2–3.10) zur Ich-Du-Perspektive (V. 4–9) und der Einsatz mit „wenn" (hebr. כִּי *ki*) in V. 4.

V. 2a.10: Der Korpus von Ps 8 ist von einem staunenden Bewunderungsruf gerahmt, der zugleich JHWH als erhabenen Weltenschöpfer und die mächtige Präsenz seines Namens in Szene setzt. Mit der kollektiven höfischen Anrede „unser Herr“ wird JHWH als Königsgott (1 Kön 1,11.43.47 u.ö.) und als universaler Herrscher „auf der ganzen Erde“ gezeichnet. Beides, die Größe und Erhabenheit sowie die Nähe und Fürsorge Gottes, bestimmen die Theologie von Ps 8.

V. 2b–3a: Der Abschnitt stellt sowohl im Hinblick auf Textbestand („gesetzt“ in 2. Sg. m. ist eine Konjektur, also eine hypothetische Rekonstruktion eines ursprünglicheren Textes) und Übersetzung als auch im Hinblick auf seine Auslegung eine Herausforderung dar. V. 2b präsentiert mit dem Verweis auf seine „Hoheit“ (hebr. הוֹד *hod*) JHWH als Königsgott (Ps 104,1; 111,3; 145,5). Diskutiert wird, ob er als Relativsatz auf V. 2a zu beziehen ist oder als Pendens-Konstruktion zu V. 3 gehört. V. 3 nennt mit den Kindern und Säuglingen sowie den Feinden Akteure, die im weiteren Verlauf keine Rolle spielen. U. Neumann-Gorsolke hat gezeigt, dass V. 3 auf Traditionselemente der Jerusalemer Theologie zurückgreift:[166] JHWH hat den Zion als unüberwindliche Festung *gegründet* (Jes 14,32), seine *Macht* wendet er gegen *Feinde* (Ps 89,11), die er zum *Aufhören* bringt (Ps 89,45). Einzigartig an Ps 8 ist, dass diese göttliche Macht auf den *Mund von Kindern und Säuglingen* übertragen ist. Diese gelten in den alttestamentlichen Texten als die schwächste Größe der Gemeinschaft und sind auf Fürsorge angewiesen (Jer 44,7). Sie leisten Widerstand gegen die Feinde mit dem, was aus ihrem Mund kommt, dem gesprochenen Wort. Damit verdoppelt sich das Paradox: Die Kinder und Säuglinge

> „sind Inbegriff der angewiesenen und hilfebedürftigen Menschen: Gerade ihnen, die ohne Ehre und Würden, frei von Machtansprüchen und Ruhm sind, wird königliche Mächtigkeit zuteil, weil JHWH durch sie handelt – gegen die Feinde.“[167] (U. Neumann-Gorsolke)

JHWH erscheint somit nicht nur als königlicher Weltenschöpfer, sondern auch als Richter und Retter, der sich gegen die wendet, die die Weltordnung gefährden, der seine Macht nicht mit Gewalt durchsetzt und sich deutlich auf der Seite der Schwachen positioniert. Aus anthropologischer Perspektive ist bedeutsam, dass mit dem Verweis auf Kinder und Säuglinge der Mensch vor jeder Hoheitsaussage als hilfsbedürftiges und schwaches Wesen erscheint, dessen sich Gott annimmt.

V. 4–10: Nachdem bislang eine Wir-Gruppe gesprochen hatte, meldet sich nun ein Ich zu Wort. Seine Reflexion nimmt den Ausgang vom Anblick des Himmels, den es als göttliches Werk versteht (V. 4). Sein persönliches Staunen über die Schöpfung führt das Ich zur Frage nach dem Menschen allgemein. Aus der kosmologischen Betrachtung des Einzelnen ergibt sich die anthropologische Reflexion. Die Erhabenheit der Schöpfung verweist auf die Größe ihres Schöpfers; gleichzeitig wird sie zum Referenzpunkt für den Menschen, der angesichts des Blicks auf Himmel, Mond und Sterne als klein und unbedeutend erscheint: „Was ist der Mensch, dass du seiner gedenkst?" (V. 5). Gleichwohl zielt die Reflexion nicht darauf, die Niedrigkeit und Hinfälligkeit des Menschen hervorzuheben, sondern richtet den Fokus auf die göttliche Sorge für den Menschen und auf die Größe des Menschen als göttliche Schöpfung.

Das fürsorgliche Handeln Gottes wird mit den beiden Verben „gedenken" (hebr. זכר *zākar*) und „annehmen" (hebr. פקד *pāqad*) umschrieben. Das göttliche Gedenken bezieht sich nicht auf ein bloßes Erinnern, sondern verweist auf das rettende Handeln Gottes am Menschen: Gott erinnert sich des Menschen und rettet ihn aus der Sintflut (Gen 8,1); Gott erinnert sich des Bundes mit Abraham, Isaak und Jakob und rettet sein Volk aus Ägypten (Ex 2,24). Hebr. פקד *pāqad* kann im Sinne von „zur Verantwortung ziehen" (Jer 6,15) gebraucht werden oder sich darauf beziehen, dass Gott sich dem Einzelnen (Gen 21,1) oder dem Volk (Ex 3,16) helfend zuwendet. Die göttliche Fürsorge und Parteinahme für den Menschen knüpft an die Vorstellung von der Macht der Kinder und Säuglinge an, die sich gegen die wendet, die die gute Ordnung der Schöpfung bedrohen, und berührt so ethische Aspekte.

Die Frage nach dem Menschen und dem Grund, warum Gott sich dem Menschen zuwendet, wird im Fortgang der Reflexion nicht beantwortet. Jedoch wird die Größe des Menschen hervorgehoben. Wie genau der Vergleich mit Gott bzw. den Göttern (beides hebr.

אֱלֹהִים *'ælohim*) zu verstehen ist, war schon in der Antike fraglich. Die Septuaginta bezieht אֱלֹהִים *'ælohim* auf die himmlischen Wesen, versteht den Plural als echten Plural und übersetzt mit „Engel“ (griech. ἄγγελος *ángelos*). Es spricht jedoch nichts dagegen, אֱלֹהִים *'ælohim* auf Gott zu beziehen. Denn schließlich wird im Folgenden die damit verbundene Hoheitsaussage über den Menschen mit der Königsmetaphorik weitergeführt: 1. Der Mensch ist gekrönt; 2. Der Mensch ist mit Ehre (hebr. כָּבוֹד *kāwod*) und Pracht (hebr. הָדָר *hādār*) ausgestattet; 3. Er ist zum Herrscher gemacht.

Die Krönung ist das Zeichen der Herrschaftsübergabe an den König. Das Bild der Krone und die Abstrakta zur Beschreibung der Würdestellung verwendet auch Ps 21 in Bezug auf den König:

> 4 Ja, du begegnest ihm mit Gaben des Segens,
> setzt auf sein Haupt eine goldene Krone. [...]
> 6 Groß ist seine Ehre (hebr. כָּבוֹד *kāwod*) durch deine Hilfe,
> Glanz und Hohheit (hebr. הָדָר *hādār*) legst du auf ihn. (Ps 21,4.6)

In Ps 21 wird die enge Verbundenheit von JHWH und seinem König angezeigt. Ps 8 überträgt diese Vorstellung auf den Menschen an sich. Man hat deshalb auch von der Demokratisierung der Königswürde oder besser der *Royalisierung des Menschen* gesprochen:

> „Hieß es in Ps 21,6, dass der כבוד die ‚Ehre‘ des Königs durch Jahwes Hilfe groß ist und dass er ihn mit הוד והדר ‚Hoheit und Pracht‘ beschenkt, werden hier mit כבוד und הדר dieselben Gaben dem Menschen schlechthin zuteil, nicht indem die Herrlichkeit gleichsam ‚demokratisiert‘ würde, sondern indem Jahwe jeden Menschen im Blick auf die כבוד- und הדר-Begabung königlich erhöht, ihn in seine unmittelbare Nähe holt und damit מעט מאלהים ‚wenig von Gott‘ vorenthält.“[168] (H. Spieckermann)

„Ehre“ und „Pracht“ sind Attribute, die Gott als Königsgott zukommen (Ps 104,1; „Hoheit und Pracht“; 145,5: „Pracht deiner Ehre“). Insofern entfaltet die Krönungsaussage das Bild, dass dem Menschen nur wenig von Gott fehlt.

Aufgrund der folgenden Herrschaftsaussage (V. 7–9), die den Menschen seiner Lebenswelt überordnet, kann die Royalisierung wie in Gen 1,26–28 (vgl. *Kap. 2.1*) funktional verstanden werden: „Durch diese Investitur wird dem Menschen / der Menschheit die

Rolle des Königs, Mandatar JHWHs zu sein, übertragen."[169] Aufgabe des Menschen ist damit, für die gerechte Weltordnung einzutreten und eine universale Ordnungsfunktion wahrzunehmen. Auch hier zeigt sich die enge Verbindung von Anthropologie und Ethik: „Alles" ist von Gott „unter die Füße" (V. 7) des Menschen gelegt, also in seine Macht gegeben. Die Herrschaftsbereiche werden durch die Nennung der Tiere und ihrer Lebenswelten Wasser/Meer, Land/Feld und Himmel gekennzeichnet. Jedoch sind diese „die Werke deiner Hände" (V. 7). Die Herrschaftsübergabe ist also gleichermaßen göttlich legitimiert wie begrenzt.[170]

Festhalten lässt sich: In Ps 8 ist die anthropologische Reflexion im Gebet bezogen auf Gott und seine Schöpfung. Die Frage „Was ist der Mensch?" stellt der Mensch nicht an sich selbst, sondern adressiert sie an Gott. Gefragt wird auch nicht nach dem Menschen an sich, sondern nach dem Menschen in der Beziehung zu Gott, der ihm fürsorglich zugewandt ist:

> „Damit verändert sich die Frage von Grund auf: Für den Psalm ist die Frage nach dem Menschen keine, die Menschen von sich aus beantworten können; sie ist vielmehr nur als an Gott gerichtete sinnvoll. Dabei ist gerade die Form der Frage bezeichnend: Nicht eine bestimmte Antwort, die aus dem Gegenüber zu Gott gelöst werden könnte, sondern die offene Begegnung gibt ihr ihren Sinn."[171] (W. Schoberth)

H. W. Wolff beendet seine 1973 erschienene *Anthropologie des Alten Testaments* mit *§ 25 Die Bestimmung des Menschen*. Die Bestimmung des Menschen sei zu leben und nicht dem Tode zu verfallen, zu lieben und allen Hass zu überwinden, zu herrschen, also die Schöpfung zu beherrschen und nicht beherrscht zu werden, und schließlich:

> „Der Mensch ist bestimmt, Gott zu loben. Der Mensch des 8. Psalms, der seine Überlegenheit in der Welt entdeckt, kann sie nicht im Selbstruhm zur Sprache bringen, sondern nur in der preisenden Anrede Gottes (V. 6ff) […]. Die Bestimmung zum Loben Gottes und also zum dankbaren Dialog mit dem Schöpfer wird in Psalm 8 deshalb nicht von einer Selbstfaszination des Menschen durch seine eigenen Fähigkeiten verdrängt, weil er sich selbst auch in seiner eigenen Hilfsbedürftigkeit im Auge behält (V. 5)."[172] (H. W. Wolff)

Die Stärke dieses biblischen Entwurfes vom Menschen ist es, dass er nicht den Selbstbezug des Menschen in den Vordergrund stellt, sondern dessen Relationalität. Die Größe und die herausgehobene Stellung, die dem Menschen zukommt, hat er nicht aus sich selbst heraus, sondern sie wird auf eine Größe außerhalb des Menschen zurückgeführt. Damit wird deutlich, dass mit der besonderen Position des Menschen und seinen herausgehobenen Fähigkeiten auch eine besondere Verantwortung einhergeht. Insofern stellt Ps 8 an den modernen Menschen die Frage nach der Selbstbegrenzung des Menschen und dessen Verantwortlichkeit für seinen Lebensraum und das Leben. Er weist den Menschen angesichts globaler Herausforderungen und Krisen darauf hin, dass die Frage nach dem Menschen nicht unabhängig von der Frage nach dem Außen des Menschen gestellt und nicht von der Frage nach dem guten Handeln gelöst werden kann.

Kapitel 7: In alttestamentlicher Perspektive ist das Sein des Menschen ein Sein vor Gott. Die Wirklichkeit wird personal gedeutet als Schöpfung und als Wirklichkeit Gottes. Diese Deutung der Wirklichkeit ist wesentlich für das Verständnis des Menschseins. Die Wirklichkeit und Gegenwart Gottes wird dabei als durchaus ambivalent erfahren, insofern der Mensch ihr nicht entkommen kann und der Mensch die übermächtige Größe Gottes empfindet. Die Tatsache, dass die eigene Existenz als verdankt erfahren wird, dass der Mensch sein Leben nicht aus sich selbst hat, führt das Ich von Ps 139 schließlich zur Bejahung seines Seins vor Gott und dem damit verbundenen Auftrag für die Lebensführung. Die Deutung der Wirklichkeit als Wirklichkeit Gottes zeigt dem Ich von Ps 8 Grenzen und Größe des Menschen auf. Der Mensch ist bleibend auf seinen Schöpfer bezogen: Seine Stellung in der Welt ist begrenzt durch die göttliche Schöpfungsordnung, bedeutet somit ethische Verantwortung; gleichzeitig ist er getragen von der Zuwendung und Fürsorge Gottes.

Literatur

C. Frevel, Person – Identität – Selbst. Eine Problemanzeige aus alttestamentlicher Perspektive, in: J. van Oorschot/A. Wagner (Hg.), Anthropologie(n) des Alten Testaments (VWGTh 42), Leipzig 2015, 65–89.

C. Frevel, Von der Selbstbeobachtung zu inneren Tiefen. Überlegungen zur Konstitution von Individualität im Alten Testament, in: J. v. Oorschot/A. Wagner (Hg.), Individualität und Selbstreflexion in den Literaturen des Alten Testaments (VWGTh 48), Leipzig 2017, 13–43.

F. Hartenstein, Gott als Horizont des Menschen. Nachprophetische Anthropologie in Psalm 51 und 139, in: R. Lux/E.-J. Waschke (Hg.), Die unwiderstehliche Wahrheit. Studien zur alttestamentlichen Prophetie. Festschrift für Arndt Meinhold, Leipzig 2006, 491–512.

C. Maier, Beziehungsweisen. Körperkonzept und Gottesbild in Ps 139, in: Hedwig-Jahnow-Forschungsprojekt (Hg.), Körperkonzepte im Ersten Testament. Aspekte einer Feministischen Anthropologie, Stuttgart 2003, 172–189.

U. Neumann-Gorsolke, „Mit Ehre und Hoheit hast Du ihn gekrönt“ (Ps 8,6). Alttestamentliche Aspekte zum Thema Menschenwürde, in: I. Baldermann (Hg.), Menschenwürde (JBTh 15), Neukirchen-Vluyn 2001, 39–65.

8. Ausblick: Menschsein im Alten Testament und theologische Anthropologie

Ausgangspunkt dieses Buches war ein Verständnis von einer „Anthropologie des Alten Testaments", die sich auf die Vielfalt der alttestamentlichen Perspektiven auf den Menschen und das Menschsein, wie sie in den Texten entstehen, bezieht. Bei der exemplarischen Auslegung der alttestamentlichen Texte wurde diese Pluralität von Menschenbildern deutlich. Es handelt sich also um eine Anthropologie aus den Texten des Alten Testaments in seiner vorliegenden literarischen Gestalt.

Die Bilder vom Menschen, die die alttestamentlichen Texte zeigen, sind zunächst einmal kontingent. Sie können und müssen vor ihrem Entstehungshintergrund entfaltet werden. So erschließt sich z.B. die Rede von der Gott-Bildlichkeit von der altorientalischen Königsideologie her, oder die Bewertung von Mühe und Arbeit bei Kohelet erklärt sich von den sozialen und wirtschaftlichen Verhältnissen, die den Optimismus mindern, dass Anstrengung zu Erfolg führt.

Bei aller Vielfalt der Menschenbilder stellt sich die Frage, ob es nicht doch, jenseits der thematischen Schwerpunkte, die bei der Auslegung gesetzt wurden, Grundlinien der Menschenbilder gibt, die die verschiedenen Texte und ihre Auffassung vom Menschsein miteinander verbinden. Die Frage, ob es dabei so etwas wie einheitliche Grundlinien oder Perspektiven auf das Menschsein gibt, ist die Frage, inwiefern eine so verstandene Anthropologie des Alten Testaments auch eine theologische Anthropologie ist.

Dabei ist bereits darauf verwiesen worden (vgl. *Einblick 1*), dass es die Grundannahme ist, dass der Mensch sich nur als Mensch vor Gott angemessen versteht, die eine Anthropologie des Alten Testaments mit der theologischen Anthropologie verbindet. C. Frevel spricht darüber hinaus von

> „invarianten Konstanten, in denen Menschsein biblisch reflektiert wird und die für das biblische Menschenverständnis konstitutiv sind: Geschöpflichkeit und Unverfügbarkeit des Gewordenseins der menschlichen

> Existenz, ihr Zeitbezug in Endlichkeit und Vergänglichkeit sowie die Irreversibilität der individuellen Biographie. Die im Wovonher und Worauhin reflektierte transzendentale Verwiesenheit des Menschen, seine Selbstreflexivität, seine Leiblichkeit ebenso wie seine Sexualität. Ferner Relationalität, Sozialität, Kulturalität und konstitutiver Weltbezug menschlicher Existenz. Dazu treten Freiheit und Verantwortung, Personalität und Individualität, moralische Unvollkommenheit und Sündhaftigkeit des Menschen. Die Themen Körper, Sprache, Performanz und Alterität gehen zwar in diesen Fragen nicht auf, sind aber davon auch nicht zu trennen. Mit den genannten Themenfeldern ist der Anspruch einer theologischen Anthropologie deutlich zu erkennen."[173]

Diese Annahme von invarianten Konstanten, die mit C. Frevel den Anspruch einer theologischen Anthropologie markieren, sind nicht unwidersprochen geblieben:

> „Vermutlich wird man auf all dies Antworten finden können, nur stellt sich angesichts dieser weitgehend post-aufklärerischen Kriterienliste doch die Frage, ob man sich damit noch auf dem Boden historischer Rekonstruktion befindet oder ob biblische Anthropologie hier nicht unter der Hand zum Reflexionsmedium des modernen Menschen seiner/ihrer Existenz geworden ist."[174] (A. Schüle)

Mit den Fragen C. Frevels befindet man sich nicht mehr auf der Ebene der rein historischen Rekonstruktion. Aber es geht ja auch um die Frage, wo es Berührungspunkte der Anthropologie des Alten Testaments und der theologischen Anthropologie gibt bzw. inwiefern Anthropologie des Alten Testaments auch theologische Anthropologie ist. Und dabei geht es zwangsläufig auch um Fragen nach der Existenz des modernen Menschen.

Bei der Auslegung der in diesem Buch präsentierten Texte und Menschenbilder gibt es meines Erachtens zwei Grundlinien, die sich mehr oder weniger stark in den Vordergrund drängen und dabei auch Fragen der Existenz des modernen Menschen berühren. Mit der Deutung des Menschseins als *Sein vor Gott* ist eine dieser Grundlinien bereits angesprochen worden. Offensichtlich ist dies in der Vorstellung, dass der Mensch Geschöpf Gottes ist und ihm sein Leben verdankt (Gen 1,26–28; Gen 2,7; Ijob 14,15 vgl. 10,9–12; Ps 139,13–16). Aber auch die Texte, die die Fehlbarkeit des Menschen zum Thema machen, sehen den Menschen in der Verantwortung vor Gott (Gen 4,10; 1 Kön 21,19) oder schreiben allein ihm die Möglichkeit zu, die Integrität des Menschen wieder herzustellen und ihm Schuld zu vergeben (Ps 51,12–14). Neben dieser grundsätzlichen Deutung des Lebens als Existenz von Gott her werden auch konkrete Vollzüge in der Beziehung zu Gott gesehen. Die Produktivität des Menschen wird von Gott her verstanden. Das Gute und das Glück trotz und bei aller Mühe und Arbeit werden als Gabe Gottes verstanden (Koh 2,24). Aus prophetischer Perspektive sind die Suche nach Gott und nach dem Guten identisch (Am 5,4.14). Die Körperbestimmungen im Buch Levitikus zielen darauf, die Begegnung mit dem Heiligen zu ermöglichen (Lev 15,31). Die Klage über die Vergänglichkeit des Menschen ist eine an Gott gerichtete Klage (Ijob 14,3). Der Gedanke an den Tod bringt Kohelet dazu, an die mit der Geschöpflichkeit gegebene individuelle Gottesbeziehung zu denken (Koh 12,1). Die Hoffnung, dass eine Auferstehung zu einer jenseitigen Gerechtigkeit führt, richtet sich an Gott (2 Makk 7,6). Besonders Ps 139 und Ps 8 zeigen die Existenz des Menschen als Sein von Gott her, sowohl was das individuelle Leben als auch den Menschen generell anbelangt. Alle genannten Aspekte menschlichen Lebens werden durch die biblischen Texte in einen Bezug zu Gott gestellt und verweisen darauf, dass sich der Mensch in seinem gesamten, vielfältigen Dasein Gott verdankt.

Aus dem Sein vor Gott ergibt sich in der Perspektive der alttestamentlichen Texte als zweite Grundlinie das *Sollen vor Gott*. Vorausgesetzt ist hier die Vorstellung einer guten und gerechten Weltordnung, die von Gott in der Schöpfung gesetzt ist und aufrechterhalten wird. Diese ist Anspruch an den Menschen. Auch dies zeigt sich bereits mit den Schöpfungserzählungen der Urgeschichte. So ist die Rede von der Gott-Bildlichkeit des Menschen funktional zu verstehen und bezieht sich darauf, eine universale Ordnungsfunktion als Repräsentant Gottes wahrzunehmen (Gen 1,26–28). Das Kulturschaffen und die Naturbeherrschung des Menschen sind im Buch Ijob Ausgangspunkt für die Reflexion über die Erkenntnisfähigkeit des Menschen, die wiederum im Verhältnis zu Gott bestimmt wird. Sie wird als beschränkt eingestuft. Zugang zur Weisheit ist dem Menschen nur über die Gottesbeziehung und die Gottesfurcht möglich, also im praktischen Handeln (Ijob 28,28). Bei Amos ist es explizit Aufgabe des Menschen, für Gerechtigkeit zu sorgen. Soziales und wirtschaftliches Handeln ist angesichts der Gerichtsmacht Gottes am Wohlergehen der Gemeinschaft zu orientieren (Am 5,4–6.14–15). Das Ich von Ps 139 empfindet die Gegenwart Gottes zunächst als durchaus ambivalent: Die göttliche Aufmerksamkeit bezieht sich mit der Wege-Metapher auch auf sein ethisches Tun, das es vor Gott zu verantworten hat. Im Gebetsprozess kommt es zur Bejahung seiner Existenz vor Gott und zur Annahme des Auftrags für die Lebensführung, der damit unweigerlich verbunden ist. Auch die Frage nach dem Menschen von Ps 8 hat die Ordnung der Welt im Blick. Sie nimmt ihren Ausgangspunkt bei einer Welt, deren Gleichgewicht in Unordnung geraten ist, in der Feinde drohen. Das Sein des Menschen wird vom göttlichen Gedenken bestimmt, das zum einen den Aspekt der Rettung beinhaltet, zum anderen aber auch den Blick Gottes, der auf das Handeln des Menschen gerichtet ist.

Die alttestamentlichen Bilder vom Menschen sind konkret und historisch verhaftet. Als literarische Bilder konfrontieren sie ihre Leser:innen mit Deutungen des Menschseins als Sein vor Gott, das mit dem Anspruch des Sollens verbunden ist. Insofern ist eine Anthropologie des Alten Testaments auch eine theologische Anthropologie, die sich auf konkretes Menschsein bezieht und es Menschen ermöglicht, sich selbst zu reflektieren und Möglichkeiten und Grenzen des eigenen Handelns zu erwägen.

Aus der Perspektive des Philosophen G. Böhme gilt in Bezug auf die historische Wandelbarkeit des Menschen und seiner Kultur:

> „Das Erstaunen über diese Andersartigkeit unserer Vorfahren wird fast noch übertroffen durch ein anderes Erstaunen: nämlich darüber, daß wir sie trotz ihrer Andersartigkeit verstehen können. Sicherlich nicht direkt und ohne Mühe […], aber wir entdecken in dieser Begegnung doch, dass wir dieses andere auch in uns selbst haben.“[175] (G. Böhme)

Als Ausblick mag daher gelten: Aus theologischer Perspektive ist es vielleicht genau dieses Erstaunen, das die Verbindung von Menschsein im Alten Testament und theologischer Anthropologie herstellt. Sich den alttestamentlichen Menschenbildern zu nähern, fordert eine umfassende Kontextualisierung und verlangt einen großen methodischen und hermeneutischen Aufwand. Bei aller Fremdheit der alttestamentlichen Konzeptionen geben diese doch auch dem gegenwärtigen Menschen die Möglichkeit, sich in ihnen wiederzufinden und – wenngleich auch nicht direkt und unmittelbar – Impulse für die eigene Orientierung zu entdecken.

Anhang

Transliteration

Unter Transliteration versteht man die buchstabengetreue Wiedergabe eines Schriftsystems in einem anderen. Da es im Hebräischen und im Griechischen Buchstaben bzw. Vokalzeichen gibt, für die es keine Entsprechung im lateinischen Schriftsystem gibt, behilft man sich mit zusätzlichen Zeichen, wie z.B. *š* für den Buchstaben שׁ und den Laut [*sch*] im Hebräischen oder die unterschiedliche Transliteration von *th* für θ und *t* für τ, die beiden Buchstaben im Griechischen, die t-Laute bezeichnen. Werden im Hebräischen zwei oder mehr Wörter zu einem Word gefügt, wird die Grenze mit = markiert (z.B. „der Mensch“ hebr. הָאָדָם *hā='ādām*). Bei der Wiedergabe des Hebräischen werden über die reine Transliteration hinaus auch phonetische Besonderheiten, z.B. die Aussprache von ב als *b* oder *w*, berücksichtigt.

Hebräisch

א	ב	ג	ד	ה	ו	ז	ח	ט	י	כ	ל
’	b/w	g	d	h/ -	w/ -	z	ḥ	ṭ	j/ -	k/ch	l

מ	נ	ס	ע	פ	צ	ק	ר	שׂ	שׁ	ת	
m	n	s	‘	p/f	ṣ	q	r	ś	š	t	

ָ	ַ	ֶ	ֵ	ִ	ֹ	וּ / ֻ	ְ	ֳ	ֲ	ֱ
ā/å	a	æ	e	i	o	u	e	ā/å	a	æ

Griechisch

α	β	γ	δ	ε	ζ	η	θ	ι	κ	λ	μ
a	b	g	d	e	z	ē	th	i	k	l	m

ν	ξ	ο	π	ρ	σ	τ	υ	φ	χ	ψ	ω
n	x	o	p	r	s	t	y	ph	ch	ps	ō

Abbildungen

Abb. 1 E. Brunner-Traut, Frühformen des Erkennens. Aspektive im Alten Ägypten, Darmstadt ^{3}1996 (Erstauflage 1990), 35, Abb. 26b (aus H. Schäfer, Von ägyptischer Kunst. Eine Grundlage, 4. verbesserte Auflage, hg. und mit einem Nachwort versehen von Emma Brunner-Traut, Wiesbaden 1963).
Abb. 2 S. Schroer/T. Staubli, Die Körpersymbolik der Bibel. Gütersloh ^{2}2005, 2.
Abb. 3 https://upload.wikimedia.org/wikipedia/commons/6/6c/Statue_of_Ramesses_III_-_Beth_Shean_-_1185-1153_BCE.jpeg.
Abb. 4 O. Keel, Deine Blicke sind Tauben. Zur Metaphorik des Hohen Liedes (SBS 114/115), Stuttgart 1984, 148.
Abb. 5 O. Keel, Blicke, 149.
Abb. 6 O. Keel, Das Hohelied (ZBK.AT 18), Zürich 1986, 75.
Abb. 7 O. Keel, Hohelied, 75.
Abb. 8 T. Staubli, Altorientalische Bildquellen als Schlüssel zur erotischen Metaphorik des Hohenliedes, in: U. Jung-Kaiser (Hg.), Das Hohelied. Liebeslyrik als Kultur(en) erschließendes Medium? 4. Interdisziplinäres Symposion der Hochschule für Musik und Darstellende Kunst in Frankfurt am Main 2006, Bern 2007, 27–42, hier 34 (nach J. W. Crowfoot/G. W. Crowfoot, Early Ivories from Samaria, London 1938, Pl. SVI,2).
Abb. 9 T. Staubli, Bildquellen, 35 (nach: J.W. Crowfoot/G.M. Crowfoot, Early Ivories from Samaria, London 1938, Pl. I,1.).
Abb. 10 O. Keel, Hohelied, 141.
Abb. 11 O. Keel, Hohelied, 141.
Abb. 12 O. Keel, Hohelied, 146.
Abb. 13 O. Keel, Hohelied, 147.
Abb. 14 O. Keel, Hohelied, 147.
Abb. 15 O. Keel, Hohelied, 159.

Anmerkungen

1. Die alttestamentliche Rede vom Menschen

1 G. von Rad, Weisheit in Israel, Neukirchen-Vluyn 1970.

2 B. Landsberger, Die Eigenbegrifflichkeit der babylonischen Welt (zuerst 1926)/W. von Soden, Leistung und Grenze sumerischer und babylonischer Wissenschaft, Darmstadt 1965, 17.

3 Vgl. A. Wagner, Der Parallelismus membrorum zwischen poetischer Form und Denkfigur, in: Ders., Parallelismus membrorum (OBO 224), Göttingen 2007, 1–26, hier: 11.

4 G. von Rad, Weisheit, 42–43.

5 Vgl. E. Brunner-Traut, Frühformen des Erkennens. Aspektive im Alten Ägypten, Darmstadt [3]1996 (Erstauflage 1990); E. H. Gombrich, Die Geschichte der Kunst. Frankfurt [16]1996, 60–61; B. Janowski, Konfliktgespräche mit Gott. Eine Anthropologie der Psalmen, Neukirchen-Vluyn [4]2013, 18–19.

6 E. Brunner-Traut, Aspektive, 70.

7 J. Assmann, Tod und Jenseits im Alten Ägypten, München [2]2010, 34–39.

8 H. W. Wolff, Anthropologie des Alten Testaments. Mit zwei Anhängen neu herausgegeben von B. Janowski, Darmstadt 2010 (Erstauflage 1973), 22.

9 H.W. Wolff, Anthropologie, 24.

10 Zu *næfæš* vgl. H. W. Wolff, Anthropologie, 33–55; B. Janowski, Konfliktgespräche, 204–214; S. Schroer/T. Staubli, Die Körpersymbolik der Bibel, Gütersloh [2]2005, 45–54; B. Janowski, Anthropologie des Alten Testaments. Grundfragen – Kontexte – Themenbereiche, Tübingen 2019, 52–58; zu *lew* vgl. H. W. Wolff, Anthropologie, 76–101; B. Janowski, Konfliktgespräche, 167–170; C. Frevel, Art. Herz, in: A. Berlejung/C. Frevel (Hg.), HGANT, Darmstadt 2006, 250–252; S. Schroer/T. Staubli, Körpersymbolik, 33–44; zu *bāśār* vgl. H. W. Wolff, Anthropologie, 56–63; C. Frevel, Art. Fleisch/Geist, in: HGANT, 186–187; S. Schroer/T. Staubli, Körpersymbolik, 161–173.

11 A. Wagner, Wider die Reduktion des Lebendigen. Über das Verhältnis der sog. anthropologischen Grundbegriffe und die Unmöglichkeit, mit ihnen die alttestamentliche Menschenvorstellung zu erfassen, in: Ders, (Hg.), Anthropologische Aufbrüche. Alttestamentliche und interdisziplinäre Zugänge zur historischen Anthropologie (FRLANT 232), Göttingen 2009, 183–199, hier: 198.

[12] C. Taylor, Quellen des Selbst. Die Entstehung der neuzeitlichen Identität, Frankfurt 1994, 207. Vgl. auch B. Janowski, Anthropologie des Alten Testaments. Versuch einer Grundlegung, in: A. Wagner (Hg.), Anthropologische Aufbrüche. Alttestamentliche und interdisziplinäre Zugänge zur historischen Anthropologie (FRLANT 232), Göttingen 2009, 13–41.

[13] R. A. di Vito, Alttestamentliche Anthropologie und die Konstruktion personaler Identität, in: B. Janowski/K. Liess (Hg.), Der Mensch im Alten Israel. Neue Forschungen zur alttestamentlichen Anthropologie (HBS 59), Freiburg u.a. 2009, 214–241, hier: 231.

[14] B. Janowski, Grundlegung, 29.

[15] C. Frevel, Person – Identität – Selbst. Eine Problemanzeige aus alttestamentlicher Perspektive, in: J. van Oorschot/A. Wagner (Hg.), Anthropologie(n) des Alten Testaments (VWGTh 42), Leipzig 2015, 65–89, hier: 89.

[16] K. Rahner, Grundkurs des Glaubens. Einführung in den Begriff des Christentums, Freiburg [7]1995, 43.

[17] Vgl. C. Frevel, Die Frage nach dem Menschen. Biblische Anthropologie als wissenschaftliche Aufgabe – Eine Standortbestimmung, in: Ders. (Hg.), Biblische Anthropologie. Neue Einsichten aus dem Alten Testament (QD 237), Freiburg 2010, 29–63; B. Janowski, Anthropologie, 39–40.

[18] Vgl. C. Frevel, Biblische Anthropologie, 47–52.

[19] H. Süssmuth, Geschichte und Anthropologie. Wege zur Erforschung des Menschen, in: Ders. (Hg.), Historische Anthropologie. Der Mensch in der Geschichte (VR 1499), Göttingen 1984, 5–18, hier 8.

[20] Vgl. E.-J. Waschke, Grundlagen einer theologischen Anthropologie des Alten Testaments, in: J. van Oorschot/A. Wagner (Hg.), Anthropologie(n) des Alten Testaments (VWGTh 42), Leipzig 2015, 23–42, hier: 23.

[21] Vgl. auch im Folgenden E. Dirscherl, Über spannende Beziehungen nachdenken: Der Mensch als Geschöpf, als Ebenbild Gottes und seine Ambivalenz als Sünder, in: E. Dirscherl/C. Dohmen/R. Englert/B. Laux, In Beziehung leben. Theologische Anthropologie (Theologische Module 6), Freiburg 2008, 46–89, hier: 48–51.

[22] K. Rahner, Grundkurs, 87.

[23] Vgl. C. Frevel, Frage nach dem Menschen, 53; J. van Oorschot, Zur Grundlegung alttestamentlicher Anthropologie – Orientierung und Zwischenruf, in: Ders./A. Wagner (Hg.), Anthropologie(n) des Alten Testaments (VWGTh 42), Leipzig 2015, 1–41, hier: 38–39.

[24] C. Frevel, Frage nach dem Menschen, 53.

2. Die Geschöpflichkeit des Menschen

[25] Vgl. im Folgenden: W. Groß, Die Gottebenbildlichkeit des Menschen im Kontext der Priesterschrift, in: Ders., Studien zur Priesterschrift und zu alttestamentlichen Gottesbildern (SBAB 30), Stuttgart 1999, 11–36; W. Groß, Gen 1,26.27; 9,6: Statue oder Ebenbild Gottes? Aufgabe und Würde des Menschen nach dem hebräischen und griechischen Wortlaut, in: JBTh 15 (2000), 11–38; C. Frevel, Gottebenbildlichkeit und Menschenwürde. Freiheit, Geschöpflichkeit und Würde nach dem Alten Testament, in: A. Wagner (Hg.), Anthropologische Aufbrüche. Alttestamentliche und interdisziplinäre Zugänge zur historischen Anthropologie (FRLANT 232), Göttingen 2009, 255–274; U. Neumann-Gorsolke, Art. Gottebenbildlichkeit, 2017, unter: wibilex.de (17.6.2020); B. Janowski, Anthropologie, 407–415; J. C. Gertz, Das erste Buch Mose (Genesis). Die Urgeschichte Gen 1–11 (ATD 1), Göttingen 2018.

[26] Vgl. S. Schroer, Die Ikonographie Palästinas/Israels und der Alte Orient. Eine Religionsgeschichte in Bildern. Bd. 3: Die Spätbronzezeit, Freiburg (CH) 2011, 142–143.

[27] W. Groß, Gottebenbildlichkeit, 31.

[28] Vgl. M. Bauks, Zum Spannungsfeld von priesterschriftlichem Monotheismus und mythischen Versatzstücken in Gen 1, in: J. von Oorschot/A. Wagner (Hg.), Gott und Mensch im Alten Testament. Zum Verhältnis von Gottes- und Menschenbild (VWGTh 52), Leipzig 2018, 105–122.

[29] E. Jenni, Untersuchungen zum hebräischen Kohortativ, in: ZAH (2002/2003), 19–67, hier: 45–46.

[30] C. Frevel, Gottebenbildlichkeit und Menschenwürde, 273–274.

[31] Vgl. H. Spieckermann, Ambivalenzen. Ermöglichte und verwirklichte Schöpfung in Genesis 2f, in: Ders., Gottes Liebe zu Israel. Studien zur Theologie des Alten Testaments, Tübingen 2001, 49–61; T. Krüger, Sündenfall? Überlegungen zur theologischen Bedeutung der Paradiesgeschichte, in: Ders., Das menschliche Herz und die Weisung Gottes. Studien zur alttestamentlichen Anthropologie und Ethik, Zürich 2009, 33–46.

[32] Vgl. W. von Soden, Der altbabylonische Atramchasis-Mythos, in: TUAT.AF III,4, Gütersloh 1994, 612–645, hier: 614.

[33] Augustinus, Über den Wortlaut der Genesis (C. J. Perl), III,20, Paderborn 1961, 101.

[34] Eigentlich: 665.

[35] M. Hengel, Judentum und Hellenismus, Tübingen [3]1988, 210.311ff.

[36] K. E. Grötzinger, Jüdisches Denken. Theologie – Philosophie – Mystik. Band 1: Vom Gott Abrahams zum Gott des Aristoteles, Frankfurt/New York 2004, 281.

[37] Midrash Tanhuma al Hamishshah Humshe Tora, Jerusalem 1973.

[38] Vgl. E. Pagels, Adam, Eva und die Schlange, Hamburg 1991, 235 als Augustinus-Zitat (?) ohne Nachweis; H. Schüngel-Straumann, Die Frau am Anfang. Eva und die Folgen, Freiburg 1989, 31.

[39] Vgl. G. Stemberger, Midrasch. Vom Umgang der Rabbinen mit der Bibel. Einführung – Texte – Erläuterungen, München 1989, 91–100.

[40] Vgl. D. Krochmalnik, Schriftauslegung. Das Buch Genesis im Judentum (NSK.AT 33/1), Stuttgart 2001, 42–43.

[41] Vgl. B. Janowski, Anthropologie, 416.

[42] P. Schäfer, Art. Adam II. 2. Im Judentum, in: TRE I (1977), 424–427, hier: 426.

[43] Vgl. G. Oberhänsli-Widmer, Der „böse Trieb" als rabbinisches Sinnbild des Bösen, in: Judaica: Beiträge zum Verstehen des Judentums 33 (2007), 18–43, hier: 25.

3. Die Fehlbarkeit des Menschen

[44] Vgl. K. Buting, Abel steh auf! Die Geschichte von Kain und Abel – und Schet (Gen 4,1–26), in: BiKi (2003) 1, 16–19; J. von Lüpke, Ebenbild im Widerspruch. Menschenwürde und Menschenrechte im Spiegel der Erzählung vom Brudermord (Gen 4,1–16), in: J. van Oorschot/M. Iff (Hg.), Der Mensch als Thema theologischer Anthropologie. Beiträge in interdiszipliärer Perspektive (BThS 111), Neukirchen-Vluyn 2010, 114–145; J. C. Gertz, Das erste Buch Mose (Genesis). Die Urgeschichte Gen 1–11 (ATD 1), Göttingen 2018; G. Fischer, Genesis 1–11 (HThKAT), Freiburg u.a. 2018.

[45] Vgl. im Folgenden U. Sals, Das literarisierte Königspaar Ahab und Isebel im Geflecht von Traditionen und Beziehungen, in: E. Klinger (Hg.), Paare in antiken religiösen Traditionen und Bildern. Symbole für Geschlechterrollen damals und heute, Würzburg 2002, 115–144; A. Schenker, Erlässt Umkehr Schuld oder vermindert sie Strafe? Jesus Sirach (Sir 17), Nabots Weinberg (1 Kön 21), Ezechiel (Ez 18), zugleich ein Beitrag zum Verhältnis zwischen massoretischem Text und Septuaginta in 1 Kön 21, in: I. Fischer (Hg.), Auf den Spuren der schriftgelehrten Weisen. Festschrift für Johannes Marböck anlässlich seiner Emeritierung,

Berlin 2003, 349–357; F. R. Magdalene, Trying the Crime of Abuse of Royal Authority in the Divine Courtroom and the Incident of Naboth's Vineyard, in: A. Mermelstein/S. E. Holtz (Hg.), The Divine Courtroom in Comparative Perspective, Leiden/Bosten 2014, 167–245; R. Albertz, Elia. Ein feuriger Kämpfer für Gott (BG 13), Leipzig [4]2015; E. A. Knauf, 1 Kön 15–22 (HThKAT), Freiburg u.a. 2019.

46 Vgl. E. Zenger, Psalm 51, in: F.-L. Hossfeld/Ders., Psalmen 51–100 (HThKAT), Freiburg u.a. [3]2000, 38–59; H. Pfeiffer, „Ein reines Herz schaffe mir, Gott!" Zum Verständnis des Menschen nach Ps 51, in: ZThK 102,3 (2005), 293–311; F. Hartenstein, Gott als Horizont des Menschen. Nachprophetische Anthropologie in Psalm 51 und 139, in: R. Lux/E.-J. Waschke (Hg.), Die unwiderstehliche Wahrheit. Studien zur alttestamentlichen Prophetie. Festschrift für Arndt Meinhold, Leipzig 2006, 491–512; B. Janowski, Anthropologie, 471–480.

47 Vgl. F. Hartenstein, Gott als Horizont, 508.

48 E. Zenger, Psalm 51, 55.

49 Vgl. B. Janowski, Anthropologie, 471.

4. Die Produktivität des Menschen

50 Zu dieser Deutung des Buches Kohelet vgl. v.a. L. Schwienhorst-Schönberger, Kohelet (HThKAT), Freiburg u.a. [2]2011. Zur Einführung s.a. T. Krüger, Kohelet (Prediger) (BK XIX Sb.), Neukirchen 2000; M. Köhlmoos, Kohelet. Der Prediger Salomo (ATD 16.5), Göttingen 2015.

51 Vgl. A. A. Fischer, Art. Eitelkeit/Windhauch, 2010, unter: www.wibilex.de (31.08.2020).

52 M. Köhlmoos, Kohelet, 79.

53 L. Schwienhorst-Schönberger, Kohelet, 165.

54 L. Schwienhorst-Schönberger, Kohelet, 85.

55 Vgl. J. C. Gertz, „Im Schweiße deines Angesichts...". Alttestamentliche Perspektiven zum Thema „Sinn der Arbeit – Ethos der Arbeit", in: W. Boes (Hg.), Alttestamentliche Wissenschaft und kirchliche Praxis (Beiträge zum Verstehen der Bibel 18), Münster 2009, 267–283, hier: 270–271.

56 Vgl. T. Hieke, „Geh zur Ameise, du Fauler…" (Spr 6,6). Zur Beurteilung der Arbeit in den Psalmen und der biblischen Weisheitsliteratur, in: Lebendiges Zeugnis 53 (1998) 1, 19–31, hier: 24.

57 Vgl. im Folgenden I. Müllner, Der Ort des Verstehens. Ijob 28 als Teil der Erkenntnisdiskussion des Ijobbuchs, in: T. Seidl (Hg.), Das Buch

Ijob. Gesamtdeutungen – Einzeltexte – zentrale Themen, Frankfurt am Main 2007, 57–83; J. Ebach, Streiten mit Gott. Hiob 21–42. Neukirchen-Vluyn 2014; R. Zimmermann, Homo Sapiens Ignorans. Hiob 28 als Bestandteil der ursprünglichen Hiobdichtung, in: BN 74 (1994), 80–100; J. v. Oorschot, Grenzen von Weisheit und Wissen. Alttestamentliche Weisheit in Reaktion auf theologische und anthropologische Aporetik, in: M. Saur (Hg.), Die theologische Bedeutung der alttestamentlichen Weisheitsliteratur (BThS 125), Gütersloh 2012, 67–90; J. v. Oorschot, (Selbst-)Begrenzungen des Menschen um Gottes Willen. Zur Interdependenz von Anthropologie und Theologie im Hiobbuch, in: Ders./A. Wagner (Hg.), Gott und Mensch im Alten Testament. Zum Verhältnis von Gottes- und Menschenbild (VWGTh 52), Leipzig 2018, 233–246; M. Witte, Das Buch Hiob (ATD 13), Göttingen 2021.

58 So M. Witte, Hiob, 422 in Anschluss an E. Greenstein, The poem on wisdom in Job 28 in its conceptual and literary contexts, in: E. van Wolde (Hg.), Job 28. Cognition in context (BIS 64), Leiden/Bosten 2003, 253–280.

59 I. Müllner, Ort des Verstehens, 68.

60 J. Ebach, Streiten mit Gott, 60.

61 J. Ebach, Streiten mit Gott, 61.

62 J. van Oorschot, Grenzen von Weisheit und Wissen, 80–81.

63 Vgl. C. Schäfer-Lichtenberger, Wirtschaft, Stadt und Land, in: W. Dietrich (Hg.), Die Welt der Hebräischen Bibel, Umfeld – Inhalte – Grundthemen. Stuttgart 2017, 210–241, hier: 216–218.

64 R. Kessler, Amos (IEKAT), Stuttgart 2021, 171.

65 Vgl. R. Kessler, Sozialgeschichte des Alten Israel. Eine Einführung, Darmstadt [2]2008, 121.

66 Zu den verschiedenen Entstehungsmodellen vgl. H. W. Wolff, Dodekapropheton 2. Joel, Amos (BK XIV/2), Neukirchen-Vluyn 1969; J. Jeremias, Der Prophet Amos (ATD 24,2), Göttingen 1995; R. Kessler, Amos (IEKAT), Stuttgart 2021, 20–30.

67 Vgl. B. Janowski, „Womit soll ich JHWH entgegentreten?“ (Mi 6,6) Gabetheologische Aspekte der alttestamentlichen Kultkritik, in: B. Janowski (Hg.), Beiträge zur Theologie des Alten Testaments 5. Der nahe und der ferne Gott, Neukirchen-Vluyn 2014, 173–203, hier: 183–185; vgl. auch E. Zenger, „Ich finde Wohlgefallen an Liebe, nicht an Opfer“ (Hos 6,6). Ersttestamentliche Stellungnahmen zum Verhältnis von Kult und Ethos, in: B. Kranemann/T. Sternberg/W. Zahner (Hg.), Die Diakonale Dimension der Liturgie. Festschrift Klemens Richter (QD 218), Freiburg 2006, 16–30.

[68] R. Kessler, Amos, 19–20.

[69] Vgl. J. de Waard, The Chiastic Structure of Amos V 1–17, in: VT 27 (1977), 170–177.

[70] Vgl. M. Köhlmoos, Der Tod als Zeichen. Die Inszenierung des Todes in Am 5, in: BN 107/108 (2001), 65–77.

[71] J. Jeremias, Amos, 63.

[72] Vgl. R. Kessler, Amos 152–153.

[73] M. Köhlmoss, Tod, 71.

[74] R. Smend, Das Nein des Amos, in: R. Smend (Hg.), Die Mitte des Alten Testaments. Gesammelte Studien, Bd. 1 (BEvTh 99), München 1986, 85–103, hier: 83.

[75] R. Kessler, Amos, 18 mit Verweis auf C. Hardmeier, Die Redekomposition Jer 2–6. Eine ultimative Verwarnung Jerusalems im Kontext des Zidkijaaufstandes, in: Ders., Geschichtsdivinatorik in der spätvorexilischen Schriftprophetie. Studien zu den Primärschriften in Jesaja, Zefanja und Jeremia (TVZ), Zürich 2018, 179–207.

[76] A. Scherer, Vom Sinn prophetischer Gerichtsverkündigung bei Amos und Hosea, in: Biblica 86 (2005) 1, 1–19, hier: 18.

5. Die Geschlechtlichkeit des Menschen

[77] Vgl. auch im Folgenden T. Hieke, Levitikus 1–15 (HThKAT), Freiburg u.a. 2014, 79–140. Ferner auch U. Dahm, Art. Opfer (AT), 2006, unter: www.wibilex.de (11.05.2022); K. Grünwaldt, Art. Leviticus, 2006, unter: www.wibilex.de (11.05.2022).

[78] Zum Begriff „Körperbestimmungen“ vgl. D. Ebele-Küster, Die Körperbestimmungen in Leviticus 11–15, in: A. Berlejung/J. Dietrich/J. F. Quack (Hg.), Menschenbilder und Körperkonzepte im Alten Israel, in Ägypten und im Alten Orient. Tübingen (ORA 9) 2012, 209–224.

[79] T. Hieke, Levitikus, 124.

[80] Vgl. zum Begriff bei T. Hieke, Levitikus, 88–89.

[81] Vgl. T. Hieke, Levitikus, 145.

[82] D. Erbele-Küster, Körperbestimmungen, 209.

[83] Auf deutsch: M. Douglas, Reinheit und Gefährdung. Eine Studie zu Vorstellungen von Verunreinigung und Tabu, Berlin 1985. Als Einführung vgl. J. Maud, Mary Douglas, in: S. Salzborn (Hg.), Klassiker der Sozialwissenschaften. 100 Schlüsselwerke im Portrait, Wiesbaden ^{2}2016, 237–240.

[84] Auf deutsch: J. Butler, Das Unbehagen der Geschlechter, Frankfurt 1991. Als Einführung vgl. W. Backhaus, Judith Butler, in: S. Salzborn (Hg.), Sozialwissenschaften, 374–377.

[85] Vgl. D. Erbele-Küster, Körperkult und Kultkörper. Variationen über Leviticus 12 und 15, in: C. Aus der Au/D. Plüss (Hg.), Körper – Kulte. Wahrnehmungen von Leiblichkeit in Theologie, Religions- und Kulturwissenschaften, Zürich 2007, 17–30, hier: 19 mit Verweis auf T. Laqueur, Auf den Leib geschrieben. Die Inszenierung der Geschlechter von der Antike bis Freud, München 1996, demzufolge bis in das 18. Jh. der weibliche und männliche Körper in Analogie beschrieben wurden.

[86] Vgl. R. Hieke, Levitikus, 447.

[87] D. Erbele-Küster, Körperbestimmungen, 216.

[88] Vgl. T. Hieke, Levitikus, 448.526; D. Erbele-Küster, Körperbestimmungen, 212–213.

[89] T. Hieke, Levitikus, 542.

[90] Vgl. H. W. Wolff, Anthropologie, 238–251.

[91] S. Schroer/T. Staubli, Körpersymbolik, 13.

[92] Vgl. im Folgenden: M.-T. Wacker, Geschichtliche, hermeneutische und methodologische Grundlagen, in: L. Schottroff/S. Schroer/Dies. (Hg.), Feministische Exegese. Forschungserträge zur Bibel aus der Perspektive von Frauen, Darmstadt 1997, 3–79; M. Geiger/S. Schäfer-Bossert: Körperkonzepte im Ersten Testament – Aspekte einer Feministischen Theologie, in: Hedwig-Jahnow-Forschungsprojekt (Hg.), Körperkonzepte im Ersten Testament. Aspekte einer Feministischen Anthropologie, Stuttgart 2003, 10–28; A. Kiesow, Auf der Suche nach dem Menschen. Forschungsüberblick zu „Anthropologien des Alten Testaments“, in: Körperkonzepte, 29–43; C. Gerber, In Bewegung. Zur Frage der Geschlechterdifferenz und zu feministischen Diskursen in den Bibelwissenschaften, in: ThLZ 130 (2005), 1365–1386; E. Schüssler-Fiorenza, Zwischen Bewegung und Akademie. Feministische Bibelwissenschaft im 20. Jahrhundert, in: R. Jost/E. Schüssler-Fiorenza (Hg.), Feministische Bibelwissenschaft im 20. Jahrhundert (Bibel und die Frauen 9.1), Stuttgart 2015, 13–29; M.-T. Wacker, Auf dem Weg zu einer geschlechtergerechten Bibelwissenschaft, in: BiKi 2 (2008), 102–105; M.-T. Wacker, Frauen ins Zentrum stellen, in: Herder Korrespondenz 1 (2016), 22–25.

[93] M.-T. Wacker, Frauen, 102.

[94] S. de Beauvoir: Das andere Geschlecht. Sitte und Sexus der Frau, Hamburg 1951, 265 (französisch Le Deuxième Sexe, Paris 1949).

[95] Vgl. J. Butler, Das Unbehagen der Geschlechter, Frankfurt 1991.

[96] Vgl. C. Breger, Queer Studies/Queer Theory, in: R. Knoll (Hg.), Metzler Lexikon Gender Studies/Geschlechterforschung. Ansätze – Personen – Grundbegriffe, Stuttgart 2002, 327–329.

[97] Für einen Überblick im anglophonen Raum vgl. D. T. Stewart, LGBT / Queer Hermeneutics and the Hebrew Bible, in: Currents in biblical research 15 (2017) 3, 289–314.

[98] Vgl. www.eswtr.org.

[99] S. Schroer/T. Staubli, Körpersymbolik, 17.

[100] Vgl. B. Janowski, Anthropologie, 102–109.

[101] B. Janowski, Anthropologie, 94.

[102] K. Stone, The garden of Eden and the heterosexual contract, in: E. Armour/S. Ville (Hg.), Bodily citations. Religion and Judith Butler, New York 2006, 48–70, hier: 50.

[103] R. Scoralick, Als Mann und Frau geschaffen? Die Bibel und ihre Leser*innen, in: G. Bauer/R. Ammicht Quinn/I. Hotz-Davies (Hg.), Die Naturalisierung des Geschlechts. Zur Beharrlichkeit der Zweigeschlechtlichkeit, Bielefeld 2018, 61–78, hier: 74.

[104] Vgl. D. Carr, Gender and the shaping of desire in the Song of Songs and its interpretation, in: JBL 119 (2000) 2, 233–248, 237–238.

[105] Zum Hohelied allgemein vgl. O. Keel, Deine Blicke sind Tauben. Zur Metaphorik des Hohen Liedes (SBS 114/115), Stuttgart 1984; O. Keel, Das Hohelied (ZBK.AT 18), Zürich 1986; Y. Zakovitch, Das Hohelied (HThKAT), Freiburg u.a. 2004; M. Peetz, Emotionen im Hohelied. Eine literaturwissenschaftliche Analyse hebräischer Liebeslyrik unter Berücksichtigung geistlich-allegorischer Auslegungsversuche (HBS 81), Freiburg 2015; I. Müllner, Zwischen Geschlechteregalität und göttlicher Gewalt – allegorische Lektüren des Hohelieds, in: L. Schwienhorst-Schönberger (Hg.), Das Hohelied im Konflikt der Interpretationen (ÖBS 47), Frankfurt 2017, 209–231; A. Schellenberg, „In seinen Garten komme mein Geliebter und esse seine köstlichen Früchte“ (Hld 4,16), Erotik und Sexualität im Hohelied, in: I. Fischer/U. Poplutz (Hg.), Sexualität (JBTh 33/2018), Göttingen 2020, 65–83; I. Fischer, Liebe, Laster, Lust und Leiden (Theologische Interventionen 5), Stuttgart 2021.

[106] D. Carr, Gender, 243.

[107] D. Carr, Gender, 243.

[108] D. Carr, Gender 244.

[109] Nach H. A. Schlögel, Gärten der Liebe. Lyrik aus der Zeit der Pharaonen, Düsseldorf 2000, 10.

[110] Vgl. zur Einführung: F. Hartenstein, Altorientalische Ikonographie und Exegese des Alten Testaments, in: S. Kreutzer/D. Vieweger u.a. (Hg.),

Proseminar I Altes Testament. Ein Arbeitsbuch, Stuttgart [2]2005, 173–186; J. Eggler/O. Keel/S. Schroer/C. Uehlinger, Art. Ikonographie, 2006, unter: www.wibilex.de (31.05.2022); I. de Hulster, Art. Ikonographische Exegese, 2011, unter: www.wibilex.de (31.05.2022), I. de Hulster (Hg.), Iconographic Exegesis of the Hebrew Bible/Old Testament, Göttingen/Bristol 2015.

111 Vgl. O. Keel, Hohelied; vgl. auch T. Staubli, Altorientalische Bildquellen als Schlüssel zur erotischen Metaphorik des Hohenliedes, in: U. Jung-Kaiser (Hg.), Das Hohelied. Liebeslyrik als Kultur(en) erschließendes Medium? 4. Interdisziplinäres Symposion der Hochschule für Musik und Darstellende Kunst in Frankfurt am Main 2006, Bern 2007, 27–42; T. Staubli, Ikonographische Quellen als Grundlagenmaterial für die Rekonstruktion anthropologischer Themen der Südlevante, in: J. v. Oorschot/A. Wagner (Hg.), Anthropologie(n) des Alten Testaments (VWGTh 42), Leipzig 2015, 241–264.

112 Vgl. O. Keel, Tauben, 25.

113 Vgl. zur Problematik und zur Auslegung von 2 Sam 13: I. Müllner, Gewalt im Hause Davids. Die Erzählung von Tamar und Amnon (2 Sam 13,1–22) (HBS 13), Freiburg 1997; F. M. Yamada, Configurations of Rape in the Hebrew Bible. A Literary Analysis of Three Rape Narratives (SBL 109), New York 2008; S. Gravett, Reading ‚Rape‘ in the Hebrew Bible. A Consideration of Language, in: JSOT 28.3 (2004) 279–299; S. Bar-Efrat, Das Zweite Buch Samuel. Ein narratologisch-philologischer Kommentar (BWANT 10/1), Stuttgart 2009; I. Müllner, Erzählen gegen das Schweigen. Narrative Darstellungen sexueller Gewalt im Ersten Testament, in: M. Jakobs (Hg.), Missbrauchte Nähe. Sexuelle Übergriffe in Kirche und Schule (Theologische Berichte 34), Fribourg/Schweiz 2011, 51–91; I. Müllner, Kein herrschaftsfreier Raum. Sexualität und Macht in biblischen Schriften, in: I. Fischer/U. Poplutz (Hg.), Sexualität (JBTh 33), Göttingen 2018, 23–46; F. Schücking-Jungblut, Macht und Weisheit. Untersuchungen zur politischen Anthropologie in den Erzählungen vom Absalomaufstand (FRLANT 280), Göttingen 2020; W. Dietrich, 2 Samuel 9–14 (BK.AT VIII/4), Göttingen 2021; I. Müllner, Frightening Continuities. Reading Stories on Sexual Violence in the Book of Samuel Today, in: M. Wirth/Is. Noth/S. Schroer (Hg.), Sexualisierte Gewalt in kirchlichen Kontexten. Neue interdisziplinäre Perspektiven, Berlin 2022, 251–266.

114 S. Gravett, Reading, 280.

115 Vgl. F. Schücking-Jungblut, Macht, 104.

116 I. Müllner, Gewalt, 268.

117 I. Müllner, Raum, 37.

118 I. Müllner, Raum, 43.

119 Vgl. zur Thematik allgemein: M. Nissinen, Homoeroticism in the Biblical World. A Historical Perspective, Minneapolis 1998; T. Römer, Homosexualität in der Hebräischen Bibel? Einige Überlegungen zu Leviticus 18 und 20, Genesis 19 und der David-Jonathan-Erzählung, in: M. Bauks/K. Liess/P. Riede (Hg.), Was ist der Mensch, dass du seiner gedenkst? (Psalm 8,5). Aspekte einer theologischen Anthropologie, Festschrift für Bernd Janowski zum 65. Geburtstag, Neukirchen-Vluyn 2008, 435–454; T. Hieke, Kennt und verurteilt das Alte Testament Homosexualität?, in: S. Goertz (Hg.), „Wer bin ich, ihn zu verurteilen?“ Homosexualität und katholische Kirche (KiU 3), Freiburg 2015, 19–52; T. Hieke, Art. Homosexualität, 2021, unter: www.wibilex.de (21.06.2022).

120 Vgl. M. Leuenberger, Geschlechterrollen und Homosexualität im Alten Testament, in: EvTh 80 (2020) 3, 206–229, 226.

121 K. Stone, Homosexuality and the Bible or Queer Reading? A Response to Martti Nissinen, in: Theology & Sexuality 14 (2001), 107–118, hier: 112.

122 Vgl. M. Zehner, Die David-Jonathan-Geschichten, in: Biblica 79 (1998), 153–179, hier: 159.

123 K. Stone, Queer Reading between Bible and Film. Paris Is Burning and the „Legendary Houses“ of David and Saul, in: T. J. Hornsby/K. Stone (Hg.), Bible Trouble. Queer Reading at the Boundaries of Biblical Scholarship (Semeia Studies 67), Atlanta 2011, 75–98, hier: 86.

124 K. Stone, Reading, 88.

125 Vgl. N. Walls, Desire, Discord and Death. Approaches to Ancient Near Eastern Myth (ASOR), Boston 2001; J. S. Cooper, Buddies in Babylonia: Gilgamesh, Enkidu, and Mesopotamian Homosexuality, in: T. Abusch (Hg.), Riches Hidden in Secret Places. Ancient Near Eastern Studies in Memory of Thorkild Jacobsen, Winona Lake 2002, 73–85; S. Ackerman, When Heroes Love. The Ambiguity of Eros in the Stories of Gilgamesh and David, New York 2005; T. Römer, Homosexualität, 435–454.

126 Vgl. M. Gerhards, Conditio humana. Studien zum Gilgameschepos und zu Texten der biblischen Urgeschichte am Beispiel von Gen 2–3 und 11,1–9 (WMANT 137), Neukirchen 2013, 173; A. Zgoll, Art. Gilgamesch, 2007, unter: www.wibilex.de (24.06.2022); W. Sallaberger, Das Gilgamesch-Epos. Mythos, Werk und Tradition (Beck Wissen 243), München 2008, 111.

127 Alle Zitate nach: Das Gilgamesch-Epos. Neu übersetzt und kommentiert von Stefan M. Maul, München [5]2012.

[128] Vgl. D. Halperin, Heroes and their Pals, in: Ders., One Hundred Years of Homosexuality and Other Essays on Greek Love (New Ancient World Series), New York/London 1990, 75–87.

6. Die Vergänglichkeit des Menschen

[129] Vgl. zur Einführung G. Fohrer, Das Buch Hiob (KAT 16), Gütersloh 1963; G. Eberhard, JHWH und die Unterwelt. Spuren einer Kompetenzausweitung JHWHs im Alten Testament (FAT II/23), Tübingen 2007; G. Eberhard, Hiobs Wunsch. Gedanken zur Anthropologie von Hiob 14, in: M. Bauks/K. Liess/P. Riede (Hg.), Was ist der Mensch, dass du seiner gedenkst? (Psalm 8,5). Aspekte einer theologischen Anthropologie, Festschrift für Bernd Janowski zum 65. Geburtstag, Neukirchen-Vluyn 2008, 55–62; S. Fischer, Für den Baum gibt es Hoffnung. Tod, Jenseits und Auferstehung in Hiob 14,7–17, in: Ders, u.a. (Hg,), Weisheit und Schöpfung, Frankfurt 2010, 91–105; J. Ebach, Streiten mit Gott. Hiob 1 – 20, Neukirchen-Vluyn 2014; M. Witte, Das Buch Hiob (ATD 13), Göttingen 2021.

[130] B. Janowski, JHWH und die Toten. Zur Geschichte des Todes im Alten Israel, in: A. Berlejung/Ders, (Hg,), Tod und Jenseits im alten Israel und in seiner Umwelt. Theologische, religionsgeschichtliche, archäologische und ikonographische Aspekte (FAT 64), Tübingen 2009, 447–477, hier: 456.

[131] Vgl. A. A. Fischer, Tod und Jenseits im Alten Orient und Alten Testament. Neukirchen-Vluyn 2005; P. Riede, Art. Jenseitsvorstellungen, 2014, unter: www.wibilex.de (01.07.2022).

[132] G. Eberhardt, Hiobs Wunsch, 56.

[133] Vgl. J. Schnocks, Rettung und Neuschöpfung. Studien zur alttestamentlichen Grundlegung einer gesamtbiblischen Theologie der Auferstehung (BBB 158), Göttingen 2009, 45.

[134] Übersetzung nach M. Witte, Hiob, 225.

[135] G. Eberhardt, Hiobs Wunsch, 62.

[136] Vgl. z.B. H. Ausloos, „A Man Shall not Rise Again...“. Job 14:12 in Hebrew and Greek, in: R.X. Gauthier (Hg.), Septuagint, Sages, and Scripture, FS J. Cook (VT.S 172), Leiden 2016, 159–171.

[137] C. Frevel, Schöpfungsglaube und Menschenwürde im Hiobbuch, in: T. Krüger/M. Oeming/K. Schmid/C. Uehlinger (Hg.), Das Buch Hiob und seine Interpretationen. Beiträge zum Symposium auf dem Monte Verità vom 14.–19. August 2005 (AThANT 88), Zürich 2007, 467–497, hier: 478.

[138] Zur Einführung s.a. N. Lohfink, Freu dich, Jüngling – doch nicht, weil du jung bist. Zum Formproblem im Schlussgedicht Kohelets (Koh 1,9–12,8), in: Biblical Interpretation 3 (1995) 2, 158–189; T. Krüger, Kohelet (Prediger) (BK XIX Sb.), Neukirchen 2000; I. Papst, „Ehe die bösen Tage kommen ...“. Zum Verständnis von Alter im Schlussgedicht des Koheletbuchs (12,1-8), in: U. Schmidt (Hg.), Zeit wahrnehmen. Feministisch-theologische Perspektiven auf das Erste Testament, Stuttgart 2010, 153–182; L. Schwienhorst-Schönberger, Kohelet (HThKAT), Freiburg u.a. [2]2011; A. Schellenberger, Kohelet (ZBK.AT17), Zürich 2013; M. Köhlmoos, Kohelet. Der Prediger Salomo (ATD 16.5), Göttingen 2015; H. Irsigler, „Und denk an deinen Schöpfer…“. Gott in Freude und Dunkel des Menschenlebens nach Kohelet 11,9–12,7, in: Ders., „Denk an deinen Schöpfer“. Studien zum Verständnis von Gott, Mensch und Volk im Alten Testament (SBAB 60), Stuttgart 2015, 297–337.

[139] H. Irsigler, Schöpfer, 299.

[140] L. Schwienhorst-Schönberger, Kohelet, 528.

[141] Vgl. A. Schellenberg, Kohelet, 157.

[142] L. Schwienhorst-Schönberger, Kohelet, 538.

[143] Vgl. A. A. Fischer, Tod und Jenseits; K. Liess, Art. Auferstehung (AT), 2005, unter: www.wibilex.de (11.07.2022); K. Bieberstein, Jenseits der Todesschwelle. Die Entstehung der Auferstehungshoffnungen in der alttestamentlich-frühjüdischen Literatur, in: A. Berlejung/B. Janowski (Hg.), Tod und Jenseits im alten Israel und seiner Umwelt. Theologische, religionsgeschichtliche, archäologische und ikonographische Aspekte (FAT 64), Tübingen 2009, 423–446; B. Janowski, JHWH und die Toten. Zur Geschichte des Todes im Alten Israel, in: A. Berlejung/Ders. (Hg.), Tod und Jenseits im alten Israel und seiner Umwelt. Theologische, religionsgeschichtliche, archäologische und ikonographische Aspekte (FAT 64), Tübingen 2009, 447–477.

[144] Vgl. G. Eberhardt, Kompetenzausweitung.

[145] Vgl. S. v. Dobbeler, Art. „Makkabäerbücher 1–4“, 2006, unter: www.wibilex.de (13.07.2022); D. Lambers-Petry, Art. Makkabäer, 2007, unter: www.wibilex.de (13.07.2022); T. Hieke, Das zweite Buch der Makkabäer, in: C. Dohmen (Hg.), Stuttgarter Altes Testament. Band 1, Stuttgart 2017, 1117–1169.

[146] Vgl. K. Bieberstein, Todesschwelle, 436.

[147] Vgl. im Folgenden S. v. Dobbeler, Die Bücher 1/2 Makk (NSK.AT 11), Stuttgart 1997; J. W. v. Henten, The Maccabean Martyrs as Saviours of the Jewish People. A Study of 2 and 4 Maccabees (Supplements to the Journal for the Study of Judaism 57), Leiden/New York/Köln 1997;

D. Bauer, Der Tod von Märtyrern und die Hoffnung auf die Auferstehung, in: BiKi 57 (2002) 2, 82–86; M.T. Wacker, Theologie einer Mutter – eine Mutter als Theologin. Feministisch-exegetische Anmerkungen zu 2 Makk 7, in: I. Riedel-Spangenberger (Hg.), „Gott bin ich, kein Mann". Beiträge zu einer Hermeneutik der biblischen Gottesrede. Festschrift für H. Schüngel-Straumann zum 65. Geburtstag, Paderborn 2006, 259–270; B. Schmitz, Auferstehung und Epiphanie. Jenseits- und Körperkonzepte im Zweiten Makkabäerbuch, in: T. Nicklas/F. Reiterer/J. Verheyden (Hg.), The Human Body in Death and Resurrection (DCLY 2009), Berlin/New York 2009, 105–142; B. Schmitz, Geschaffen aus dem Nichts? Die Funktion der Rede von der Schöpfung im Zweiten Makkabäerbuch, in: T. Nicklas/K. Zamfir (Hg.), Theology of Creation in Early Judaism and Ancient Christianity. In Honour of Hans Klein (DCLS 6), Berlin 2010, 61–79; A. Vonach, Das Zeugnis der Makkabäerbrüder. Martyrium im hellenistischen Judentum?, in: J. Niewiadomski/R. A. Siebenrock (Hg.), Opfer – Helden – Märtyrer. Das Martyrium als religionspolitische Herausforderung (Innsbrucker Theologische Studien 83), Innsbruck/Wien 2011, 141–152; J. Sievers, Widerstand und Ergebung in den Makkabäerbüchern, in: S. Fuhrmann/R. Grundmann (Hg.), Marytriumsvorstellungen in Antike und Mittelalter. Leben oder sterben für Gott? (Arbeiten zur Geschichte des antiken Judentums und des Urchristentums 80), Leiden/Boston 2012, 69–84.

148 Vgl. J. Sievers, Widerstand, 72.

149 Vgl. A. Vonach, Zeugnis, 144.

150 Vgl. M.-T. Wacker, Mutter, 262.

151 Vgl. B. Schmitz, Auferstehung, 107.

152 M.-T. Wacker, Mutter, 265.

153 Vgl. J. W. v. Henten, Maccabean, 180.

154 Vgl. B. Schmitz, Nichts, 70.

7. Der Mensch vor Gott

155 Vgl. C. Frevel, Person – Identität – Selbst. Eine Problemanzeige aus alttestamentlicher Perspektive, in: J. van Oorschot/A. Wagner (Hg.), Anthropologie(n) des Alten Testaments (VWGTh 42), Leipzig 2015, 65–89; C. Frevel, Von der Selbstbeobachtung zu inneren Tiefen. Überlegungen zur Konstitution von Individualität im Alten Testament, in: J. v. Oorschot/A. Wagner (Hg.), Individualität und Selbstreflexion in den Li-

teraturen des Alten Testaments (VWGTh 48), Leipzig 2017, 13–43; mit Kritik an R. A. Di Vito, Alttestamentliche Anthropologie und die Konstruktion personaler Identität, in: B. Janowski/K. Liess (Hg.), Der Mensch im alten Israel. Neue Forschungen zur alttestamentlichen Anthropologie (HBS 59), Freiburg 2009, 213–241.

156 Vgl. zu Ps 139 C. Maier, Beziehungsweisen. Körperkonzept und Gottesbild in Ps 139, in: Hedwig-Jahnow-Forschungsprojekt (Hg.), Körperkonzepte im Ersten Testament. Aspekte einer Feministischen Anthropologie, Stuttgart 2003, 172–189; F. Hartenstein, Gott als Horizont des Menschen. Nachprophetische Anthropologie in Psalm 51 und 139, in: R. Lux/E.-J. Waschke (Hg.), Die unwiderstehliche Wahrheit. Studien zur alttestamentlichen Prophetie. Festschrift für Arndt Meinhold, Leipzig 2006, 491–512; M. Grohmann, Fruchtbarkeit und Geburt in den Psalmen (FAT 53), Tübingen 2007, 27–50; E. Gönke, Kompetenzausweitung JHWHs im Alten Testament (FAT II 23), Tübingen 2007, 103–157; H.-L. Hossfeld, Psalm 139, in: Ders./E. Zenger, Psalmen 101–150 (HThKAT), Freiburg u.a. 2008, 714–732; M. Köckert, Ausgespäht und überwacht, erschreckend wunderbar geschaffen. Gott und Mensch in Psalm 139. Hermann Spieckermann zum 60. Geburtstag, in: ZThK 107 (2010) 4, 415–447; M. Lichtenstein, Die Menschenkenntnis Gottes als Prüfung. Überlegungen zum Gewissen im Alten Testament ausgehend von Psalm 139, in: S. Schaede (Hg.), Das Gewissen (RuA 24), Tübingen 2015, 121–149.

157 F. Hartenstein, Horizont, 502.

158 F.-L. Hossfeld, Psalm 139, 731.

159 F.-L. Hossfeld, Psalm 139, 728.

160 B. Janowski, Anthropologie, 63.

161 H. Spieckermann, Heilsgegenwart. Eine Theologie der Psalmen (FRLANT 148), Göttingen 1989, 237.

162 H. Irsigler, Die Frage nach dem Menschen in Psalm 8. Zu Bedeutung und Horizont eines kontroversen Menschenbildes im Alten Testament. Prof. Dr. Wolfgang Richter zum 70. Geburtstag, in: H. Irsigler (Hg.), Vom Adamssohn zum Immanuel. Gastvorträge Pretoria 1996 (ATS 58), St. Ottilien 1997, 1–48, hier: 21; vgl. außerdem zu Ps 8 A. Schellenberg, Der Mensch, das Bild Gottes? Zum Gedanken einer Sonderstellung des Menschen im Alten Testament und in weiteren altorientalischen Quellen (AThANT 101), Zürich 2011, 143–171; M. Köckert, „Wo warst du, als ich die Erde gründete?“ (Hi 38,4). Aspekte des Verhältnisses von Kosmologie und Anthropologie im Alten Testament, in: B. Janowski/C. Schwöbel (Hg.), Der entgrenzte Kosmos und der begrenzte Mensch. Beiträge zum Verhältnis von Kosmologie und Anthropologie, Göttingen 2016, 34–65.

163 Vgl. C. Frevel, „Eine kleine Theologie der Menschenwürde“. Ps 8 und seine Rezeption im Buch Ijob, in: Ders., Im Lesen verstehen. Studien zu Theologie und Exegese (BZAW), Berlin/Bosten 2017, 277–303, hier: 281.

164 B. Janowski, Anthropologie, 15.

165 Vgl. E. Zenger, „Was ist das Menschlein, dass du seiner gedenkst…?“ (Ps 8,5), in: R. M. Hübner/B. Mayer/E. Reiter (Hg.), Der Dienst für den Menschen in Theologie und Verkündigung. FS A. Brems (Est NT 13), Regensburg 1981, 127–145 und seitdem E. Zenger, Psalm 8, in: F.-L. Hossfeld/Ders., Die Psalmen. Psalm 1–50 (NEB 29), Würzburg 1993, 77–80; U. Neumann-Gorsolke, „Mit Ehre und Hoheit hast Du ihn gekrönt“ (Ps 8,6). Alttestamentliche Aspekte zum Thema Menschenwürde, in: I. Baldermann (Hg.), Menschenwürde (JBTh 15), Neukirchen-Vluyn 2001, 39–65; C. Frevel, Menschenwürde, 255–274.

166 Vgl. U. Neumann-Gorsolke, Ehre, 49–51.

167 U. Neumann-Gorsolke, Ehre, 51.

168 H. Spieckermann, Heilsgegenwart, 234.

169 U. Neumann-Gorsolke, Ehre, 59.

170 Vgl. B. Janowski, Anthropologie, 459.

171 W. Schoberth, Einführung in die theologische Anthropologie, Darmstadt [2]2019, 32.

172 H. W. Wolff, Anthropologie, 316–317.

8. Ausblick: Menschsein im Alten Testament und Theologische Anthroplogie

173 C. Frevel, Frage nach dem Menschen, 53.

174 A. Schüle, Anthropologie des Alten Testaments, in: ThR 76 (2011), 399–414, hier: 409.

175 G. Böhme, Anthropologie in pragmatischer Hinsicht (es 1301), Frankfurt 1985, 264; vgl. auch B. Janowski, Anthropologie, 7.